U0582282

名师工程
创新教学系列

"国培计划"优秀成果出版工程
"国培计划"全国优秀研修成果数字出版平台

中学物理：

内核探究教学模式

构建艺术

林辉庆 著

国家一级出版社 全国百佳图书出版单位

 西南师范大学 出版社

图书在版编目（CIP）数据

中学物理：名师内核探究教学模式构建艺术／林辉
庆著. 一重庆：西南师范大学出版社，2015. 8
（名师工程系列丛书）
ISBN 978-7-5621-7522-3

Ⅰ. ①中… Ⅱ. ①林… Ⅲ. ①中学物理课—教学研究
Ⅳ. ①G633. 72

中国版本图书馆 CIP 数据核字（2015）第 161210 号

名师工程系列丛书
编委会主任：马立　宋乃庆
总策划：周安平
策　划：李远毅　卢　旭　郑持军　郭德军

中学物理：名师内核探究教学模式构建艺术
ZHONGXUE WULI MINGSHI NEIHE TANJIU JIAOXUE MOSHI GOUJIAN YISHU
林辉庆　著

责任编辑：张浩宇
文字编辑：张燕妮
封面设计：戴永曦
出版发行：西南师范大学出版社
　　　　　地址：重庆市北碚区天生路 1 号
　　　　　邮编：400715　市场营销部电话：023 - 68868624
　　　　　http://www.xscbs.com
经　　销：新华书店
印　　刷：重庆升光电力印务有限公司
开　　本：787mm×1092mm　1/16
印　　张：18. 75
字　　数：326 千字
版　　次：2015 年 9 月　第 1 版
印　　次：2015 年 9 月　第 1 次
书　　号：ISBN 978-7-5621-7522-3

定　　价：30. 00 元

若有印装质量问题，请联系出版社调换
版权所有　翻印必究

《名师工程》
系列丛书

学术指导委员会

主 任 顾明远

委 员 陶西平　李吉林　钱梦龙　朱永新　顾泠沅　马　立
朱小蔓　张兰春　宋乃庆　陈时见　魏书生　田正平
张斌贤　靳玉乐　石中英　钱理群

编 撰 委 员 会

主 任 马　立　宋乃庆

编 委
（按姓氏拼音排序）
卞金祥　曹子建　陈　文　邓　涛　窦桂梅　冯增俊
高万祥　郭元祥　贺　斌　侯一波　胡　涛　黄爱华
蓝耿忠　李韦遴　李淑华　李远毅　李镇西　李力加
李国汉　刘良华　刘海涛　刘世斌　刘扬云　刘正生
林高明　鲁忠义　马艳文　缪水娟　闵乐夫　齐　欣
沈　旎　施建平　石国兴　孙建锋　孙志毅　陶继新
田福安　王斌兴　魏　群　魏永田　吴　勇　肖　川
谢定兰　熊川武　徐　斌　徐　莉　徐　勇　徐学福
徐永新　严永金　杨连山　杨志军　余文森　袁卫星
张爱华　张化万　张瑾琳　张明礼　张文质　张晓明
张晓沛　赵　凯　赵青文　郑忠耀　周安平　周维强
周亚光　朱德全　朱乐平

编者的话

当前，以人为本的教育理念正在逐步深化，素质教育以及基础教育课程改革不断推进。在这场深刻又艰苦的教育改革中，涌现了无数甘为人梯、乐于奉献的优秀教师。他们积极探索、更新观念、敢于创新、善于改革，在实践中创造性地发展、总结了很多先进的教育思想、教育理念；创造性地开发了很多新的教学模式、教学内容和教学方法。这些新思想、新模式、新方法在实践中极大地提高了教学质量，是教育改革实践中的新内涵和宝贵财富。这些优秀教师就是我们的名师，这些新内涵就是名师的核心教育力。整理、总结、发展、推广这些教育新内涵，是深化教育改革、完善教育体制、提高教育质量、提升教师水平的一件大事。

教育，是民族振兴的基石；教师，是教育发展的根基。

胡锦涛在全国优秀教师代表座谈会上指出："教师是人类文明的传承者。推动教育事业又好又快发展，培养高素质人才，教师是关键。没有高水平的教师队伍，就没有高质量的教育。"十七大报告又进一步强调了必须加强教师队伍建设，不断提高教师的素质。当今世界，社会进步一日千里，科技发展日新月异，知识更新的周期越来越短。教师作为"文明的传承者"更要与时俱进，刻苦钻研、奋发进取，尽快提升自身素质和能力，为推动教育事业的健康发展贡献自己的力量。

基于以上，西南师范大学出版社策划、组织出版了大型系列教育丛书——《名师工程》。希望通过总结名师的创新经验、先进理念，宣传名师的核心教育力，为广大教师职业生涯提供精神源泉和实践动力，在教育实践层面切实推动从教者职业素养的提升。通过《名师工程》实现"打造名师的工程"。

丛书在策划、创作过程中力求实现以下特色：

一、理念创新，体现教育的人本精神

教师角色在以人为本的教育理念下发生了重大的变化，教师的素质和能力也面临更高的要求。如何弘扬、培植学生的主体性、增强学生的主体意识、发展学生的主体能力、塑造学生的主体人格等问题成为教师在目前教育中亟待解决的难题。丛书以教育管理者和教师为主要读者对象，通过教师综合素质的提高而将人本教育的思想落实到教育实践中，真正实现教育培养人、塑造人、发展人的本质要求。

二、全面构建，系统提升教师的教育能力

丛书选题的最大特点就是系统、全面地针对教师教育能力的提升而展开。施教者的能力决定教育的效果，教育改革的落实、教育效果的提高无不体现在教师身上。丛书针对不同教育能力、不同教学要求、不同教育对象，有针对性地设置选题。棘手学生、课堂切入、引导艺术、班主任的教导力、互动艺术、课堂效率、心灵教育等等，这些鲜明的主题从教育的细节出发，从教育实际情况出发，有针对性地解决问题，让教师在阅读中学有所指、读有所获。

三、科学权威，体现教育的时代前沿性

丛书邀请全国各地著名的教育工作者执笔，汇集在教育改革与实践中涌现的先进理念、成果和方法，经过专家认真遴选、评点总结而成，代表了目前教育实践中先进的教育生产力，具有时代前沿性，是广大一线教师学习、借鉴的好素材。

四、注重实践，突出施教的实用价值

丛书采用了通俗的创作方法，把死板的道理鲜活化，把教条的写法改变为以案例为主，分析、评点为辅，把最先进的教育理念和方法融入有趣的情境中。经典的案例，情境式的叙述，流畅的语言，充满感情的评述，发人深省的剖析，娓娓道来、深入浅出，让教师更充分地领会先进、有效的教育方法。

在诸多教育、出版界同仁的支持与努力下，《名师工程》陆续推出了《名师讲述系列》《教学提升系列》《教学新突破系列》《高中新课程系列》《教师成长系列》《大师讲坛系列》《教育细节系列》《创新语文教学系列》《教育管理力系列》《教师修炼系列》《创新数学教学系列》《教育通识系列》《教育心理系列》《创新课堂系列》《思想者系列》《名师名课系列》《幼师提升系列》《优化教学系列》《教研提升系列》《名校长核心思想系列》《名校工程系列》《高效课堂系列》《创新班主任系列》《教育探索者系列》《国际视野》等系列，共170多个品种，后续图书也将陆续出版。

丛书在出版创作过程中得到各地、各级教育部门与教育工作者的大力支持与帮助，在此一并表示感谢！

教育事业是全社会共同的事业，本丛书的出版一方面希望能对广大教育工作者有所帮助，共飨先进成果；另一方面也是抛砖引玉，希望更多的教育工作者参与到出版创作中来，百家争鸣、百花齐放，为促进教育事业的发展共同努力！

目 录
CONTENTS

第一章 探究式教学的现状与内核探究教学

第二章 知识的建构性和认识的内核突破性

第三章　内核探究教学

第四章　内核探究教学的整体设计

第五章　内核探究中的课堂讨论

第六章　内核探究中的教师调节

第七章　内核探究教学案例

第一章　探究式教学的现状与内核探究教学

自实施新课程以来,我国传统单一的授受式教学方式受到了批判,探究式教学得到了大力提倡。探究式教学既是教育教学理论研究的热点,也是基础教育课堂教学实践的亮点。可以说,在当今有关教学方式的话语体系中,探究式教学取得了统治地位,而授受式教学遭到了极力贬斥。但是课堂教学实践却是另一种景象,在常态课堂中,很多老师仍然采用单一授受的教学方式;在各种公开课上,所有老师都力图采用探究式教学,不过听课的教师都感觉他们的课是作秀,太"夸张",没有效果。这表明很多一线教师对探究式教学的效果持怀疑态度,对如何开展有效的探究式教学还没有形成正确的认识。这需要我们深入教学一线,深入课堂实际,发现存在的问题和困难,寻找原因,并探究克服的方法,使探究式教学真正为教师所掌握、运用,使课堂面貌发生深刻变化,使教学效果得到切实提高。

第一节　一堂探究式教学公开课的实录与评议

一所全国新课改实验学校,各学科组都在积极摸索和实践探究式教学。下面是该校一节校级研究课的实录及课后评议的记录,课题是高中物理模块第四章"牛顿运动定律"中的"超重和失重"。学生已经学习了牛顿三大定律,本节内容是牛顿运动定律的应用。为了更好地完成本节课的教学目标,课前要求学生抽空去乘坐竖直升降的电梯,亲身体验乘坐电梯的感受。

1.教学实录

(1)引入

师:同学们,在前面学习牛顿第二定律时,我们曾经提到宇航员为了能顺利地完成飞天任务,在平时的训练中所需要承受的最大加速度达到了 8 g。你们想不想知道,在这么大的一个加速度下,杨利伟坐在飞船里身体会是一种什么样的感觉?

生:想。

师:这节课,我们想办法去体会一下,好不好?

很多学生叫好,有的学生疑问:真的吗? 不可能。

(2)超重和失重现象

师:大家都乘过电梯了,谁能告诉我坐电梯的时候是一种什么样的感觉?

生 1:当电梯上行的时候身体有点沉,感觉脚与地板压得紧了一些,过一会儿就没什么感觉了。

生 2:可是到了电梯快停下来时,有种轻飘飘的感觉,有点晕,自己好像变轻了。

生 3:当电梯向下走的时候,刚开始时是轻飘的异样感觉,快停下来时有被向上顶的感觉。

师:那么我们在乘电梯时的这种感觉,是不是表明我们受到的重力发生了变化?

生:是。(大部分学生)

师:是吗?

课堂沉默片刻,开始议论。

生 4:这种感觉好像就是我们变重或变轻了,应该就是人的重力发生了变化。

生 5:我觉得不是重力变了,而是人对地板的压力变化了。

生 6:我感觉什么都没有变,是我们的错觉。

……

在学生讨论过程中,教师倾听学生的讨论,捕捉学生观点。

师:大家的讨论很激烈,基本形成了三种观点。请你仔细思考你支持哪种观点,或者你还有其他想法。

学生思考,课堂沉默片刻。

生 4:老师,我刚才判断错了,重力应该是不变的。因为物体的质量和当地的重力加速度都没有变。

师：你的分析给大家澄清了生活中一种想当然的错误认识。既然不是重力变了，那这种感觉又是如何产生的？是人对地板的压力变了？还是我们的错觉？我们用什么方法来验证哪个猜想正确？

生：做实验。

师：对，我们可以通过实验来验证。下面我给大家提供一个体重计，请以小组为单位讨论一下，设计出一个可行的方案去验证我们的猜想。

小组同学开始讨论，一段时间后，教师请小组代表发言。

小组 1：我们的方案是把体重计放在电梯的地板上，人站到上面，观察电梯升降时，体重计的示数是否改变。若改变，则表示人对电梯的压力发生了变化。

生 7：示数肯定不变化，体重计测的应该是重力，重力是不变的。

生 8：不对，体重计测的是人对它的压力。

学生又开始争论，有的认为体重计测的是重力，有的认为测的是压力。

师：这是一个弹簧测力计，我在弹簧测力计的下面悬挂一个钩码，并使其保持竖直静止状态，此时测力计的读数是什么？

生：物体的重力。

师：现在我改用手来拉测力计，也会有示数，这还是重力吗？

生：不是，是拉力。

师：大家要明确弹簧秤和体重计都是测力计，它们的读数表示物体对测力计的拉力或压力，而不是物体的重力。只不过在满足二力平衡条件时，拉力或压力与重力大小是相等的。

师：课前老师在观光电梯中拍了一段实验录像，和小组 1 的方案正好相同。请大家仔细观察录像中体重计的读数，完成探究卡的前三项内容。大家可以根据电梯外墙上瓷砖的运动情况判断电梯是上行还是下行。

教师下发如下的探究卡（附后），播放录像，学生观看并记录、分析。

师：请小组同学陈述记录结果并做出相应的分析。

小组 2：电梯上升过程中速度方向始终向上，初期压力大于重力，中期压力等于重力，末期压力小于重力；电梯下降的过程中速度方向始终向下，初期压力小于重力，中期压力等于重力，末期压力大于重力。可见在电梯运动的过程中，体重计的示数并不总等于人的重力，是在变化的。

师：对，我们在电梯中的感觉就是由于我们对电梯底板的压力变化引起的,不是我们的错觉。在生活中你有没有在其他的情况下体验到电梯中的这种感觉?

生9:坐过山车。

生10:坐海盗船。

生11:飞机起飞和降落时。

师:看来这样的感受在生活中是大量存在的。现在你手中有一个弹簧测力计和一个钩码,你能不能想办法让测力计对钩码的拉力与钩码的重力不相等? 不能借助其他外力。

学生开始实验,教师参与其中,课堂气氛异常活跃。学生完成实验后,由教师总结得到超重与失重的定义并板书。

师:在超重与失重现象中,物体的重力变了没有?

生:没有,变的是拉力或压力。

(3)超重与失重的依据

师:现在给大家一点时间,完成探究卡的最后两项。

学生进行判断,填写探究卡。

师:根据刚才的实验录像及大家分析的结果,请大家猜测一下,判断物体处于超重还是失重状态以什么为依据?

生12:会不会与速度方向有关? 向上运动时处于超重状态?

生13:不会,因为电梯速度向上时既有超重状态,又有失重状态。

生14:跟它的速度变化情况也没有关系。因为电梯上升初期为加速运动,人处于超重状态;下降的初期为加速运动,但人处于失重状态。

生15:我觉得应该是加速度。因为超重和失重是由于人受到的重力和支持力的大小关系引起的,根据牛顿第二定律,加速度的方向代表它们合力的方向,也就反映了支持力与重力谁大谁小。

生16:对,从刚才的探究结果来看,不管是上升阶段还是下降阶段,也不管电梯是处于加速还是减速状态,只要加速度向上,人就处于超重状态;加速度向下,人就处于失重状态。

师:大家的讨论很热烈,下面我们玩两个游戏放松一下。

游戏一:用相同的纸带悬挂相同质量的钩码,在竖直方向上运动,看谁先让纸带断裂。

游戏二：质量相同的同学站在体重计上，想办法让体重计的读数变小，看最小能达到多少。比比看谁能让自己变得最轻。

要求：以小组为单位，选派代表参加比赛，不许借助其他任何工具和外力，获胜的同学谈感受，并分析获胜的关键因素。

获胜学生 1：关键是让纸带以尽量大的加速度加速上升。

获胜学生 2：在我加速下蹲的前期体重计示数变小，关键是自己下蹲的加速度要大。

教师让学生总结超重与失重的条件，教师板书。

（4）超重和失重产生的原因

师：请大家根据下面四个示意图，运用牛顿运动定律，从理论的角度分析一下超重和失重产生的原因是什么。

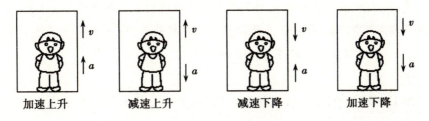

加速上升　　　　减速上升　　　　减速下降　　　　加速下降

图 1-1

师：根据我们的讨论，你能说出产生超重和失重的原因了吗？

生 17：因为人只受重力和支持力影响，当加速度向上时，合力向上，所以应该有 $F_N-mg=ma$，得到 $F_N=mg+ma>mg$，处于超重状态；当加速度向下时，合力也向下，应该有 $mg-F_N=ma$，即 $F_N=mg-ma<mg$，处于失重状态。

学生叙述的同时，教师板书。

师：假设电梯的钢索突然断裂，电梯自由下落，电梯中的人对地板的压力是多少？

生：电梯做自由落体运动，根据牛顿第二定律，人对地板的压力等于零。

师：这种现象叫完全失重。当物体做自由落体运动时，就处于完全失重状态。我们可以用实验来验证。这是一个装满水的矿泉水瓶，我在瓶的下侧壁扎个小孔，会发生什么情况？

生：水会从小孔喷出，因为上面的水对下面的水有压力作用。

教师做演示，扎孔喷水后用手堵住。

师：请一位同学上来，用一张报纸卷一个圆柱形的、两端开口的圆筒，老师从高处释放水瓶（图1-2），大家猜测一下报纸会不会湿。

学生的回答有：当然会，水会喷出来；不一定；不会湿等。

帮助演示的学生提出："会不会弄湿我的衣服？"很多学生发笑，课堂气氛活跃。大家都急切想知道最终的结果，教师进行演示，报纸没有弄湿。

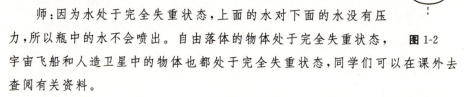

图 1-2

师：因为水处于完全失重状态，上面的水对下面的水没有压力，所以瓶中的水不会喷出。自由落体的物体处于完全失重状态，宇宙飞船和人造卫星中的物体也都处于完全失重状态，同学们可以在课外去查阅有关资料。

师：看这样一个实例：载人航天器加速上升时的最大加速度可达 $8\,g$，设杨利伟质量 $m=50\,\text{kg}$，求其在上升过程中对座椅的压力，并形象地把这个压力给描述出来。（取重力加速度 $g=10\,\text{m/s}^2$）

学生计算。

生18：杨利伟对座椅的压力为 4500 N，相当于杨利伟的身上再压了 8 位同体重的人。

师：大家不是想体会这种感觉吗？你可以找 8 个同体重的人压在自己身上感受一下。

学生哄笑。

师：当然，要承受这么大的压力，必须经过长期的严格训练。我们不能轻易模仿，很危险的。所以我们不要光看到宇航员在太空中转了一圈就成名了，更应该看到他们在成功的背后付出了多少努力。

附：课堂使用的探究卡

表 1-1　探究卡 1（电梯上行）

时段	速度方向	加速或减速	读数与重力关系	超重或失重	加速度方向
初期			N___G		
中期			N___G		
末期			N___G		

表 1-2　探究卡 2(电梯下行)

时段	速度方向	加速或减速	读数与重力关系	超重或失重	加速度方向
初期			N ___ G		
中期			N ___ G		
末期			N ___ G		

2.课后评议

上课教师:"超重与失重"一课历来被上公开课者所宠爱,因此要做到能让人产生耳目一新的感觉,确实不容易。因为考虑到本节课是牛顿运动定律的一个具体应用,学生已经有了必要的知识基础,所以在教学中,我只是不断为学生精心创设一个又一个的问题情境,引导学生紧紧围绕主题,自主进行探究。学生在这节课上,大脑始终处于高度紧张、兴奋状态,他们不断思考、分析、讨论、探究、进行实验的设计和操作、做游戏、回答问题,以学习主人的身份参与课堂活动。我觉得自己能在课堂上引导学生主动参与学习,并注重了培养学生的合作能力,重视对学生情感态度价值观的培养,是这节课最为成功之处。电梯中的实验录像,能够引起学生的研究兴趣,也增强了现象的真实性,实现了课程标准中"通过实验认识超重和失重现象"的要求。记录处理数据的表格也是本人精心设计、多次修改后才给学生使用的,这也是本节课自己的得意之处。当然,在上完这节课后,自己也发现了很多不足。

(1)由于时间所限,要学生设计实验时直接给出了学生实验所用的仪器,使得问题不够开放。另外,因为小组 1 的设计方案与自己事先准备的方案是一致的,就急于呈现自己准备的录像,没有给其他小组发言的机会,剥夺了他们发表自己想法的权利,这是本节课最为遗憾之处。

(2)设计探究环境时,对探究过程中可能出现的问题考虑不够周全,因为自己课前没有想到学生会提出"体重计测的不是压力而是重力"这样的问题。当然,这是一个比较容易解决的问题,没有对课堂的整个进程造成太大的影响。但如果学生提出更为复杂的问题,而教师事先没有考虑到,势必会对整个教学进程造成影响,因此感觉自己的课前准备还是不够充分的。

(3)时间安排不够合理,有点前松后紧。教学任务刚刚完成,没有留出足够的时间让学生练习巩固。

评课教师 1：我觉得这节课充分体现了"在新课程实施中注重学生的自主学习，提倡教学方式多样化"的教学理念，真正凸显了从教师教为主向学生学为主的转变。课堂上大量采用学生活动来完成学习任务，如学生之间、师生之间的对话式讨论，小组成员的合作，操作简便的实验探究，轻松愉快的小游戏等，使整个课堂显得热闹、和谐。教师只是问题的提出者、学习的组织者，学生通过自己的参与和感悟、体验与观察，在教师的引导下有目的、有节奏、有层次地进行自主的学习，顺利完成学习任务。可以看出，学生的活动和学习积极性十分高涨，他们真正投入到了探究活动中。

评课教师 2：我不太同意你的观点，对这位教师的教学设计也不十分赞同。新课改一开始，要求我们改变教学方式，让学生在自主、合作、探究中学习。于是，好多教师就认为不安排探究实验，不进行分组，不让学生进行讨论，不使用现代媒体手段，就不能算是一节好课。结果课堂上只去追求各式各样的教学方法，而忽略了基础知识的落实。这位教师弄的花样不少，但基本上没有知识的落实过程。在得到了超重和失重的定义后，教师如果安排学生做几个关于超重和失重现象理解的练习题，是不是会使学生对概念的掌握更牢固一点？用牛顿运动定律去分析超重和失重产生的原因，应该是本节的重点和难点。可是在这节课上，重难点匆匆忙忙就过去了，不知学生到底能掌握到什么程度。所以我个人认为不管课改怎么改，高中物理还是要以掌握基础知识为主，课堂上要多抓知识的落实。

评课教师 3：有道理。课堂上只注重学生参与了学习过程，热热闹闹一节课下来，学生高兴教师轻松。可是一考试学生就傻眼了，老师也难看了，这样如何能保证教学质量？高考怎么办？更重要的是，现在涉及对老师的一些评价中，所教学生的考试成绩还是占着很大的比例，所以不关注学生的成绩能行吗？我上这节课的时候，直接从牛顿运动定律的应用入手，让学生从理论的角度分析、列方程、得结论，然后通过必要的练习题进行巩固，学生对知识掌握得也不错。（两个观点：热闹的探究无法保证学生掌握知识；学生成绩影响对教师的评价。）

评课教师 4：我的感觉是这位教师创设的问题情境很丰富，像利用电梯实验引导学生研究超重、失重现象，利用小游戏加深学生的理解等；教学中也很注重学生情感因素的调动，课堂气氛活跃，值得借鉴。但总感觉教师提问的导向性太强,学生基本上还是被老师牵着鼻子走。老师提问什么学生就讨论什么,一节课下来,学生就是在解决老师提出的问题。既然要让学生探究,就应该发挥学生的主动性和自主性,老师的提问是不是有点多余?

评课教师5:对呀,自主探究学习,教师不要干涉那么多,应该放开手让学生自己去做,问这问那的不是耽误了他们的学习时间,干扰了他们的探究思路吗?

评课教师6:我感觉,超重和失重的内容并不多,但这个老师带领学生足足探究了一节课。通过这样复杂的过程,学生对所学的知识是否就一定理解得深刻些?如果按照课本上的方法,用牛顿第二定律和第三定律分析计算电梯中的人的受力情况,只要二十来分钟甚至十几分钟就能让同学们理解超重与失重的知识,并且也能使学生掌握得很好。

评课教师7:这是一节公开课,表演成分多一些是可以理解的。如果平时的课都这么上,也未免太做作、太夸张了。

第二节 探究式教学的现状

像上述"超重与失重"这样的课堂,在当今的中学物理教学中,会被认为是典型的探究式教学,并且会获得较大程度上的好评。与单一授受式教学相比,这样的课堂的确发生了很大的改变。课堂上几乎没有出现教师滔滔不绝地讲,学生默默无闻地听的情景。教师努力创设各种各样的问题情境,引导学生主动参与、积极探究去获取知识,并且呈现在我们面前的是学生思维上的主动、活跃,行动上的忙碌、充实,心情上的放松、愉快。学生积极地参与到学习过程中,几乎每一个结论都是由他们自己实验、讨论、思考而获得,教师只是情境的创设者,学生才是学习的组织者和引导者。

"超重与失重"的教学过程与课后评议在很大程度上反映了当今探究式教学在中学物理课堂中的实践情况,反映了中学一线教师对探究式教学的看法、疑惑,也反映了在中学课堂中开展探究式教学的困难。深入分析"超重与失重"的教学过程与教师的评议,能了解当今探究教学存在的某些普遍问题,以及一线教师对于开展探究式教学的困惑,有助于我们明确进一步推进探究教学的前进方向。

1. 当前探究式教学存在的普遍现象

(1)片面追求全班性的、形式热闹的教学氛围

正如评课教师 2 所指出的,新课程提倡改变传统单一的授受式教学方式,让学生在自主、合作、探究中学习。于是,好多教师就认为不安排探究实验,不进行分组,不让学生进行讨论,不使用现代媒体手段,就不能算是一节好课。结果课堂上只去追求各式各样时髦的教学方法,而忽略了基础知识的落实。这种过分追求课堂上热闹的表面形式,轻视教学效果的现象,在各种以探究为特征的公开课和展示课中是普遍存在的。

在"超重与失重"的教学实录中,也处处体现出上课教师创设热闹气氛的片面追求。在自评中,上课教师流露了怕做不到"能让人产生耳目一新"的担忧,提出"精心创设一个又一个的问题情境,引导学生紧紧围绕主题,自主进行探究"的设计思路。在上课一开始,教师以杨利伟在以 $8g$ 加速度运动的飞船中身体是什么感受的问题引入教学,以激起学生兴趣,活跃课堂气氛。但接着教师并没有就此引导学生进行探究,浪费了学生此时的求知热情。可见,教师安排这一教学活动,考虑更多的是营造热闹的课堂气氛。

再如,在得出产生超重和失重的条件之后安排的两个小游戏。对于第一个游戏,学生都会这样做:手握住纸带的上端突然上提,给纸带一个冲击力使其断裂,操作者并不能直接感受砝码加速度的大小与纸带断裂的关系。而对于第二个游戏,首先很难找出两个质量相同的同学。其次,要使体重计的读数减小,站在体重计上的人应尽快下蹲。如果人是站在电子体重计上的,当下蹲足够快时,显示屏在最初阶段并不能出现示数。当出现示数时,示数值大于人的体重,对应的是人下蹲的减速下降阶段。如果是指针式体重计,人下蹲时指针突然向示数小的方向摆动而立即返回,很难读出最小示数,而且由于指针的惯性,指针的最小示数也不是人对体重计的最小压力。这两个小游戏中的现象与超重和失重的条件有关,但在课堂上以比赛的形式进行这两个小游戏不太合适,而且由于上述原因,不同的小组无法进行比较。再者也由于学生参与的人数不多(每组只有参加比赛的学生有操作的机会),学生只能一闹而过。所以,这两个游戏活动只是追求表面的热闹,无助于学生加深对超重和失重的理解。

（2）一味追求探究式学习，完全排斥接受式学习

在一些教师的头脑中，探究与接受是对立的。新课程提倡探究性学习，因此，他们认为只有探究式教学才是先进的、现代的，授受式教学则是落后的、过时的。在课堂中，他们不分主次，不顾学生对学习内容的原有基础，不管各个具体知识在整个知识体系中的地位，一律采用探究的方式进行教学。各种公开课，他们几乎都是从头到尾以"纯探究"的方式进行，见不到教师的直接传授，也见不到学生通过自学获取知识。

对"超重和失重"这一节课，上课教师这样自我评价："学生在这节课上，大脑始终处于高度紧张、兴奋状态，他们不断思考、分析、讨论、探究、进行实验的设计和操作、做游戏、回答问题，以学习主人的身份参与课堂活动。"评课教师 1 认为："课堂上大量采用学生活动来完成学习任务，比如学生之间、师生之间的对话式讨论，小组成员的合作，操作简便的实验探究，轻松愉快的小游戏，使整个课堂显得热闹、和谐。"这体现了在很多教师中存在的唯探究是好的认识。

（3）教师的思维控制学生的思维

评课教师 4 指出，在"超重和失重"的课堂上，"总感觉教师提问的导向性太强，学生基本上还是被老师牵着鼻子走"。在其他探究式课堂中，这种现象同样大量地存在。在探究式教学的外表下，是教师对学生学习的严格控制。教师设计了较为确定的、严密的教学路线，这一路线中的一些环节由学生参与来完成，但各个环节中学生的学习任务都比较小、比较简单，学生能轻易地完成。一节课下来，表面上是学生通过自己的探究获得了知识，但事实上一节课结束后，学生自己并不知道怎样得到了结论，对结论也没有全面深刻的理解。因为在整个的教学过程中，一个独立于学习过程之外的智慧——教师，把学生的学习限制在连接出发点与结论之间的前后相继的一系列小格中。学生只在各个小格中有一定的自由，无法探究小格以外的问题，不能从更大的视野理解出发点与结论之间的联系，从而无法真正理解所学的结论。

在上述"超重和失重"的教学中，教师把教学内容按照自己的理解分解成"超重和失重现象""超重和失重的依据""超重和失重的产生原因"三个前后相继的部分，让学生在不同的时间内探究不同的部分。在每一部分的教学中，教师又采用一定的措施使学生的思维不超出这一部分。在"超重和失重现象"的探究中，让学生回想了在竖直升降的电梯中的感受之后，教师立即要学生思考

这种感觉"是不是表明我们受到的重力发生了变化"。从而把学生的思维限制到"人的感觉表明了什么"这一范围内,不让学生思考这种感觉产生的原因。不但如此,教师还把学生思路直接引到人的感觉与受力的关系上,不让他们做其他可能的思索。上课教师最"得意"的、精心设计且多次修改的探究卡,实际上是教师控制学生思想的有力工具。学生观看录像填写探究卡的前三项,就能"自己"得到物体在竖直方向做变速运动时对支持物的压力发生变化的结论;填写探究卡的后两项,就能"自己"得到超重还是失重由加速度的方向决定的结论。这里结论好像是学生自己得到的,但学生怎么会想到超重失重可能与速度方向、加减速情况、加速度方向有关? 这些最能锻炼学生探究能力的地方,却在探究卡中直接给出了,这实际上是对学生思维空间的限制,也是对学生探究机会的剥夺,使学生在教师的指引下能直达问题的答案。

只要稍加分析,我们还能发现,该上课教师控制学生思维,确保教学沿预设的路线发展的思想根深蒂固。提供体重计,要各学习小组设计实验方案验证人对电梯底板的压力是否发生变化。当最早发言的小组1提出了与教师预设相同的方案后,就没有让其他小组公布自己的方案了。上课教师在自评中,对于自己课前没有想到学生会提出"体重计测的不是压力而是重力"十分自责,认为是自己对探究过程中可能出现的问题考虑不周,担心如果学生提出更为复杂的问题,而教师事先没有考虑到,势必会对整个教学进程造成影响。这些都是教师力图控制学生思维的体现。

(4)探究问题浅显,探究过程简单

评课教师7认为,作为公开课,"表演成分多一些是可以理解的。如果平时的课都这么上,也未免太做作、太夸张了"。确实,很多的探究式教学公开课,都让我们有明显的表演、夸张的感觉。我们先不去管为什么在公开课中表演成分多一些是可以理解的,倒是必须弄清这些探究式教学公开课为什么让人感到是表演、太夸张了。深入分析这些公开课的教学过程,我们会发现,产生这种感觉的原因是课堂探究违反了人们真实探究的规律,即与人们的真实探究不相一致。

具体表现在两个方面:一是课堂探究的问题浅显,二是课堂探究过程简单。

课堂教学中探究的问题一般在科学上已经有了确定的结论。受已知结论的影响,教师设置的问题情境往往较为理想、单一、封闭,失去了真实问题的复杂性、综合性和开放性。真实的探究过程是曲折的、生成的、不确定的,既可能寻找到无关的因素,也可能寻找到相关的因素,更可能要通过无关因素的排除来确定相关因素;既可能建立起不正确的关系,也可能建立起正确的关系,更可能是通过不正确的关系建立起正确的关系。而且课堂中的探究,教师容易受已知结论的影响,更偏爱相关因素和正确关系,轻视甚至排斥无关因素和错误关系,致使探究过程失去曲折性和艰巨性而显得过于顺畅。

当人们思考自己在竖直升降的电梯中的感受时,对于现象、相关因素和产生原因一定是作为同一个问题的不同方面同时思考的。上课教师在教学中把这一整体性的问题分割为三个小问题,而每个小问题实际上都不具有独立问题的意义,学生无法对其开展灵活的、多角度的探究。对每个小问题的探究,上课教师都按照已知的结论预设了探究过程,使得学生的课堂探究变得呆板、低级、机械,失去了真实探究应有的生动和激情。例如,利用教师设计的探究卡探究超重和失重的现象和相关因素,学生只能做观察现象、在老师设计好的表格中记录现象、分析现象记录得出老师需要的结论这样低层次的“探究”工作。在这样的探究中,学生的感情和思维都没有深度地投入,创造性无法发挥。

(5)小组合作形式化

为了体现新的教学理念,也为了创设热烈活跃的课堂气氛,在课堂探究中采用小组合作的形式成了公开课的一种通行做法。似乎一节课中没有小组合作学习,这节课就不算是探究式的。但很多课堂的小组合作学习只具形式,没有实质。比如,对于有些很简单的问题,学生能通过独立思考、独立操作、独立阅读解决,也要求小组讨论。这时的讨论对学习并无必要,只会浪费时间。再如,在很多情况下,教师给小组的活动时间十分有限(大多小于3分钟)。大部分学生还没有理解讨论主题的真正意义,还没有进行独立思考,还没有展开相互间的讨论,老师就宣布小组讨论结束,要各组汇报讨论结果。

在“超重和失重”这节课中,就安排了3次小组活动。对于设计验证“人与电梯底板的压力发生了变化”的实验方案这一小组活动,上课老师在自评中检讨:“由于时间所限,要学生设计实验时直接给出了学生实验所用的仪器,使得问题不够开放。”其实,这种教学安排的缺点并不在于问题不够开放,因为所有问题都是有条件的,利用已有的条件或在一定的条件下解决问题,也是重要的思维能力之一。这种教学安排的主要缺点是学生探究的问题太简单了。要检测人在运行的电梯上对地板的压力是否变化，就必须去测量地板受到的压力，这是最自然不过的，更不需小组去合作探究。

2. 一线教师对探究式教学的困惑

(1)探究式教学一定需要形式热闹的活动吗

一线教师和基础教育的教学研究人员对此有两种截然不同的看法，从对"超重和失重"的教学评议中明显可见。一种观点认为，新的教学理念强调学生通过主动探究获取知识，发展能力。为了调动学生的积极性和主动性，教师应创设新奇的、诱人的、富有刺激性的教学情境，设计如实验探究、小组活动、小游戏、课堂讨论等形式活泼的教学活动。对于"超重和失重"这堂课，上课教师为自己创设了生动的教学情境、多样的学生活动而自豪。评课教师1为课堂上大量采用学生活动来完成学习任务，课堂显得"热闹、和谐"而赞美。另一种观点则认为，形式热闹的课堂活动，不利于学生静心思考，不利于学生真正理解所学的知识。评课教师3认为，"课堂上只注重学生参与了学习过程，热热闹闹一节课下来，学生高兴教师轻松，可是一考试学生就傻眼了"；评课教师2认为，"这位教师弄的花样不少，但基本上没有知识的落实过程"，表现的都是这种担忧。上公开课的老师总倾向于创设生动丰富的情境、设计活泼多样的学生活动。而很多的听课老师又认为这样的课堂环境"太做作、太夸张"了(评课教师7)，这反映了作为理念的教学情境观与践行的教学情境观的矛盾。

教学总是在一定的情境下以一定的形式进行的。一般来说，新奇的、诱人的情境确实能激起学生的探究热情，活泼的、热闹的活动确实能吸引学生主动参与。但是由此激起的探究热情往往是肤浅而短暂的，过度的情境和频繁的活动，将导致学生参与的表面化。如何使创设的情境和设计的学生活动相适应，既能激发和激励学生，又不"太做作、太夸张"，是一线教师在实践中的一个困惑。

(2)探究式教学有利于提高学生的考试成绩吗

基础教育的现实，一是以考试成绩来评定学生的学业成绩和以学生升学率来作为就业的重要依据，甚至是最重要的依据；二是用所教学生的考试成绩来衡量学科教师的教学业绩和教学水平,教师的评优、评先、评职往往都与此有关,所以教师对学生考试成绩的追求是不可避免的。对于任何一种新的教学方式,老师们首先考虑的是它是否有利于提高学生的考试成绩。评课教师3明确表达了对于探究式教学影响学生考试成绩的担忧,课堂上"热热闹闹""学生高兴教师轻松""这样如何能保证教学质量? 高考怎么办? 更重要的是,现在涉及对老师的一些评价中,所教学生的考试成绩还是占着很大的比例,所以不关注学生的成绩能行吗?"上课老师自责:"教学任务刚刚完成,没有留出足够的时间让学生练习巩固。"评课教师2提出:"在得到了超重和失重的定义后,教师如果安排学生做几个关于超重和失重现象理解的练习题,是不是会使学生对概念的掌握更牢固一点? 用牛顿运动定律去分析超重和失重产生的原因,应该是本节的重点和难点。可是在这节课上,重难点匆匆忙忙就过去了,不知学生到底能掌握到什么程度。"都包含有落实基础知识,保证考试成绩的考虑。

传统的授受加训练的方法能使学生在各类考试中取得好成绩,那么探究式教学有助于提高学生的考试成绩吗?

（3）探究式教学有利于提高教学效率吗

教学一线教师普遍对探究式教学的效率抱有负面的看法,认为探究式教学费时费力,授受式教学则省时省力。评课教师6指出,超重和失重的内容并不多,但却足足用了一节课的时间探究。而按授受的方法,只要二十来分钟甚至十几分钟就够了。这是就学习时间方面而言的。其实,老师们对教学效果也有疑问。评课教师6提出:"通过这样的复杂过程,学生对所学的知识是否就一定理解得深刻些?"评课教师3提出,直接从牛顿运动定律的应用入手,让学生从理论的角度分析、列方程、得结论,然后通过必要的练习题进行巩固,学生对知识掌握得也不错。

由于长期应试教学的积累,教师们认为需要传授给学生的知识越来越多。除了课程标准规定的知识以外,还有教师自己对教学内容细化的知识和深化的知识、海量的习题、各种题型及解题方法等。为了让学生尽快掌握大量的教师认为重要的现成结论,一线教师的普遍做法是,在平常的课堂中采用授受式教学,只在公开课、评比课中采用探究式教学以体现被提倡的新教学理念。那么,对于学习知识而言,只有授受式教学才是高效的吗? 探究式教学有利于提高教学效率吗?

(4)课堂探究中教师能为学生提供帮助吗

探究式教学要求学生通过积极思考、主动探究获取知识,授受式教学则要求学生通过倾听、理解、内化获取知识。探究式教学强调学生的主动性和自主性。对于在探究式教学中教师该不该为学生提供帮助,一线教师的认识较为混乱。对"超重和失重"这堂课,上课老师认为自己没有预料到学生会提出"体重计测的不是压力而是重力"这样的问题,是考虑问题不周全,担心如果学生提出的问题较复杂,会影响整个教学进程。他的潜在观点是,教师应该尽可能考虑探究中的各种情况,以便在课堂上为学生提供帮助。而评课教师4和评课教师5则持相反的观点。评课教师4提出:"既然要让学生探究,就应该发挥学生的主动性和自主性,老师的提问是不是有点多余?"评课教师5认为:"自主探究学习,教师不要干涉那么多,应该放开手让学生自己去做,问这问那的不是耽误了他们的学习时间,干扰了他们的探究思路吗?"

那么在探究式课堂中,教师该不该为学生的探究提供帮助? 如果要提供帮助,该如何做?

第三节 探究式教学的若干问题分析

当前,探究式教学存在的各种普遍现象和一线教师对探究式教学的各种困惑,可以概括为探究式教学情境、探究式教学中教师指导与学生自主探究的关系、探究式教学对考试成绩的影响、探究式教学与授受式教学的关系以及探究式教学中的小组合作这样五个方面的问题。深入分析这五个方面的问题,有助于我们找到如何开展真正有效的探究教学的线索。

1. 探究式教学情境

所谓教学情境,是指能为学生所感知、能引起学生情感反应的所有物理、社会、文化等环境因素及其组织状态。物理因素包括教室环境、器材、图片等看得见摸得着的一切东西,社会因素包括教师与学生、学生与学生之间相互作用及由此创造的心理氛围,文化因素主要包括语言文字、图形符号、图像声音、实验现象等可能为学生提供心理意义的因素。

　　教学总是在一定的情境中进行,教学与情境不可分离,不存在要不要创设情境的问题,而在于创设怎样的情境以利于学生学习。教学情境对学习的影响,通过引起学生的情感反应起作用。一个好的教学情境,应能唤起学生的求知欲,激活学生的思维,使学生主动地投入到学习过程中。

　　强调创设教学情境,不等于一定要创设气氛热烈、形式热闹的教学情境。关键在于所创设的教学情境能否激起学生主动学习的情感反应,能否使学生对学习和求知过程形成深切的体验。热烈的气氛和热闹的形式,能激起学生的情绪、增强学生意识的唤醒水平,但也可能使学生无法认真观察、深入思考。很多时候,宁静的、静穆的气氛有利于学生细致观察、潜心思考。探究性教学认识到情境之于教学的重要性,强调教学情境的创设。为了改变传统课堂教学中教师讲学生听,课堂沉闷,学生消极被动,教学效果低下的局面,探究式教学提倡创设情境,使课堂活起来、动起来。其主要目的是唤醒学生的主体意识,激活思维,使学生积极主动地学习以提高教学效果。实践中的一些探究教学,教师片面追求创设全班性的、形式热闹的教学情境,结果使课堂探究形式化、表面化,这是对探究教学情境观的误解。

　　所谓探究式教学,就是学生在教师的组织与指导下,围绕与学习内容相关的问题,通过猜测、实验、论证、质疑、讨论等探索活动,建构起需要学习的知识。所以探究性课堂的教学情境,可以分成两个部分,即探究问题情境和探究活动情境。

　　对于创设问题情境,有趣的问题背景(故事、生产生活实际、新闻、社会热点等)和生动的问题呈现形式(演示、游戏、视频等)能产生积极的学习气氛,这也是人们常用的创设问题情境的方法。但是,由此产生的对学习的积极影响是短期的、间接的。例如,"超重和失重"这节课的开头提出杨利伟在以 $8\,g$ 的加速度运动的飞船中身体的感受是怎样的这个问题,能激起学生当时的兴趣,但这种情绪的变化对随后学习的影响是间接的,还可能是短时的。我们更应重视通过恰当的方式使学生对学科问题本身产生强烈的兴趣和探究欲望,这样的情感对于探究的影响才是直接的、长久的。为此,应让学生感受到所面对问题的重大的、丰富的意义。学生感受到的意义越重大,对问题的兴趣就越大,探究欲望就越强。常见的探究课堂中探究问题浅显,学生不需要多大的努力就能够得到结论,这个过程学生不可能产生切身的体会。怎样创设对学生来说有重大意义的问题情境,正是我们需要研究的一大问题。

对于探究过程情境的设计,同样不能只图形式上的热闹,要着力于使学生投入探究、深入探究、感受探究。要创造这样的情境,以使学生能认真观察、深入思考、乐于讨论、敢于质疑。教师要为学生创造自主探究的空间,保证学生自主探究的权利,使学生在探究中感受自己的力量,享受自身智力运用带来的快乐,不断积累对科学探究的向往。正如诺贝尔物理学奖得主费曼所说:"考虑任何问题,只要有足够的深度,心中总会一次又一次升起同样的激动,同样的敬畏和神秘感。随着知识越来越多、越来越深入,那越来越美妙的神奇引诱着你向更深处继续突进。从不担心得不到答案,带着愉悦和自信,我们翻开每一块新的石头去发现不可想象的奇妙之事——那引领我们向更美妙的问题和秘密的奇妙之事——这无疑是一场伟大而美妙的冒险!"使学生在深度投入的探究中获得深刻的体验并由此更乐于探究,是教师由单纯的授受式教学向重视探究式教学的转变过程中应该追求的教学状态。

2.教师引导与学生自主探究

教学,就是教师有目的、有计划、有组织地引导学生学习文化知识的过程。教学中教师的作用是通过教师的组织和指导,使学生更快更好地掌握知识、发展智力和能力,并促进学生多方面素质全面提高。所以,在任何形式的教学中,教师的作用都不可或缺。不然,教学将退变为自学,成长将退变为生长。

真正的探究确实是自主的,所谓自主是指学生有自己的思想,遇到问题能独立思考,自己做出判断,自己做出选择。但独立不是孤立。人的自主性、独立性表现为积极地从外界获取各种信息,然后自己进行推理、判断、论证、决策。在教室中,教师和其他同学的观点都是可供利用的信息。所以,学生的自主探究并不排斥教师的指导。

从教学的目的看,探究式教学不是为了让学生通过探究发现知识,而是让学生经历一些关键的重要的探究过程,从而更好地理解所学的知识,更好地发展探究能力。对于具体的问题,学生经历哪些环节的探究才有利于理解所学的知识,有利于发展某方面的能力,需要教师去判断和把握。

从课堂探究的发生条件看,如果没有教师的指导和引导,课堂探究就不能有效地开展。受教学目的性的影响,探究的问题经常是由教师提出的。即使是学生提出的问题,也需要经过教师的价值判断才可能成为班级共同探究的问题。探究过程,需要教师不断地激励、鼓励和指导才能深入。学生提出了正确的观点,需要教师肯定;当学生有了疑问,需要教师点拨;教室中有了不同的观点,需要教师引导观点间的质疑、交锋;在探讨中,教师可以作为平等的成员提出竞争性观点,等等。如果教师不加干预,教室中的探究将会很快失去动力,迷失方向,成了一盘散沙。

探究式教学需要教师的指导,但教师的指导又很容易滑向对学生的控制。常见的探究过程简单化的现象,就是教师对探究过程的指导失当引起的。教师根据自己的理解设定了探究过程,并根据这个设定来引导学生的探究。由于教师已知问题的答案,对探究过程的设想就很容易受答案的影响,很容易受知识间逻辑关系的影响,从而丧失了真实探究固有的不确定性。教师在课堂上只给学生有限的、填充式的自由,按照课前设定的过程开展的"探究",缺乏应有的曲折而显得简单、不真实。

在探究式教学中,如何实现教师指导与学生自主的统一,是一个重大的理论问题和实践问题,也是本书要重点探讨的一个问题。理想的状态是,教师的指导要激发学生的探究动力,拓展学生的自主空间,促进学生自主性的发挥。

3. 探究式教学与考试成绩

现行的各种考试,以纸笔形式进行。在这样的考试中,考试成绩与应试者对所考查知识的理解和掌握水平、运用这些知识分析解决问题的能力有关。由于考试要在有限的时间内完成,考试成绩还与应试者运用所学知识解决问题的熟练程度和有效的应试技巧有关。为了使学生能在这种考试中取得好成绩,教师们通过实践发展出了一套简单易行的应试教学方法。简言之,就是授受加训练。教师直接向学生传授知识应用的主要题型和解题方法,然后加以大量的练习使学生熟练,并通过反复的模拟考试训练学生的应试技巧,使学生能在考试中取得好成绩。

探究式教学让学生经历一些重要的探究过程获取知识,从而使学生对所学的知识形成深刻的理解,在此过程中发展其主动探究的意愿和能力,并逐渐培养其科学精神和科学态度。可见,与单纯的授受式教学相比,探究式教学的成果更丰富,更注重学生全面素质的提高。

但是,现行的考试方式只能较好检测学生对所学知识的掌握程度和运用所学知识解决现成问题的能力,而较难检测学生运用知识解决新问题的能力,更难检测学生通过教学之后在情感态度价值观方面的变化。所以,现行的考试不能全面评价探究教学的成果。从崇高的教育使命感的角度讲,教师应该不只关心学生的考试成绩,更应为学生的长远发展和全面发展负责。但是,当今社会高度重视学生的考试成绩,以考试成绩决定学生的升学乃至就业,并用学生的考试成绩评价教师的教学业绩和教学水平,使得教师不得不正视这一现实。任何不利于提高学生考试成绩的教学方法,都是很难推行的。

那么,探究式教学有利于提高学生的考试成绩吗?事实上,探究式教学使学生对所学知识形成深刻理解并发展探究能力,从质的方面为提高学生的考试成绩打下了基础。在此基础上,再加上适当的应试训练,学生同样会在各种考试中取得好成绩。在应试教学中,首先是训练产生熟练,其次,训练也使学生在一定程度上加深对知识的理解,提高运用所学知识分析解决问题的能力,这是应试教学提高考试成绩的机理。显然,与探究加适当训练的方法相比,应试教学在学生的知识理解和能力培养方面是先天不足的。在都进行了充分学习的前提下,如果要取得相同的考试成绩,采用探究加训练的方法比授受加训练的方法所用的学习时间要少;如果用相同的学习时间,前者取得的考试成绩将比后者好。

那么,为什么还有很多教师坚持单纯的授受式教学呢?不但因为这种方法能使学生在考试中取得好成绩,更在于这种方法简单易行。探究式教学要发挥其提高学生考试成绩的作用,必须要让学生在课堂上开展真正有效的探究,而这正是习惯于单纯授受式教学的教师难以做到的。在实践中,很多教师只是"比着葫芦画瓢"地进行探究教学,致使教学活动肤浅、浮夸,效率低下,学生对所学知识的理解表面、片面,更谈不上能力的发展,而且其注重对科学精神、科学态度的培养的教学效果将比单纯的授受式教学更差。如何结合教学目标确定合适的探究问题,如何组织和调节学生的探究活动,使之运行在有效的探究轨道上,产生深刻理解知识、切实提高能力的效果,是任何开展探究教学的教师都必须面对的问题。

4. 探究式教学与授受式教学

可以说,自从人类有了知识的积累,就有了接受式学习。新生的个体在成长的过程中,通过与成人、同伴的交往,以及向知识较丰富的专业人员学习,或通过阅读书籍等途径,以接受的方式迅速地获得前人积累起来的知识。在此基础上,人们在进一步的实践中,对自然、社会和人类自身产生进一步的认识,丰富着人类的知识积累。人类的知识如果不能被个体所接受,那么人类的知识也不能被积累。所以,知识的本身决定了接受式学习的必然性。

知识是在人与外界相互作用的过程中,通过探究建立起来的,所以探究必然是学习知识的一种方式。并且只有通过探究这种方式,才可能理解知识的全部意义,尤其是与知识相联系的感受、体验等不能言表的部分。人们只有在与外界相互作用的探索中形成了必要的感性经验,才能接受相关的具有更普遍意义的知识。人们所面对的生活和工作情境是复杂多样、千变万化的,所学的知识不可能被原封不动地用于具体情境,而是需要对当前的情境进行挖掘、分析、整理,对与当前情境相适应的知识进行变形、组合,才能将其用于当前的情境。总之,探究式学习是人们学习知识、适应生活和工作所必要的学习方式。

一个有效的学习者,他实际采用的学习方式必然是接受式与探究式相结合的。当原有的知识经验能同化新知识时,人们倾向于采取接受式的学习方法;当学习中遇到困难时,人们自然会主动思考,甚至通过观察、实验获取新的经验,以形成对新知识的理解;当人们探究新现象遇到困难时,会主动寻找有关的现成知识进行接受式的学习,为理解、解释新现象寻找基础和启发。正如孔子所言:"学而不思则罔,思而不学则殆。"单纯的接受式学习与单纯的探究式学习都是不可持续的。

对应于接受式学习与探究式学习有两种基本的教学方式,即授受式教学与探究式教学。对于某一具体知识的教学,一般既可以采用授受式教学,也可以采用探究式教学。采用授受式教学用的时间少,但学生对知识的理解不易深入;采用探究式教学用的时间多,但学生对获得的知识理解深刻。很多一线教师出于对教学效率的追求,倾向于采用授受式教学:用较少的时间教授内容,用大量的时间进行解题训练。但实践表明,这样做的效果并不好。因为学生对基本概念、基本规律的理解并没有随着训练的增加而加深,考试成绩的提高只是源于对常见题型的熟练。单纯的探究式教学由于费时、费力、费心,自然是不可能被广泛使用的,常见的探究式教学效率低下的一个原因就是对简单的、很容易用原有知识同化的新知识进行探究。但是,适当的探究对于提高教学效率和学生持续的深入学习是必不可少的:适当的探究使学生加深对所学知识的理解,为这些知识在后续学习中的迁移打下坚实的基础;对于一些关键问题的探究,既是接受性地学习解决问题所需基础知识的动力,也为基于问题解决的新的接受性学习开拓了空间。由此可见,单纯的授受式教学不会是高效的,只有探究式教学运用得当,才能有效提高教学效率。有效教学必然是授受式教学与探究式教学的有机结合,当然如何实现它们的有机结合,正是教学理论和教学实践需要探索的一个重大课题。

5. 探究式教学与教学有效性

作为学校课程,都会规定在给定的时间内学习什么内容,达到什么要求,这就对教学效率提出了最基本的要求。可以说,有效性是所有教育、教学改革的共同追求。事实上,所有的教育、教学改革都是针对原有的教育、教学方式的低效和无效而发起的。

探究式教学在课堂这个层面遭遇到的最根本问题,或者说最大的挑战,实际上也是受到的最强烈的批评,就是课堂的低效问题。那么,课堂上的低效是探究式教学所带来的吗?如果是这样,它怎么能成为目前世界各国课程教学理论和课程改革实践共同关注的核心问题之一?实践中探究式教学的低效现象,是我们对探究式教学理念的理解、认识还不是很到位,或者存在一些偏差,以及我们在实施过程中缺乏一些必要的经验和能力所致。

从理解上讲,混淆了教学中的探究和科学中的探究是造成探究式教学低效的原因。科学中探究的目的是发现未知的规律,所有涉及的未知现象都需要去探究。整个研究过程需要研究人员有更高的独立性,需要自己发现问题、提出问题,自己寻找可以直接使用的现成结论,自己设法获取未知现象系统的数据和证据,自己提出假设,自己设计方案进行验证,自己发表结果进行推广。而教学中探究的目的是为了使学生对某些重要的知识形成深刻的理解,发展探究能力,培养对科学和科学探究的积极情感,而不是为了让学生通过探究发现所有需要学习的知识。就是对于获取某一目标知识的探究,我们也不一定需要学生经历所有的探究过程,而是可以根据教学目标,只让学生重点地经历某些环节。

对于某一局部的知识,采用探究式学习所用的时间确实要多于授受式学习所用的时间。但是,正如前面指出的,我们不必要,事实上也不可能对所有的知识都采用探究的方式进行学习。我们只要立足于知识的系统功能,确定对某些关键知识进行探究式学习,以由此获得的对知识的深刻理解和强烈的求知欲,带动其他知识的接受式学习,就能从整体上提高学习效率和学习效果。

这样,从实施角度来说,为了利用探究式教学提高教学效率,我们必须要做到:确定关键作用的探究点,使学生对探究点进行真正充分的探究。这两点,既是发展探究式教学理论需要研究的课题,也是一线教师在探究式教学实践中需要培养的能力。

6.探究中的合作学习

合作学习作为一种有特定含义的教学方式,被我国教育界较多地定义为:"合作学习是一种旨在促进学生在异质小组中互助合作,达成共同的学习目标,并以小组的总体成绩为奖励依据的教学策略体系。"它以学习小组为教学基本组织形式,以组内互助协作、组间互动竞争为教学的主要特征,以小组为评价单位、小组的总体表现为评价依据的教学形式。

合作作为人类学习的一种性质,是人类学习所固有的。人的社会性决定了人的所有活动包括学习都是以合作为基础的。在个体的学习中,个体总是直接与他人(教师、同学、父母等)或透过书籍、录像等文化产品与他人发生着相互作用,这本质上就是一种合作行为。作为有形的教学方式的合作学习,是发挥人与人之间的合作性来促进学生学习的一种具体策略。在教学中,可以组建存在较长时间(例如一学期)的相对稳定的学习小组来促进全体学生的学习;也可以组建临时(往往是一节课内)的小组服务于当前内容的教学;还可以使全班形成一个探究共同体,互动讨论、群策群力,攻克探究主题,我们更要不拘形式地时时注意发挥合作的力量促进学生的学习。

小组的形式并不能保证合作学习的真正发生,小组活动如果组织得不好,就可能沦为成员独立学习的集合体,也可能使个别成员霸占话语权、其他成员成为旁观者。这是我们在教学实践中经常看到的小组合作学习的现象。

要使合作行为真正发生,前提是学生有合作的需要。合作的需要由个体面临任务的难度决定。对于较为容易的问题,学生依靠独自的力量能够解决,自然没有必要进行合作。只有当学生面对的问题具有挑战性、开放性和复杂性时,问题又在学生的最近发展区内,学生能投入思考,但不能依靠自身的力量轻易解决,于是寻求帮助、与人探讨的需要自然产生了。

有了合作的需要,并不一定产生主动合作的行为,因为学生可能习惯于等待老师直接告知答案。学生要有参与合作的积极体验,才能乐于与他人合作。在合作中,个体能从自身的能力被他人承认、自己的观点为集体探究做出贡献中感受自身的价值和力量,能从接受他人的创新观点中感受惊喜,能从受启发产生新观点中感受愉悦。

有效合作行为还对条件十分敏感。这些条件包括充足的时间、民主平等和谐的社会心理氛围、成员良好的社会交往技能、教师高超的组织和指导技能等。

如何确定能促进学生之间合作的探究主题,创造有利于合作探究开展的内外部条件,以促进学生与学生、学生与教师之间的合作,都是需要深入研究的问题。

第四节　构建内核探究教学体系

通过对探究式教学实践中存在的常见不良现象和一线教师对探究式教学存在的普遍疑虑有关的六个方面问题的分析,可以看出,开展有效的探究式教学可以归结为两个基本问题,那就是如何确定合适的探究问题和如何促进学生开展真正的探究活动。新的探究教学体系,一定以解决这两个基本问题为特征。

1.探究教学的两个基本问题

(1)确定合适的探究问题

探究教学首先要创设能使学生感受其重大、丰富意义的问题情境,使学生对学科问题本身产生强烈兴趣和探究欲望,激起学生探究问题的内驱力,而不是只靠问题呈现的华丽形式激起学生暂时的情绪激动。为发挥探究式教学对提高学生考试成绩的作用,探究的问题应该落于教学的重点、难点之处,使学生对基本知识获得全面的、深刻的理解。要实现探究式教学与授受式教学的有机结合,提高探究教学的教学效率,需要确定哪些内容应该通过探究学习,哪些内容应该通过接受学习,这实质是要识别通过什么问题的探究获得的知识能促进或带动其他知识的接受式学习。在课堂中,合作学习行为的产生要求被探究的问题有足够的复杂性、挑战性和开放性。因为学生个体很难凭个人的力量克服困难,需要与同学和老师结成探究共同体,依靠集体的力量解决问题。

这些从不同侧面对探究问题提出的要求,都是教学中有效探究问题的基本特征。那么对于具体的教学内容如何确定探究问题,以同时体现这些特征,则是探究式教学首先要解决的问题。

(2)促进学生开展真正的探究活动

对于探究过程的情境设计,不必追求热烈的气氛和热闹的活动,应着重使学生静心探究、感受探究,形成对探究的积极体验和深入探究。教师的指导要着重于激发学生的探究动力,拓展学生的探究空间,使学生有效地探究自己的问题。只有学生真正通过自己的探究获得了对知识的深刻理解,发展了探究的能力,才能发挥提高考试成绩的作用,才能促进有关知识的接受式学习,才能提高教学效率。教师只有使学生基于探究的需要相互关联,为了解决共同的问题而加以组织,班级中的合作探究才能产生。总之,探究式教学的教育、教学功能的发挥,以学生开展真正的探究活动为前提。我们需要研究怎样的探究是真正的探究,如何使学生开展真正的探究。

真正的探究应该是自主的探究、合作的探究,因为自主、合作是真实探究的本质特征。探究就是探索未知,未知性就是不确定性。面对不确定性,需要探索者积极主动地进行猜测、试探、论证、验证等自主行为;而未知意味着无限的可能性,不同个体的合作才能拓宽探索的思路,才能建立起解释不同个体经验的理论。"夸张"的、无效的伪探究,主要在于没有学生的自主探究,没有学生基于探究需要的有组织的合作,有的只是由教师严格控制的按探究的一般环节安排的"探究活动"和小组成员完成简单任务的"一起活动"。

自主探究的特征是,学生专心于探究,能提出自己的观点。合作探究的特征是,学生之间基于探究的需要开展协商、讨论,部分学生由此得到帮助,教室中由于不同观点的启发或碰撞而产生新的观点。自主探究是合作探究的前提,合作探究是自主探究的需要。所以教学中真正的探究应该是自主合作探究,学生应在充分的自主探索的前提下开展有效的合作。

课堂中自主合作探究的主要方式是学生之间、学生与教师之间的互动讨论。在互动讨论的课堂中,要求教师对于学生探究状态的敏感度远高于授受式课堂中教师对于学生接受状态的敏感度。教师指导驾驭课堂讨论需要的技能,远比教师自己进行有条理、有技巧的讲授需要的技能复杂。如何指导课堂讨论,是开展探究式教学的教师面临的挑战。

2. 内核探究教学的设想

(1)内核问题

知识总是以系统的形式存在的,任何知识系统都有自己的本质意义,或者说核心意义。一个知识系统的内核问题地解决能使我们获得知识系统的核心意义,从而从整体上把握这个知识系统。以内核问题为课堂探究的主题,能满足教学实践从不同侧面对探究问题的要求。对于要学习的知识系统来说,内核问题的意义最重大、最丰富,对学生最有吸引力。内核问题必然落在知识体系的重点或难点之上,解决了内核问题,学生就从本质上理解了知识系统,有利于提高学生的考试成绩。通过探究解决了内核问题,学生就能以此为基础快速地用接受的方法学习其他相关的知识,从而提高学习效率。内核问题不是教师为了降低探究的难度把一个完整的问题拆解成的各个小问题,而是完整真实的学科问题。它蕴含了要学习的知识系统的核心意义,因而具有复杂性和挑战性,最适于小组或班级开展合作探究。

例如,"超重和失重"的内容涉及人在电梯中的感受、接触物体间的压力、电梯运动的速度和加速度、牛顿第二定律、牛顿第三定律等知识和体验。这一知识系统的核心是,当电梯有竖直方向的加速度时,物体对支持物的压力或对悬挂物的拉力,将变得大于或小于重力。学生弄清了"电梯在启动或将要停止时人为什么有特别的感受"也就从整体上掌握了超重和失重知识,这个问题就是超重和失重知识的内核问题。

分析知识系统的核心意义和人们对这部分知识的一般认识过程,确定知识系统的内核问题,是创设探究式教学问题情境的有效策略。

（2）合作探究内核问题

把一个复杂的问题分解为若干小问题，通过解决这些小问题最后达到解决整个复杂的问题的目的，这是解决复杂问题的常用策略。很多教师错误地理解了这一策略，在教学中经常把一个较难的问题分解为一系列相联系的较为简单的小问题，在课堂上引导学生依次解决这些较为简单的小问题，从而较为容易地解决了较难的大问题。这些教师认为这是有方法论意义的教学方法，有的将其叫作"问题串"策略，有的将其叫作"铺设台阶降低难度"策略。他们认为把一个较难的问题巧妙地划分为一系列简单的小问题，是自己教学技巧的重要部分。事实上，这样做违反了人的认识规律，是不科学的。因为，把复杂问题分解为若干小问题是解决问题的关键，但这个工作是教师完成的，它脱离于学生的学习过程。学生即使表面上解决了整个问题，但实际上他们并不知道是如何解决了问题的，因为他们并不清楚是怎么想到把复杂问题划分为这些小问题的。学生解决了这些小问题，获得的可能只是与这些小问题相关的知识的总和，而不是由这些知识构成的与复杂问题对应的整体性知识。教师应该让学生直接面对复杂的问题，让他们自己在探索的过程中经过分析把整个问题分解为一些小问题。他们通过理解这些小问题之间及其与复杂问题之间的关系，在问题解决后获得的将是整体性知识。

在"超重与失重"的教学实录中，上课教师把教学内容分割成"什么是超重和失重现象""超重和失重由什么决定""超重与失重的产生原因"这三个小问题，这样做降低了探究难度，易于教师控制探究过程，但每个问题都不具有整体意义，使问题丧失了有机性而增加了机械性。学生解决了这三个问题之后，明确了超重和失重的现象、决定因素、产生原因，但他们不一定能形成超重和失重的整体性知识。而让学生直接探究"电梯在启动或将要停止时人为什么有特别的感受"这一内核问题，学生获得的是超重和失重的整体知识，当然也包括超重和失重的现象、决定因素和产生原因。

当然，我们也不能片面追求问题的复杂性和难度而脱离了学生原有的知识、能力水平。应该在学生的最近发展区内，让他们面对尽可能大、尽可能复杂的内核问题。

内核问题是真正的学科问题，对学生而言是意义重大且富有挑战性的问题，将激发学生更加投入自主探究。但由于问题较困难和复杂，大部分学生无法独立解决问题,需要得到同学和老师的帮助。以共同挑战的重大问题为凝聚力,教师趁机把学生组织成探究小组(或者全班作为一个小组)。学生在小组内合作探究,再以小组或个体为单位在全班范围内开展合作探究,或者所有学生直接参加全班的合作探究。合作小组将展现出相较于各个个体更为高级的探究能力,不同的个体将提供不同的观点,受不同观点的启发或不同观点的碰撞,将不断产生新观点。经过一系列意想不到的、激动人心的探险过程,最终使问题得到解决。

(3)内核探究教学

对于有相对完整体系的教学内容,要深入分析其要素及其相互关系,确定其核心意义,然后创设蕴含知识核心意义的内核问题,并以这一内核问题为探究式教学的探究问题,使学生在充分的自主探究的基础上,在教师的组织下开展有效的合作,依靠集体的力量解决问题,从而获得教学内容的核心意义,从整体上把握教学内容。这就是内核探究教学。

内核探究教学要求教师深入分析教学内容,认识知识的内核意义,确定内核问题。这有利于克服常见的探究主题浅显化的现象,有利于教师对探究过程做出更为弹性的设计和引导。内核问题接近于真实的科学研究中的问题,具有足够的复杂性。学生对内核问题的探究,需要高度的投入,深度的合作,故这种探究能有效地培养学生自主探究能力和合作交流能力。通过对内核问题的探究,学生能较为深刻地理解知识的本质意义,有利于学生自身以此为基础学习相关知识,提高学业成绩。

3. 构建内核教学体系

尽管新课程提倡教学方式的多样化,提倡自主、合作、探究的学习方式,以改变传统单一的授受式教学方式。但在实践中,传统单一的授受式教学方式仍然大量地存在,很多以探究为表面特征的课堂实质上仍由教师严格地控制着教学过程。造成这种局面主要有两方面的原因:一是简单易行的授受式教学对提高学生的考试成绩仍然有效,二是当前对探究式教学的提倡,更多的是停留在理念上,对于如何确定探究问题,如何设计教学过程,如何开展师生、生生互动等各方面缺少理论和实践研究,无所依循。内核探究教学从知识和认识的本质及特征出发,揭示学习的探究性和内核突破性。这一方面使我们认识到,开展探究式教学,既有利于提高学生的学业成绩,更有利于学生全面素质的提高;另一方面,由此发展出确定探究问题、设计教学过程的策略和方法,以及探究课堂需要的成员间的互动方式及条件,为探究教学提供教学论支持。

(1)内核探究教学的理论基础

教师实践的教学方式由其持有的知识观、学习观和教学观决定。任何教师都具有一定的知识观、学习观和教学观。哪怕教师没有意识到自己有明确的知识观、学习观和教学观,但教师采用的教学方式总是基于对知识、学习和教学的一定假设,这些假设就是教师的知识观、学习观和教学观。教学方式改变的困难在于很多教师对自己的知识观、学习观和教学观是没有明确意识的,对自己教学行为的合理性不做审视,只是盲目地按照传统的、周围老师普遍采用的教学方式进行教学。这样的教学行为又不断地强化自己的潜意识,使教学方式的改变愈加困难。

教学方式的改变必须从知识观、学习观和教学观的改变开始。传统单一的授受式教学方式的基础,是客观主义的知识观、行为主义的学习观和教学观,即认为知识是一种客观存在的东西,学习就是学习者接受外在的知识信息,教学就是教师向学生传递这些知识信息。现在,被人们普遍接受的建构主义知识观、学习观和教学观认为,知识是人类创造的用以整理、解释和预言人与外界相互作用经验的解释系统,学习是重新建构知识的过程,教学就是要创造条件促进学生自主地建构与社会知识相一致的个人知识的过程。建构主义的知识观、学习观和教学观,确立了探究式教学的合法地位。

很多教师错误地认为,按照科学探究的一般过程——提出问题、猜想与假设、设计方案、实施方案、分析与论证、评估与交流——安排教学过程,就能保证探究学习的发生。人的探究活动受自身寻找事物的真相和解释的内驱作用而前行,真正的探究活动自然符合科学探究的一般环节,而按照探究的一般环节安排的过程却不能保证学生发生自主探究活动。探究教学必须要以人的内部思维规律为依据,才能保证并促进学生投入自主探究。人们思考问题、建构新认识的主要形式是感悟,反映在知识体系上就是内核突破。内核探究教学就是依据认识的探究性和内核突破性建立起来的探究式教学方法。

(2)内核探究教学的基本思路

简而言之,内核探究教学就是寻找、确定内核问题,通过对内核问题的充分探究,从本质和整体上把握教学内容,提高教学效果和效率。

在提出问题、猜想与假设、设计方案、实施方案、分析与论证、评估与交流这一科学探究的一般过程中,提出问题是探究的一个重要环节。不过,这个一般的探究过程本身并没有对探究问题提出要求,也没有给出如何提出探究问题。内核探究教学认为,教学中探究的问题应该是教学内容的内核问题。内核问题的复杂性和意义的丰富性能够激起学生更加投入地探究,通过对内核问题的探究,学生能够把握学习内容的本质和整体意义。在内核探究教学中,内核问题处于首要地位,它直接影响探究过程,更直接决定探究对教学的作用。

(3)内核探究教学的设计策略、原则和教学过程模式

不同教学方式奉行的教学观不同,必将导致设计策略、设计原则和教学过程模式的不同。授受式教学认为教学就是向学生传授已有的知识,与此相适应,教学的基本策略是按知识的逻辑联系从易到难循序传授,一般做法是按教材体系从前到后逐节教学。为了提高授受效果,课堂教学设计遵循直观性、可接受性、循序渐进、理论联系实际、巩固性等原则;对应于授受过程,课堂的基本模式是"准备、复习旧课、教授新课、巩固练习、布置作业"。内核探究教学希望通过对内核问题的探究,使学生获得学习内容的本质和整体意义。内核是对知识系统而言的,这要求我们在一个较大的知识范围内设计教学。如果仍然局限于教材体系逐节设计教学,可能将会割裂知识的整体性和有机性。教学设计的原则,要考虑如何激发学生主动探究,如何适应探究中的不确定性、创造性和个体差异性,如何促进学生的自主、合作探究。探究课堂的一般模式要符合人们在探究时的一般心理过程。

(4)内核探究教学中的交流与讨论

在授受式课堂中,师生的互动方式是教师讲学生听,教师问学生答,教师从学生的表情或回答中了解学生的接受情况,并据此调节自己的传授方式和传授速度等,学生与学生之间较少发生相互作用。在内核探究教学的课堂中,师生围绕着要解决的问题,在独立思考的基础上开展交流讨论,并且相互激发、相互启发、群策群力使问题得到解决,所以探究教学的课堂中师生互动的基本方式是课堂讨论。那么深刻理解课堂讨论对于课堂探究的重要性,消除教师对于组织课堂讨论的种种顾虑,创建适于课堂讨论的教学环境,培养教

师、学生在讨论中应该具有的心理素质和交往技能,是实施内核探究教学的基本条件。

(5)内核探究教学中的教师调节

在授受式教学中,教师需要具有的主要技能是重点突出、有条理、清晰地呈现教学内容。而在内核探究课堂中,教师需要时刻感知课堂中的探究状态,通过适时必要的介入,保持课堂探究强劲的张力和正确的探究方向,使学生通过自己的努力解决问题、获得知识。在这样的课堂中,需要教师有更加复杂的教学技能,这些技能主要包括如何提问、如何倾听、如何调节。尤其需要研究如何克服教师通过自己的介入不知不觉地限制学生探究空间、控制学生探究方向的情况,如何使教师的调节能拓展学生的探究空间、促进学生的自主合作探究。

本书从内核探究教学的理论基础、基本思路、教学设计和实施等若干方面进行探讨,旨在建立较为完整的内核探究教学体系,以期对探究教学实践有所助益。

第二章　知识的建构性和认识的内核突破性

建构主义认为,知识不是客观存在的东西,是人建构起来的关于人与世界相互作用经验的解释系统;学习不是被动地接受东西,而是主动地生成自己的理解和意义,是不断地建构自己的解释系统。意义的生成必须通过个体的心智努力、个体积极的探究活动才能实现。教学中,教师作为学生与外界互动的具有能动性的环境部分,应为学生提供必要的信息,创造良好的课堂环境,促使学生积极探究、自主建构知识。同时,知识具有社会建构性。作为人类文化重要组成部分的科学知识,是历史上不同观点交锋、碰撞、竞争,大量社会成员协作、协商从而达成一致的、能最大范围地解释经验事实的认识成果。这决定了学习者应该与他人合作互动,丰富经验基础,扩大视野,才能深刻全面地理解科学知识。在课堂教学的条件下,讨论是合作探究的重要方式。

知识的建构性决定了学习的探究性,也决定了探究式教学的必要性和必然性。当然,要在课堂上开展探究式教学,还必须了解人的认识过程的特点和作为认识成果的知识的结构特征。认识是人的意识反映现实的过程。人的意识是一个复杂系统,由显意识、潜意识、逻辑思维、形象思维、直觉思维、灵感和感悟等多种成分和多种活动组成。潜意识是显意识的基础,直觉、灵感和感悟是联系潜意识和显意识的桥梁,是创造性思维的核心,也是知识建构的核心。直觉、灵感和感悟具有内核突破性,这决定了由此建构起来的知识系统具有核式结构。课堂教学中的探究应该把问题设置于教学内容的核心处,引导学生重点探究并突破知识内核,为整个知识系统的学习奠定基础。

第一节　知识的建构性

知识是什么? 这是知识观的核心问题。对这个问题的不同回答,也决定了人们持有不同的学习观和教学观。我们每一个人，不管自己有没有意识到，都是持有一种知识观的。在学习和教学行为中，我们都隐含着一套对知识的理解。例如，当我们教授科学知识时，会对学生说"牛顿发现了万有引力定律"。在这里，我们用"发现"而不是"发明"。我们说牛顿发现了什么定律，言下之意，牛顿的理论就如同石油、煤矿、金矿、银矿一样隐藏在世界某处，在牛顿之前是客观存在着的，只是后来被牛顿找到而已。这意味着，我们在无形之中将牛顿的理论当作一个客观存在的东西来看待。

知识虽然是人或人类的知识，但人类关于知识是什么的认识并非是一直清楚、固定不变的。认为知识是像煤矿一样的客观存在，是人类在很长一段时间内持有的知识观，这就是客观主义知识观。现在，人们普遍承认的是一种叫作建构主义的知识观。

1. 知识的建构性

建构主义认为，世界是客观存在的。人与周围的客观世界（物质世界、社会文化和人类的思维）相互影响、相互联系，或者说不断地发生相互作用。在人与外界的相互作用中，就会产生各种体验、感受和经验。知识就是人建构起来的对人与外界相互作用的体验、经验的解释、假设，或者说知识是人建构起来的关于人与外界相互作用经验的解释系统。

人建构的产品以语言、文字或图形等符号表示。语言、文字和图形是知识存在的形式，它反映的内容是，人与外界相互作用的经验的一种规律性的东西，这也就是人所感受到的知识的意义。例如，在人的生存和生活中，认识到有一定高度的、上表面平整的物体可以摆放东西，这就是对这一类物体规律性的认识。为此，人们建构起了"桌子"这一概念。"桌子"这个词或对应的发音，就代表了由它所代表的意义。外界物体发出或反射的光进入人的眼睛，人脑产生了不同的感受，从而就有了各种颜色的概念，并用黑、白、红、绿等字和发音与其相对应。对于一个天生的盲人，即使他能说出"花红草绿"这个词，他的头脑中也不可能有具体的形象和意义。人们通过观察发现，在地球附近的空间，各个物体释放后都是向一个方向落的，于是把这个方向叫"下"，相反的方向叫"上"。人们通过观察发现，所有物体的形变或运动状态的变化，一定是由别的物体引起的，或者说是由别的物体对它的影响或作用所致，人们为此建构了"力"的概念。

在当今的网络时代,新的词语不断出现并流行,让我们能更清楚地理解人们建构概念的过程。对于感觉到有劲、带劲、有作用、有面子的事情,人们创建了"给力"一词。我们能大致地用有劲、带劲、有作用、有面子来描述"给力"的意义,但"给力"这一词的意义又不能完全用前面这些词描述。不过,某个人用"给力"描述自己对某一事物的感觉、对其进行评价时,他一定体会到了"给力"这一词是十分准确地描述出了他对这一事物的感受了。此外,"坑爹""正能量""菜鸟""拍砖""人艰不拆""喜大普奔"等网络新词都代表着一定的意义。

在物理中,速度、加速度、质量、动能、势能、电荷、电流、电场、磁场等所有概念都是为了描述人与自然界中的物体、物质相互作用的经验而建构起来的。不但如此,人与自然界的相互作用是多方面的,由此产生的经验也是多样的。为了解释在一定范围内经验的联系,人们还建构起各种各样的规律、定律、定理和原理,进而还用若干基本概念、基本规律建构起理论体系。

例 欧姆定律的建立

在 18 世纪末期,意大利的解剖学教授伽伐尼,发现青蛙的肌肉与两种不同的金属(例如铜丝和铁丝)构成一个回路,青蛙腿就会发生痉挛。通过反复的试验,人们发现某些装置与金属构成回路,回路中会有流动的电,从而形成了电源和电流的概念。为了研究电源产生电流的规律,德国科学家欧姆用铋铜温差电偶作电源,与直径相同长度不同的某种材料的导线连接成闭合回路,把丝悬磁针电流计置于通电导线附近,由磁针偏转角度反映电流的强弱,进行实验观察。1826 年,欧姆根据测得的数据得出了下面的公式:

$$X = \frac{a}{b+x}$$

其中 X 代表电流磁效应的强弱,相当于电流强度;x 代表导线的长度,相当于电阻;a 代表电源的"激活力",就是现在的电动势;b 相当于电源的内电阻。

在科学研究中,当发现了新的现象,科学家一定都会通过反复的观察,积累大量的经验。为了整理和描述新现象及其中的规律,科学家们会建构起一些概念和规律。这些概念和规律的有效性,就在于它们能描述、解释和预测相应的现象。为了描述伽伐尼发现的新现象,人们建构了电源、回路和电流等概念。为了描述电路中的电流强弱与相关因素的关系,欧姆建构起了在上面的公式中用 X,a,b 表示的物理量和这个公式。至于后来描述电流强弱的物理量电流 I 不是用磁针的偏转角来定义的,电源的"激活力 a"叫作电动势,b 明确为电源的内阻,都是基于以后实验和认识的发展进一步建构的结果。

知识是人建构的东西,一定都打上了人的烙印。例如,物理中的所有物理量从某个角度说,就是人用自身量度世界的结果。物理量要么是与人的感觉直接相联系的,如长度、时间、速度、力等;要么通过若干装置和仪器的转化而为人的感官所感觉,如电荷量、电场强度、电流强度、磁感应强度等。一般来说,各物理量单位的确定,都是符合人的感觉范围的。如长度的单位 m,1 m 与 4 岁小孩的身高相当;时间的单位 s,1 s 正是人能够清晰感知的较小的时间;质量的单位 kg,人能较好地区分质量 1 kg 左右物体的重量。

2. 知识的客观性和主观性

对于知识的建构性,需要指出两点。第一,建构主义认为世界是客观存在的,这是通过对人与外界长期的、大量的相互作用的经验的考察而提出的一个基本假设,也是唯物主义的一个基本观点。第二,在建构主义看来,知识不是客观的东西,也不是客观事物的"直接"反映,而是人关于自己与外界相互作用的经验的解释和假设。因此,知识既具有客观性,也具有主观性。客观性表现在不同的个体与外界的同类在相互作用中,有相同的体验、感受,即知识对于不同的人同样是有效的;主观性表现在对于同类现象,可以建构起不同的知识体系,这就是不同国家不同民族有不同的文化传统的原因。知识主观性的一个最直接的证据是,不同的国家不同的民族有不同的语言文字系统,但它们可以描述和解释同样的人类经验。

例　量子力学的两种形式

1913 年,玻尔在卢瑟福原子模型基础上引入普朗克的量子概念,建立起了自己的原子模型。玻尔的原子模型在取得巨大成功的同时,也存在着很多局限性。如不能计算原子光谱中不同谱线的相对强度,对氦及原子序数更大的原子光谱不能进行较精确的解释。当时很多的科学家致力于寻找假设更基本、一致性更好、解释力更强的微观理论。

德国的海森堡对原子结构的看法与玻尔完全不同。他认为电子轨道近于幻想,因为没有人能看到它们。唯一可以从实验测量的,是原子内部发出的光的频率和相对强度。海森堡决定放弃玻尔模型的假设,直接对可以测量的这些数所构成的数组进行研究。经过艰苦的探索,1925 年 7 月初,海森堡发现了那些数组满足的代数关系,从而建立起量子力学的矩阵理论。

在矩阵力学发展的同时,量子理论的另一种形式也在发展。爱因斯坦的光量子理论和玻尔的原子模型引起了法国德布罗意亲王的极大兴趣。他在分析了光量子说中共同存在的波粒二象性的同时,研究了原子内电子定态轨道对应的分立整数与波动现象中驻波的特征的相似之处,从而大胆地假设:既然光作为电磁波同时具有粒子性,电子作为一个物质粒子也应该具有波的特性。在此基础上,薛定谔于 1926 年初建立起了描述微观粒子运动的波动方程。

后来,包括薛定谔本人在内的许多科学家,证明了量子力学的这两种形式是完全等价的。

海森堡和薛定谔,对同一现象通过不同的思维过程,发展起两种形式不同的理论,这反映的是理论建构的主观性。但用这两种理论解决同一问题时,却能得到相同的结果,这反映的是理论的客观性。

3. 知识的暂时性

知识是人建构的解释系统,因此具有主观性、暂时性和实用性。这一点在辩证唯物主义被越来越多的人接受的今天,容易被人忽视。按照辩证唯物主义认识论,知识是人脑对客观世界的属性及其联系的能动反映。但是,我们在实际工作中,经常把"能动"两个字漏掉了,不知不觉地换成了"直接、被动、简单"。知识于是就变成了人脑对客观世界的被动、简单而直接的反映。人脑就好像一部照相机或一面镜子,有关桌子的知识,不过是人脑中映射的桌子的底片、镜像而已。由于外在的桌子是客观存在的,有关桌子的底片或镜像也是客观存在的,因而也是确定的、绝对的。根据这一隐喻来看前面所举牛顿理论的例子,牛顿的理论是一个客观的、确定的、绝对的东西,从而也是终极的东西,这实际上不过是一种形而上学的机械反映论。

知识是人脑对客观世界的属性及其联系的能动反映。"能动"既指人的主动性,也指人要通过与外界的相互作用去反映外部世界,还指知识的可变性,这也正是建构主义的认识观。建构主义认为,知识不是客观存在的、被人发现的东西,而是人在实践活动中面对新事物、新现象、新信息、新问题所做出的暂定性的解释和假设而已。牛顿的理论并不是事先存在着的东西,而是由牛顿通过实践和认识活动而发明(不是发现)出来的假设和解释而已,具有一定的客观性,也具有相对性、暂定性和实用性。尤其是随着科学技术的迅猛发展,人们对同一个事物、现象或问题产生了新的经验,必然会建立起新的解释。这样,人们对于世界的认识就更深入了,关于世界的知识也更新了。关于万物相互吸引的现象,牛顿建立了万有引力定律,200多年后爱因斯坦建立了时空弯曲理论。要解释一般的落体运动和天体运动,用牛顿的理论就足够精确了,而要解释水星近日点的进动,在卫星的定位和导航中,就必须用到爱因斯坦的广义相对论。

例 牛顿对摩擦起电现象的解释

在给奥尔登堡的一封信中,牛顿对摩擦起电现象提出了如下的一种解释:

"……至少电的流质似乎指示我们,有一种属于以太性质的东西凝聚在物体之中。比如我在桌子上放一块宽约2英寸的圆玻璃片,并把它装在一个黄铜的圆环里,使得玻璃离桌面约有1/8或1/6英寸之高,并将它们之间的空气都围在圆环之内,就像我把一只小的筛子翻转过来放在桌子上面一样。然后用某种粗糙的织物快擦玻璃相当的时间,直到放在玻璃下桌面上的很小很薄的纸屑开始被吸起并敏捷地来回运动为止。在我擦过玻璃之后,纸屑还要继续做各种各样的运动,并维持一段时间。有时跳到玻璃上去,留在那里一段时间以后,又跳下去并停在那里,然后再跳起或者跳下又再跳起。它们跳动的路线有时好像垂直于桌面,有时好像与之成一个斜角;有时它们沿着一条弧形曲线跳起而沿另一弧形曲线跳下,如此一共多次,中间没有什么休息;有时则从玻璃的一处沿着弧形曲线跳到玻璃的另一处,而不触及桌子;有时它们用一个角挂在玻璃上,很敏捷地不断旋转,好像在旋风中被转动似的,或者由于受到不同的推动而每块纸屑就有了不同的运动。当我的手指在玻璃的上面滑动时,虽然玻璃和封在下面的空气没有因此而得到运动,但是挂在玻璃下面的纸屑却会得到一些新的运动,它们将随着我手指的运动而斜向这边或那边。所有这些不规则的运动是从哪里发生的,我想象不出。除非由于某种凝聚在玻璃中的细微物质(指以太——作者注),如同水因受热而扩张成蒸气那样,经摩擦而扩张开来,并在这扩张过程中,扩散到玻璃四周的空间较远的地方并做各种各样的流动,还相应地激动着纸屑,直到这些物质重新回到玻璃中去并凝聚在那里为止。"

在这里,我们能清晰地感受到人类知识的建构性和暂时性。在牛顿时代,人们普遍认为电是一种流质,热也是一种流质,但现在我们认为电是物质的一种性质,热是组成物体的微观粒子的运动。牛顿认为电流质是一种以太的凝聚,摩擦玻璃使这种凝聚物扩散到空中,最后又回到玻璃中凝聚,这个过程"激动"着纸屑做各种各样的运动。现在的解释是,由于摩擦,带电粒子在玻璃和织物之间转移从而使玻璃带了电,带电的玻璃对纸屑的作用、纸屑受重力作用、纸屑与空气的复杂作用、玻璃与空气和纸屑及铜环的接触使带电情况发生复杂变化等因素,导致了纸屑复杂的运动。我们现在建构起来的电学理论,比牛顿时代建构起来的有关电的认识要复杂得多和高级得多,主要表现在能更好地解释和预言各种与电有关的现象。但可以肯定,现在的电学理论仍然不是电的终极理论,随着人类实践的深入,人们一定能建构起更具解释力的新的电学理论。

第二节 知识建构与探究

知识观决定了学习观,进而决定了教学观。如果认为知识是前人发现的客观的、绝对的、确定的东西,那么学生的学习就只需要接受现成的知识,教师的教学就只需要向学生传递现成的知识。当我们发现了知识是人们建构起来的对现实的一种解释或一种假设,它对于学习观和教学观又有什么影响呢?

1.学习就是建构意义

知识不是存在于外部世界的固定不变的东西,而是人建构起来的关于人与外部世界相互作用经验的解释。学习知识不是被动地接受东西,而是主动地生成自己的经验、解释、假设;学习就是不断地丰富完善自己的解释系统,不断地丰富完善自己的精神世界的过程。

如果按照以往的知识观,知识是无形的、客观的东西,那么,学习就很自然是接受东西。因为知识既然是人类社会发现的东西,是绝对的、确定的,学生就只能接受这些绝对正确的东西了。因此,学生的任务是往自己的头脑中复制信息、印入信息,学生在学校的工作就是将课本知识"拿过来、装进去、存起来、提出来"。具体来说,学生先是感知、理解信息,再将信息存储在大脑中,然后在练习或者考试中将信息提取出来。学生不管怎么想,最后都要同课本上说的一样。因为课本上的知识是人类社会发现的东西,是客观的、绝对的、确定的,因而是毋庸置疑的。学生的学习只是将课本或老师提供的知识记住、练熟,用以解决各种可能情境中的问题。

建构主义认为,学习是学习者主动建构知识的意义,生成自己的经验、解释、假设的过程。个体学习者也生活在世界上,也有着自己的实践活动,对生活实践中所体验到的新事物、新现象、新问题、新信息也在做出自己的解释、假设。幼儿园的儿童也会对"月亮为什么会走"的问题,做出自己的解释:"因为我在走。"即使成人直接教给儿童知识,知识在儿童头脑中的意义也不是现成的,而是建构起来的。这其中经历了一个发生、形成的创造性认知过程,而非简简单单地接受、印入现成的东西。在这种情况下,儿童生成的认识可能与成人相同,也可能与成人不同。

我们也可以从相反的方面理解学习的建构性。如果学习是原封不动地接受,那么教师向班级讲解一个知识,班级的所有同学应该获得相同的理解,但事实显然不是这样的。

例 一个解题过程中的知识建构

固定的斜面与水平面成 $\theta=37°$ 角,一可以看作质点的物体从离斜面底端 $l=0.25$ m 处由静止开始下滑,运动到底端时速度大小 $v=1$ m/s,取重力加速度 $g=10$ m/s^2,求物体与斜面之间的动摩擦因素 μ。

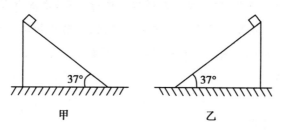

图 2-1

大部分解题者读了题目后都会画出图 2-1 中甲或乙的示意图,这就是一种建构,是解题者根据题目给出的文字信息建构起来表示题目情境的图形,但题目本身并没有这样的图。有些人会画出图 2-1 甲,有些人会画出图 2-1 乙,尽管两者是等价的,也反映了不同人思维方式的差异。

常见解法一:由匀加速直线运动公式

$$v^2 = 2al$$

求出物体的加速度 $a = 2 \text{ m/s}^2$。

由牛顿第二定律列出

$$mg\sin\theta - \mu mg\cos\theta = ma$$

解出 $\mu = 0.5$。

在这里,解题者综合了匀加速直线运动公式和牛顿第二定律,建构起了解决问题的方案。为什么用这两个公式?怎么知道综合这两个公式就能解决这个问题?那是解题者根据从题目中获得的信息,选择、调动原有的知识经验,重组成对解决问题有意义的方案的结果。这其中,运动学公式和牛顿第二定律并不是直接照搬,而是改变成了与题目情境相适应的形式。

常见解法二:由动能定理得到

$$mgl\sin\theta - \mu mgl\cos\theta = \frac{1}{2}mv^2 - 0$$

代入数据解出 $\mu = 0.5$。

在这里,动能定理也是改变成了与题目情境相适应的形式。至于有些人会建构起方法一,有些人会建构起方法二,是他们认知结构的差异所致。还有人会想出其他解题方法,也有些人不会做这个题(例如他们认为物体的质量 m 未知),这都与他们的认知结构有关。

这个例子充分说明,学习不只是印入信息,而是调动、综合、重组甚至改造头脑中已有的知识经验,对所接受到的信息进行解释,生成个人的意义或者说自己的理解。个人头脑中已有的知识经验不同,调动的知识经验相异,对所接受到的信息的解释就不同。也就是说,知识的意义不是现成的,而是学习者经过建构活动生成的。

2. 建构与探究

什么是探究?按《现代汉语词典》的解释,"探究"就是"探索研究"。而"探索"是"多方寻求答案,解决疑问","研究"是"探求事物的真相、性质、规律等"。

按照《牛津英语词典》中的定义，探究是"求索知识或信息特别是求真的活动，是搜寻、研究、调查、检验的活动，是提问和质疑的活动"。

因此，从最初的含义上讲，探究就是"寻找"（"寻求""探求"）：寻找所需的信息，寻找目标物，寻找对某种现象或对某一疑问的解释，寻找解决问题的答案，寻找符合要求的设计等。

学习中的建构与探究存在着必然的联系。首先表现在它们都是解决问题的活动，都是有目的的活动。建构知识的目的，就是寻找新的意义，建立新的联系，产生新的知识，以便更好地解释我们与外界相互作用的经验，更好地预测我们与外界相互作用的结果。而探究活动的目的，是寻找新现象的规律，以使我们能同化这种新现象，预测这种新现象；寻找解决问题的方法、方案，以增强我们的实践能力；克服知识间的矛盾，使知识体系内部协调、联系丰富。

建构与探究的联系，还表现在它们都是主动和自主的过程。建构知识的过程，是学习者面对新事物、新现象、新问题、新信息时，充分利用已有的知识经验进行自己的解释，生成自己的含义的过程。这决定了学习过程必然不是被动的，而是主动的、自主的。而主动性和自主性也正是探究的最主要特征。人们一旦遇到什么新事物、新现象、新问题、新信息，感到好奇和困惑，而且有化解好奇、消除困惑的需要时，那他就自然而然地充分激活、联想过去的知识经验，主动地观察、变革新事物，积极进行高层次思维，来尝试做出各种解释、寻找各种关系，直至能对新现象进行满意的解释和成功的预测。

当然，建构与探究也还是有点区别的。探究更侧重于人的内部或外显的活动性方面，而建构更侧重于人的内部世界在数量、结构和功能等方面的变化；探究更侧重于人的外显活动，建构更侧重于人的内部变化。因此我们也可以说，探究是途径，建构是结果。对于个体在学习中意义的获得，我们常用建构一词；对于外显的学习活动尤其是教学活动，我们常用探究一词。

鲍勃·高文在研究知识创造过程的基础上建立了"知识 V"（Knowledge Vee）模型，用来表示知识结构和知识创造过程中的要素及其相互关系，如图 2-2所示。这个模型描述了建立在科学探究基础上的知识建构过程中所涉及的方法、要素及相互间的关系。从顶点到右侧着重描述了从回答核心问题到获取新知识的操作程序，即探究过程要素；从顶点到左侧则描述了知识建构过程中概念、结构要素、理论和价值观的形成和变化。

概念/理论 （思维）	核心问题 问题集中于待探究 事物或对象的核心	方法 （操作）
世界观 指导探究的一般 信念和价值系统		**价值判断** 评判探究过程的有效性、 可靠性和结论对于回答 核心问题的意义等
哲学、认识论 指导探究的关于知识的 本质和认识的观念		**结论性的说明** 回答核心问题的结论和 对探究结果的合理解释
理论 用来解释事物或对象变化 现象的概念之间的关系		
结构要素 与事物或对象相关而并非 直接来自观察记录的概念		**转换** 图表、概念图、统计或 其他整理记录的方式
概念 寻找到的相关因素且被命名		**记录** 对所研究事物或对象变 化情况的观察和记录

事物或对象
事物或对象被描述或研究，
目的在于回答核心问题

图 2-2

在不涉及观察、实验的理论探究建构知识的过程中，人们也是通过一定的具有操作性的活动，才得到有用知识的。

例　并联电路电阻公式的建构

问题：如图 2-3 所示，我们可以把并联电路部分（图中虚线框内）看作一个导体，那么这个导体的电阻 R（即总电阻）应该与两个支路的电阻 R_1 和 R_2 有关系，它们之间有什么关系呢？

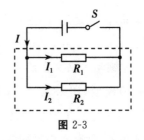

图 2-3

设想：总电阻 R 等于总电压 U 除以总电流 I，而总电压 U 与分电压 U_1，U_2 有关系，总电流 I 与分电流 I_1，I_2 有关系，综合这些关系，应该能推导出总电阻 R 与分电阻 R_1，R_2 之间的关系。

推导:总电压与分电压的关系是

$$U=U_1=U_2$$

总电流和分电流分别为

$$I=\frac{U}{R}, I_1=\frac{U_1}{R_1}=\frac{U}{R_1}, I_2=\frac{U_2}{R_2}=\frac{U}{R_2}$$

代入总电流与分电流之间的关系 $I=I_1+I_2$,有

$$\frac{U}{R}=\frac{U}{R_1}+\frac{U}{R_2}$$

得到

$$\frac{1}{R}=\frac{1}{R_1}+\frac{1}{R_2}, 即 R=\frac{R_1R_2}{R_1+R_2}$$

这里对得到并联电路总电阻公式 $R=\frac{R_1R_2}{R_1+R_2}$ 的过程的描述是简化的,并且只是可以用语言描述的部分。尽管如此,它也充分反映了学习者要通过主动的探寻、求索,要通过操作性活动才能建构起有用的知识。

3.教学与学生建构

根据建构主义的知识观和学习观可知,知识不是客观存在的东西,学习不是接受东西。那么,教学就不是传递东西,而是创设一定环境和支持、促进学习者主动建构知识的意义。

如果按照以往的观念,知识是东西,学习是接受东西,那么,教学就顺理成章是传递东西。按照这样的教学观,教师的责任就是传递人类社会发现的东西,教师的工作就是先把书本上客观存在的、绝对正确的、确定无疑的东西复制到自己的头脑中,然后再想办法呈现、讲解、演示出来,一点一点地拷贝到学生的头脑中去。而教师的目的就是使学生头脑中所接受到的东西与自己头脑中的、书本上的东西一模一样。正如教师将手中的茶杯传递给学生一样——茶杯在教师手中是什么样的,在学生手中也应当是绝对相同的。通过练习、考试等活动,让学生做一些选择题、填空题、计算题等,教师就能知道,学生头脑中所得到的东西与自己头脑中的东西是不是一致的。教师在课堂上所关注的是:我怎么呈现、讲解、演示。一旦把信息讲出来了,我就大功告成了,就想当然地以为这些信息在学生头脑中自然呈现了与我头脑中一样的含义。因此不

再关注这些信息在学生的头脑中是如何解释的，又生成了什么意义。在以后的教学中，当教师发现学生对自己以前讲过的东西没有理解，或者学生的理解与自己不一样时，会感到不可思议，采取的办法往往是再讲一遍。这正是单一的授受式教学方式的做法。

建构主义认为，知识的意义是由学习者自己建构起来的，知识的意义是无法通过直接传递而实现的。教学不是传递东西或者物品。要说教师在传递的话，教师充其量只是传递了语言、文字、符号信息。至于这些信息在学生头脑中是什么意思，最终还是由学习者决定、建构的。这好像收发电报一样，发送方邮局不能直接将汉字发送给对方，必须先根据已有的编码规则，将汉字转换成拼音字母，再转换成源代码。接收方邮局接到电报源代码后，也不能直接获得汉字，而是必须利用已有的解码规则，将源代码转译成拼音字母，然后再转换成汉字。接收方没有接受现成的"意义"，而是对接收到的代码信息进行了"建构"过程，"解释"了这些信息，生成了"意义"。

人与人之间的交流也是如此，讲者无法将自己的意义直接传递给听者，只能依靠语言、文字、符号信息来传递。讲者先根据自己已有的知识经验，将意义转换成信息，"发送"给听者。听者接收这些信息后，则要根据自己已有的知识经验，将信息转换成自己的意义。

当然，人际交流与电报交流还是存在明显差别的。在电报中，两方邮局所用的代码转换（编码和解码）规则是一致的，故而能够成功获得一致的汉字。但在人际交流中，讲者和听者头脑中已有的知识经验不同（即编码和解码规则不同），对同样信息转译的结果将是不完全一致的。

那么，教学是如何实现知识的传授的呢？从学习者的角度看，他从书本等媒体或老师那里接收到信息后，与自己原有的知识经验相互作用，如果能形成一种新的意义，那学习就发生了；然后把新形成的知识与原有的相关知识经验和从外界获得的相关信息相联系，如果它们是一致的、能相互解释的，那么新知识就是有效的。从老师角度看，他发出了信息，学生有没有建构起他所期望的理解？这可以从学生的反馈和学生对相关问题的解决中探知。如果学生没有建构起期望的理解，教师应该发出纠正性信息；如果学生建构了期望的理解或者更高明的理解，教师应该发出鼓励性信息。

教学中，教师发送必要的信息，学生接受信息建构自己的意义。就是在教师讲学生听的教学方式下,学生同样在进行着建构活动。教师的讲授只是这种建构活动的支持物,是学生与外界作用获取新信息的一个信息源。正是由于不同的学习者在建构新知的过程中是基于不同的知识经验,对于当前学习支持系统有不同的适应程度,才会出现不同的建构结果。

例　质点概念的授受式学习

教师可以通过恰当的讲解让学生接受质点的概念。

教师向学生举出一些物体的大小和形状可以忽略的例子,例如运动员在跑道上奔跑,当他离终点还较远时,我们可以这样描述他的运动情况,起跑 4 s 后他离起点 35 m,起跑 6 s 后他离起点 53 m 等。我们并没有说运动员的左手大拇指顶端离起点是多少距离,右脚的脚后跟离起点多少距离等。这时,我们是把运动员当作一个点来看待了。判断运动员谁最先到达终点,是以哪个运动员的胸脯先触线为标准,这时我们就不能把运动员当作一个点来看。

教师可以再举其他一些例子,然后总结:由于任何物体都有大小和形状,要精确地描述物体的运动情况是困难的。但在有些情况下,我们只需要对物体的运动做粗略的描述,不考虑它的大小和形状,把它当作一个点来看待。最后给出质点的定义:没有大小和形状的有质量的点。

这个学习过程,表面上好像是学生完全接受老师传授的东西,其实,这个过程的关键仍然是学生自身的建构。首先,教师举的例子必须要是学生经历过的,或者是学生能够想象并且承认的。其次,人的语言并不能表达出想表达的所有东西,并且语言的前后句的意义也不是连续的,学生要理解教师语言表达的意义,需要自己的心智努力,需要自己的建构(往往表现为领悟)。例如有些学生从教师对运动员的描述中领悟了有时可以把运动员看作"点",有些学生并不能一下领悟到这一点,他们认为这是对运动的描述不够精确所致。如果把运动员离起点的距离精确到 0.1 m,就不能把运动员当质点了。这样的学生就需要与教师、同学或书本进行进一步的互动,才能建构起教师需要的理解。最后,学生接受、理解了质点概念的标准是能够把它恰当地用到不是教师举过例子的具体情况下,这就说明了学生头脑中生成了大于教师传授的东西。总之,在授受式的教学中,教师只是为学生提供信息,意义的建构仍然是学生自己完成的。

4. 教学要促使学生通过探究建构意义

知识的意义不能直接传递,教师不能直达学生的意识内部直接植入希望传递的知识。那么,教学中教师对学生建构知识能起什么作用呢?教师作为学生与外界互动的具有能动性的环境部分,能为学生提供必要的信息,创造良好的课堂环境,促使学生积极探究,自主建构知识。

首先,教师要向学生发送建构知识必要的意义清晰的信息,这是学生进行内部加工的原材料。其次,也是最重要的,教师又不能为学生提供过多的直接信息,以免挤压学生的建构空间,压制学生探究本性的发挥。虽然知识的意义都是学生自己建构的,但由于语言文字的社会性,不同学生接收到相同的语句和词汇,会在头脑中建构起大致相同的意义,这也正是授受式教学的重要依据之一。教师提供过多的直接信息,一是会降低学生的建构难度,二是会直接导向地建构需要学习的知识方向,从而剥夺了学生尽情地、全面地探究的机会。这既不利于学生探究能力的锻炼,也削减了新知识与学习者原有知识的联系和对原有知识的改造,尤其是新知识与原有知识之间的否定性关系以及由此带来的对新旧知识的精细化认识。教师既要为学生提供必要的信息和支持,又不能提供过多的信息。如何做到适度,教师只有通过实践才能形成必要的感受力和根据具体情况调节教学方法的能力。最后,教师要时刻关注、了解、探知学生头脑中对知识意义的真实建构情况,并适时提供适当的鼓励、辅导、提示、点拨、帮助、支持,进一步促进学生的建构活动。

例 自由落体运动性质的教学

如果教师直接告诉学生"自由落体做匀加速运动,加速度是 9.8 m/s²",那么,由于学生原来就已经知道"匀加速运动""加速度"和"9.8 m/s²"的意义,很容易就建构起教师期望学生获得的自由落体运动性质的知识。在这个过程中,学生的自主性和探究性几乎没有得以发挥。如果教学中教师向学生提出探究性问题:我们知道自由落体运动越往下越快,那么它的速度到底是按什么规律变化的呢?我们应该怎样去寻找它的运动规律呢?这时学生调动原有的知识经验,会提出测出物体下落不同时间的速度,或测出物体下落不同距离的速度。教师适时为学生提供支持:用演示实验测出物体下落不同时间或距离的速度,或为学生提供器材,让学生自己通过实验获取数据。然后学生做出

$v-t$ 图像或 v^2-h 图像,发现自由落体做匀加速运动,并求出加速度约为 $9.8\ \mathrm{m/s^2}$。在这个过程中,教师起支持作用,学生主动探究,自主建构起自由落体运动性质的知识。

第三节 知识的社会建构本质

个人知识的建构以社会文化知识为背景,通过个人与他人的协同活动和直接或间接的交往,使社会文化知识内化为个人知识。另一方面,人们通过共同的实践,不断建构新知识,使社会文化知识日益丰富。认识知识和知识产生的社会性,对于理解学习和教学的本质有根本的意义。

1. 个人的知识与社会的知识

知识是个人的还是社会的,这是一个十分复杂的问题。我们认为,既有个人的知识,也有社会的知识,两者既有区别又相互联系,而且社会的知识高于个人的知识。存在于个人头脑中的,是个人与外界相互作用形成的,用于解释个人与外界相互作用经验的知识是个人的知识。对同一事物,不同个体的认识虽然不尽相同,但大量的社会成员通过交流、协商,又会形成普遍认同的意义建构。这种一定范围内的社会成员(一个地区、一个民族或一个专业领域的成员)普遍认同的认识,就是社会的知识。必须注意,这里所说的社会的知识不是关于社会的知识,而是一定范围内的社会成员普遍认同的知识,也就是以社会文化的形态存在的知识。

人类以社会的形式存在并发展,人类的文化也是以社会的形式存在并发展。随着个人的消亡,与他相联系的个人的知识也随之消失。但随着人类的延续和实践范围的扩大,人类的文化知识不断地得以传承、积累和发展。

2. 社会的知识基于社会成员的共同理解和约定

由于人类个体具有几乎相同的机体结构和感知系统,不同个体与外界发生同类作用时会产生相近的体验和经验,这是形成社会的知识的物质基础。对于一些基础性的体验和经验,社会成员通过交往、交流而约定,用一些特定的声音和符号来表示，这就是人类语言和文字的起源。语言和文字是一种社会建构，它们的使用规则和它们代表的意义，对于使用它们的人类群体（如民族）是共通的，具有共同约定的性质。

同一区域、同一民族乃至同一国家的人，有他们自己的语言、思维方式、情感态度，有他们自己的文化传统和生活方式，这是社会成员有着共同的实践而通过相互作用共同建构起来的。

各门学科知识，都是以一些通用和专业的语言文字图形和符号来表征的。其中的专业语言符号的意义、使用方式和使用规则是专业人员约定的，其中的概念、规律和原理的意义在专业人员中是共通的。例如在力学中，用 v 代表速度，用 a 代表加速度，用 F 代表作用力等，是共同的约定。而认为力是一个物体对另一个物体的作用，是改变物体运动状态的原因；认为惯性是物体自身具有的保持原来速度不变的性质，是对力和惯性概念的共同理解。

再例如，对于"功"的概念，在日常用语中，它的基本意义是，表示对某一事情的发生或发展有积极作用。这一意义是社会约定的，是普遍认同的。作为物理量的"功"，它的含义是力对物体作用一段空间距离使物体动能发生变化的效果，其大小定义为力与物体位移的数量积。在物理中，功的这一意义是确定的，为学物理和研究物理的人所普遍接受。

社会的知识，是基于承载这些知识的大量个体，对于表征这些知识的语言文字和图形有基本相同的意义理解。

3. 通过社会互动建构个人的知识

维果斯基的心理发展理论提出人的心理发展的两条彼此相关的客观规律：其一是，人所特有的高级心理机能不是从内部自发产生的，它们只能产生于人们的协同活动和人与人的交往之中；其二是，人所特有的新的心理过程结构最初必须在人的外部活动中形成，随后才可能转移至内部，成为人的内部心理过程的结构。维果斯基的观点表明：独特的人类思维植根于社会的、历史的、文化的和物质的过程（包括脑的活动），并与它们交织在一起。因此，人的心理发展既是个体的同时又是社会的，个体的知识建构过程和社会共享的理解过程不可分离。

具体地说，儿童出生之后就"浸染"于人类的社会文化之中。儿童一方面与物质世界相互作用,另一方面与社会文化相互作用,从而不断建构起了与所处的社会文化相适应的内部世界。例如,小孩子一方面观察到,上表面平整的物体可以放置东西,另一方面又反复听到父母或其他成人把上表面平整的、其上可以放置东西的物体叫"桌子"。因此在他的头脑中,对具有这种特征和作用的物体赋予了意义,并与"桌子"的声音相联系。当他自己能发出"桌子"的声音时,他也就把这类物体叫作"桌子"。

社会中的个体总是在一定的社会文化环境下进行学习的,即使学习者表面上是一个人在独自学习。但他所用的书本、电脑都是人类文化的产物,积淀着人类社会的智慧和经验。学习者在与他人的交往中把自己建构起来的意义与他人的理解相比较,不断地评判并调整自己的认识,使其与社会文化相适应。只有当个人建构的、独有的主观意义和理论跟社会和物理世界"相适应"时,才有可能得到发展。发展的主要媒介是通过交互作用导致的意义的社会协商。

因此,可以这么说,个人的知识是个体与外界相互作用,由社会的知识内化而来的。不仅如此,人的机体结构也与人类文化密切相关。人的机体结构尤其是大脑的结构,是在与人类文化相互作用的过程中不断演化成现在的样子的,它最适于接受人类文化,在人类的文化中发挥作用。

有一些这样的报道,小孩出生之后,由于各种原因被隔绝于社会。长大后,既不会人类的语言,也丧失了同龄人应有的思想、智力和情感。这从反面证明了,个体的内部世界、个体的内部机能是个体在社会文化环境中与外界(物理的和社会的)的相互作用中建构起来的。

4.通过社会互动建构社会的知识

(1)个人的知识与社会的知识的转化

个人的知识与社会的知识不断地相互转化。任何个体自出生就生活在社会文化的"海洋"中,通过与物理世界和社会相互作用,获得社会普遍认同的知识。个体在与外界更加深入的相互作用中,可能产生新的个人的知识,然后通过发布、发表等途径,与同行进行交流,接受他人的审查和评判。经过反复的实践检验或实验验证以及不断的修改和完善,在专业领域内获得普遍接受后才成为社会的知识。这就是人类文化知识传承、积累和发展的过程。

可见,知识的社会建构是一个循环的过程。个人所具有的主观知识其本质就是内化了的、再建构的社会的知识;个人的主观知识经过人际交往的社会过程(如需与他人行为协调、受到他人的评判等),通过发表传播而转化为社会的知识。

(2)社会的知识发展的动力是共同基础上的差异

不同个体由于文化背景、经历经验、认知方式和情感态度等方面的差异,对同一事物会有不同的认识,那怎么会产生社会普遍认同的知识呢? 其实,差异是一致性基础上的差异。不同的人对同一事物的认识不同,但通过交流他们能相互了解对方的想法,这是基于一些更基础的共同认识。同时,也正是不同个体或不同群体对同一事物有不同的知识建构,才存在着观点的磋商、调整,才能达到更加全面的、更高水平的、为更多人接受的、能更好地解释经验的一致认识。

例如,学过物理的人普遍接受了"力是改变物体运动状态的原因"的观点。没有学过物理的人,他们自诞生起,通过自己的手、脚、身体接触和推拉周围的物体,在日后千万次与物体的作用中,形成了"力是物体运动的原因"的观点。这是关于物体之间相互作用的两种水平的建构,不能绝对地说一种是正确的另一种是错误的,因为它们都能在自己适用的范围内解释经验。这两种观点虽然不同,但它们仍有一些共同的基础,这就是物体、作用、运动等概念。教师只要丰富、扩大持后一种观点者的经验,使他们认识到摩擦也是物体对物体的作用,运动的物体不受其他物体的影响将保持匀速运动,这样他们也能建构起"力是改变物体运动状态的原因"的认识。这说明在不同个体认识的差异性的背后,有着一些更基础的认识一致性;不同认识的相互作用,能达到更高水平的认识一致性。

(3)社会的知识是社会协商、选择和约定的结果

社会的知识最终是在社会的层面决定的,是社会协商、选择和约定的结果。社会协商、选择和约定的根据和标准,是如何能更好地解释更广泛的经验基础。一种知识观点认为,只要一经在社会上传播,它的命运就由社会大众决定,要接受社会大众的审查、选择和修正,提出这种观点的个体并不能左右这种观点的命运。牛顿提出了光的微粒说,但同时又保留光是某种波动的可能。但在 17 世纪,光的微粒说占主导地位时,就没有多少人去关注牛顿关于光具

有波动性质的论述。普朗克在解释黑体辐射时提出了量子概念,由于量子概念与经典理论格格不入,普朗克本人放弃了量子假设。但在随后不长的时间里,在很多物理学家的共同努力下,建立起了反映微观世界运动规律的量子力学理论。量子力学理论是现代科学和现代技术的重要基础之一。

前面提到的量子力学的两种形式,虽然海森堡建立的矩阵力学要比薛定谔建立的波动力学稍早一些,但由于后者使用的数学方法主要是微分方程,物理学家都非常熟悉,解决具体问题时也较前者容易,所以现在流行的是波动力学,这是社会选择的结果。

不但在科学的前沿,就是对于成熟的经典学科,通过社会协商,其形式和结构也会发生一定的改变。在 20 世纪 80 年代的高中物理课本中,既有"重量"的概念,也有"重力"的概念,两者相近而又有区别,使人很难区分开。到 2006 年出版的人教版《高中物理 1》中,就只有了重力的概念,删去了重量的概念。这表面上是一种硬性的规定,实际上是大量一线的教师和学生在教学中发现并反映的结果。重量概念不但是不必要的,反而容易引起混淆。所以这一改变,实质上是基于社会协商的结果的一种约定。把"电量"改为"电荷量",把"电力线"改为"电场线",把"磁力线"改为"磁感线"等,都有类似的背景。

例　热的唯动说之确立

热是一种很平常的自然现象,它与人们的日常生活、生产活动息息相关。但是,"热"是什么? 在历史上很长的一段时间内,人们有不同的看法:一种认为热是某种物质(或粒子),一种认为热是一种运动。

17 世纪后,多数人根据摩擦生热的现象,认为热是一种特殊的运动。英国的弗·培根是近代史上第一个对热进行系统科学探索的科学家。他认为热的本质、精髓只是运动,是物体中物质微粒的运动。随后,法国的笛卡儿、俄国的罗蒙诺索夫,把热看作物质粒子的一种旋转运动。在英国,培根的学说影响很大,化学家波义耳、物理学家胡克、牛顿都相信热是一种运动,而运动的表现形式各不相同。这种热之唯动说的观点,虽然流传很广,但是由于缺乏精确的实验依据,所以它还不能形成科学的学说。

18 世纪后,自然科学的研究开始走上了实验科学的道路。在这一背景下,把热看作是一种特殊的物质的观点——热质说(或称热素说)重新抬头,并取得了统治地位。1738 年,法国科学院曾悬赏关于热本性的论文,获奖的 3 个人都是热质说的拥护者。因为这种学说能比较直观地解释一些物理现象和实验结果,从而取得了成功。热质说认为,热是一种特殊的、没有重量的、充满着整个物体的流质——热质,它是不生不灭的,存在于一切物体之中,又能从物体中流出或从物体外流进。物体的冷热,表示它所包含热质的多少;物体之间的热传导,就是热质的流动。和热质说有联系的量热学(研究物体之间热平衡问题的一种学问)在当时也大大发展起来。这样,当时人们相信,热质说是一种有根据的学说。所以法国化学家拉瓦锡可以抛弃燃素的观念,但还是把"热"列入他的化学元素表之中。

由于热质说在18世纪引进了比热容、潜热等定量的概念,能对许多热现象进行定量的分析和解释,在对现象解释的精确性上胜过热的唯动说,从而站住了脚跟。除此以外,热质说确定了物质不灭、质量守恒为其出发点,这无疑给它加上了一个正确的前提,赢得了人们的信任。但是,热质说也有一个致命的弱点,就是对摩擦生热的现象根本无法解释。18世纪的最后几年,实验结果使热质说陷于崩塌的深渊之中。

1798年,美国的伦福德仔细地观察了枪炮的制造过程后,设计了一系列用钝钻头钻孔的实验。由于测量得出金属炮筒和削出来的碎片的热容量完全一样,证明了热质说的错误,支持了应当把热看作是一种运动的学说。事过一年,1799年英国化学家戴维也做了实验,他将两块冰互相摩擦后冰融化了,用热质说同样无法解释,也支持热是一种运动的观点。虽然这两个实验都证明了热的唯动说是正确的,但是由于实验比较粗糙,没能揭示出机械运动转化为热运动的定量关系,所以无法击破人们头脑中的热质说的观念。直到1842年,经过法国的卡诺、德国的迈尔,特别是英国的焦耳的工作,成功地测出热功当量的数值,热的唯动说才被普遍地接受。

从上述过程可以看出:(1)热质说和热的唯动说都是人们为了解释热现象的一种理论建构,而不是客观存在着的被我们发现的东西。直到现在,热的唯动说在科学中已被牢固地确立,但热质说仍在一定范围内有效地运用着。例如,当我们在冬天衣服穿得不够多时,往往会说"冷气"不断地侵入身体,这就是热质说的解释。并且,在这种情况下这样解释也是有效的。(2)在热质说与热的唯动说争论的不同时期,哪种学说被较多的人所接受,成为主流观点,取决于哪种学说能更好地、更精确地解释事实。在18世纪,热质说虽然无法解释摩擦生热现象,但它比热的唯动说能更好地解释现象,所以唯动说被大多数人接受。(3)热质说与热的唯动说争论的过程中,它们都努力扩大自身的经验基础,丰富和完善自身的理论结构,争取能更好地解释热现象,所以它们的争论推动着人们对热现象认识的不断深入。(4)即使最后人们普遍接受了热的唯动说,也不是全盘否定了热质说的所有东西,在热的唯动说中,仍保留了热质说中的比热容、潜热等概念,只是它们的意义发生了变化。

第四节　讨论是课堂探究的重要形式

知识是通过社会互动建构起来的,作为知识再建构的学习,也要通过社会性互动才能实现。在课堂学习中,最重要最具活力的互动是学生与教师、学生与学生之间面对面实时进行的探讨和讨论。

1.学习需要社会互动

作为课堂教学内容的学科知识,是前人探索、协作、协商的成果,是集体智慧的结晶。学科知识与人们基于日常经验建构起来的原有认识相比,它能解释人们与外界作用更加深入和更加广泛的经验。学科知识的建构,超出学生个体的经验范围和能力范围。学生需要直接或间接地与他人互动,前者如与教师、同学讨论,后者如阅读文本、进行实验观察等,以丰富经验基础,扩大视野,才能在自己的头脑中重建起学科知识。

关于力与运动的关系,古希腊的亚里士多德建构了如下的知识体系:自然界的运动可以分为"自然运动"和"强迫运动"。"自然运动"就是物体自发进行的运动。例如,石块在空中向地面下落,水在地面从高处流向低处,燃烧的火苗向上飘动等运动就是"自然运动"。而"强迫运动"则是物体在外力作用下的强制性运动。例如人推动地面上的小车,用水桶从井中向上提水,小车和水桶的运动都是"强迫运动"。力是物体做强迫运动的原因,力越大,物体的运动就越快。即使是生活在当今社会中的人,如果没有学习过经典物理学,只基于自身的经验和观察关于力与运动的关系,所持的观点与亚里士多德的观点都基本一致。而如果一个人只囿于自身的经验,就不太可能从亚里士多德式的观点转变到伽利略、牛顿的观点。只有通过阅读并结合自身的经验,或通过老师的演示讲解认识到一个物体不受其他物体的作用时,能做匀速直线运动,才能建构起经典物理学中力的概念(力是物体对物体的作用,而不限于"强迫运动"中外界的作用)和力与运动的关系(力是改变物体运动状态的原因)。

对于光的认识,基于生活经验,人们能很容易建构起光的直线传播原理。而要理解光以有限速度传播的概念,就必须了解历史上丹麦天文学家罗默对木星的卫星运动周期的解释,以及旋转齿轮法、旋转平面镜测量光速的方法等,而这些观察和实验并不是每个学习者都有条件做或必要做的。只有在1801年托马斯·杨进行了光的双缝干涉实验之后,光的波动说才有了坚实的实验基础,学习者没有必要并且基本上也不可能只靠自己的努力通过实验观察光的干涉、衍射现象。

与人们日常生活经验的联系较为间接的学科知识的建构,如原子物理学、相对论和量子力学等,更需要通过社会互动获取必要的经验,了解历史上出现过的不同理论建构。

2. 师生、生生对话是课堂学习中最具活力的互动

课堂学习的特点,在于它是在教师的指导下,全班学生一道,在相同的时间和空间内围绕同一课程内容进行学习。在这样的学习环境中,对每一个学生来说,教师和同学都是课堂学习可利用的重要资源,是开展互动的重要对象。能通过学生与教师、学生与学生之间的互动促进学习,是课堂教学的最大优势。

作为课堂学习的组织者、指导者,也作为课堂学习的学科专家,教师与学生的互动是课堂中最重要的互动。教师会通过讲授、媒体呈现等方式为学生提供必要的信息,能利用专门的仪器设备,为学生演示生活中无法观察到或没有仔细观察过的现象,也能为学生提供必要的器材,指导学生自己进行实验、观察现象。教师与学生的互动之所以是课堂中最重要的互动,还在于教师会根据学生学习的情况,主动地提供有针对性的刺激,或鼓励思考,或指点方向,或适时启发,或提出质疑,或提供观点,或正面评价,促使学生有效地建构知识。

由于经验背景和思维方式等方面的差异,不同学生在一起学习将带来经验的丰富性和观点的多样性,这是班级所有学生建构意义的重要养料。由于同学年龄相近,心理发展水平大致相同,一般地,班级成员的问题和观点都会落在其他同学的最近发展区内。维果茨基认为,促进发展的教学是以合作为基本形式的,学生在与比自己水平稍高的成员的交往中会将潜在的发展区转化为现实的发展区,并创造更大的发展的可能。"比自己水平稍高"的成员,并不一定是总体成绩比自己好的,只要他对讨论的问题提出的观点对我们有启发作用,有思考价值,那么,在这个问题上,他就是比我们水平高的成员。即使同学提出的是需要他人帮助解决的问题,如果我们需要重新组织自己的知识去回答他的问题,那么解答这个问题的过程就是一个自我提高的过程,这个同学也是"比自己水平高"的成员。因此,课堂中同学之间的互动对建构知识是最有启发性的。

总之,在课堂学习的多元互动中,教师与学生、学生与学生之间的互动行为具有能动性、针对性、相互激发性、直接性和实时性等优点,是最生动、最具活力的互动。

3.讨论是课堂探究的重要形式

课堂中,学生与教师、学生与学生之间的互动主要通过讨论进行。为了解决需要探究的问题,参与者(学生和教师)在独立思考的基础上发表自己的观点,审视、评判他人的观点并提出质疑、支持或修改意见,认真对待他人的质疑或提问,并做出有理有据的辩护、反驳,或修改甚至放弃自己的观点。通过多方讨论互动,直至问题解决。

当班级面对一个有一定难度的科学上真实的问题时,学生无法独自在短时间内解决,必然会以讨论的形式进行合作探究。当班级全体成员全身心地投入为了解决问题的集体讨论之中时,班级学生和教师就联结成了一个具有共同目标的"学习共同体"或"探究共同体"。在探究共同体中,同伴的知识和观点、教师的知识和观点对每一个学生的探究发挥着重要作用,意义和知识在社会互动中不断生成。课堂探究的过程充满教师和学生的个体探索,充满了学生之间、师生之间的平等对话,讨论成了课堂探究的重要特征。

探究共同体为攻克有一定难度的科学上真实的学科问题而开展的讨论,

能够达到的理想境界,是形成相互支持、相互激发、相互理解的氛围,形成一种有积极情感支持的思维场。在此,学生已有的经验得到激活和提升,身心轻松而愉悦,思维紧张而活跃。在这个共同体中,人人参与网络式互动。作为网络中节点的每个人都既是信息的接受者,又是重组者、传递者和生成者,教师和学生都处于多元变动的交互作用之中。在共同体中,师生各方在致力于解决问题的立场下相互关注对方,并以对方用不同方式传递的信息作为自己做出回应的基础与出发点,从而形成不是由一方规定另一方(即单方面的传输接受),而是多方相互作用、相互启发的关系格局。在这个共同体中,不同学生的差异,成了教学的重要资源。你的观点和问题会受到他人的重视,而他人的观点和问题可能会成为你的启发和挑战。在共同体的多元互动中,学生的见解、教师的知识阅历、学生的生活经验、个体的独特感受交织在一起,被所有成员所"共享"。通过积极的多元互动,共同体形成一致的认识成果,并借助集体的力量,促进个体的内化,达到共同提高。

例 人造卫星转移轨道的讨论

人造卫星轨道转移的问题,是高中物理教学的一个难点,但教师认为这是一个很容易弄清楚的问题。例如,要使在低轨道上做匀速圆周运动的人造地球卫星转移到高轨道上做匀速圆周运动,只要卫星上的发动机工作一小段时间使卫星加速,然后卫星沿椭圆轨道运动;到远地点时,又让发动机工作一小段时间,速度减小到恰当的值,卫星就绕地球做匀速圆周运动,整

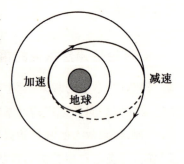

图 2-4

个过程如图 2-4 所示。教师多次做如上的讲解,学生都没有表示出异议,但当他们再次遇到这个问题时,又会出错。教师准备与学生认真探讨一下这个问题。

教师先让学生说说,要让在低轨道上做匀速圆周运动的卫星转移到高轨道上做圆周运动,该怎么做? 学生提出,只要让卫星在低轨道上加速,它最后就能运动到高轨道上。教师要学生说说具体理由。学生的解释是:在低轨道上的某一点加速,由 $F_{引} = \dfrac{mv^2}{r}$,$F_{引}$ 和 m 不变,v 增大,导致 r 增大。把卫星在

加速后的开始阶段看作匀速圆周运动，由于它的半径 r 增大，所以离地心越来越远。在此后的运动过程中，地球对卫星的引力 $F_{引}$ 做负功，卫星速度减小，卫星的运动逐渐变化，当重新满足 $F_{引}=\dfrac{mv^2}{r}$ 时，卫星就做匀速圆周运动。

对学生的解释，教师注意到了两点。第一，学生得出卫星加速后离地心越来越远的结论，不是从教师常用的离心运动的角度分析，而是从匀速圆周运动的角度分析。这种分析方法也是正确的。第二，学生认为卫星上升，速度大小和方向发生改变，最后能"自然地"进入圆轨道。这是错误的。

教师这样向学生解释：假如卫星"自然地"从 A 点进入圆轨道（如图 2-5），那么，卫星在 A 点前后很靠近 A 点处，速度大小相同，受到地球的引力 $F_{引}$ 也相同，由 $F_{引}=\dfrac{mv^2}{r}$ 知道，卫星通过 A 点前后的半径应该相同。而显然，卫星通过 A 点的轨道半径有一个突变，从一个较小的值变成了一个较大的值。

有学生问：为什么卫星通过 A 点前后的轨道半径会有一个突变？

教师意识到学生把卫星运动的轨道半径与卫星到地心的距离相混淆了，于是向学生解释，把 A 点之前的一小段轨道看作圆弧，它的半径为 r_1，A 点之后的轨道半径是 r_2，由图 2-5 可以看出 $r_2 > r_1$。

有学生提出：卫星运动的过程中半径可以逐渐变大，最后平稳地进入圆轨道，可以做到没有轨道半径的突变。

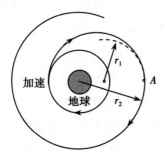

图 2-5

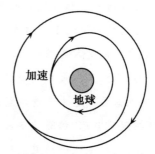

图 2-6

教师不理解学生说的是一个怎样的过程，叫学生画出来看看。学生画出如图 2-6 所示的轨道。

教师承认，只从几何角度讲，学生描绘的运动确实能做到使轨道半径逐渐变大并平稳地变成圆。教师同时也意识到，自己受自身认知结构的限制，以前一直以卫星做椭圆运动的模式来指导学生，现在又是以椭圆运动的模式来理解学生提出的"卫星的运动逐渐变化"。教师没有理解学生的真实想法，自然无法说服学生。

至此，教师认识到，虽然课本中介绍过行星绕太阳做椭圆轨道运动，但在高中的知识范围内，学生无法理解这一结论，当然不能运用这一结论。学生处处表现出，他们只能用圆周运动的公式 $F_{引} = \dfrac{mv^2}{r}$ 去分析推理。教师面临着选择，要么让学生记住教师的分析方法，要么与学生继续讨论，也许能产生一些新的理解。教师选择了后者。

教师向学生指出，理论上严密的推导，以及对行星和卫星的观察都表明，在只有万有引力的作用下，一般的天体做椭圆轨道运动。在不进行理论推导的情况下，看我们能不能找出图2-6所示运动的破绽。

学生提出了几种看法，有一种观点较有说服力，并为大家所接受。这种观点认为：只在万有引力作用下，物体的运动应该是可逆的。如果卫星是按图2-6所示的方式运动，当它做匀速圆周运动之后，使之逆向运动，开始也做匀速圆周运动。但匀速圆周运动是一种稳定的运动，它没有理由在某一点离开圆周轨道进入螺旋线轨道。

受这一观点的启发，就有学生进一步提出，卫星在逆向的圆周运动中，如果能离开圆周轨道进入螺旋线轨道，那么由于匀速圆周运动的对称性，卫星在圆周轨道上任何一点都可能进入螺旋线轨道。这样，卫星的运动就不确定了，也不符合可逆性的假设了。这个学生的这个发现，使人确信卫星在上升过程中逐渐地、自然地进入圆周轨道在逻辑上是不可能的。

这样的讨论，虽然最后没有证明卫星在低轨道上加速后，将沿椭圆轨道运动，到远地点需要减速才能进入圆轨道运动。但显然，教师与学生都是有收获的。教师摆脱了自己"椭圆轨道模式"的认识限制，探究了人造卫星其他运动轨道的可能性；学生认识到卫星轨道半径与卫星到地心间距离的不同，并认识到了卫星"轨道渐变"模式之不可能，向建构正确的卫星轨道迈进了一步。

4.通过课堂讨论建构学科知识

课堂教学往往以学习一定的学科知识为直接目标，那么通过课堂讨论能否建构要学习的学科知识，这是教师十分担心的问题。

人们探究未知领域建构知识的过程和结果,同时遵循如下两条原则:一是逻辑性原则,探究过程和探究结果应符合逻辑,既要符合基本的逻辑规则,又要与其他已经确立的理论保持逻辑一致,不然,探究的过程或结果不会被承认;二是解释性原则,探究得到的结果必须要能解释事实,能被实验或实践所证实。当然,在科学研究中也会出现这样的情况,建构的理论能解释新的经验事实,但与原有的理论存在逻辑矛盾。这时,也可能是原有的理论在新的情况下是不成立的。不过,在课堂学习中,这种情况是几乎不会发生的。

逻辑性原则和解释性原则不但是探究未知领域的基本原则,也是课堂探究应该遵循的基本原则。学生和教师正是在这两个原则下开展交流讨论的,这在大的方向上保证了课堂中的探究能建构起教科书中的学科观点。当然,在课堂探究中,学生最初提出的观点一般是粗糙的,与学科观点不一致甚至是相悖的。这时,教师作为探究的指导者,要发挥主导作用,鼓励学生提出竞争观点,并从逻辑性和解释性角度对现有观点进行审视,提出质疑;教师作为探究共同体中平等的一员,也可以提出自己的质疑和建议,还可以在适当的时机引入科学观点,当作与学生观点平等的竞争观点,让学生对其进行分析论证。经过不同观点的交锋和多方论证,在逻辑性和解释性的指引下,教室中的观点不断地转化,最后形成要学习的科学概念。

当然,在课堂讨论中,学生得到的结论也许在形式上与教科书中的知识不一致,但基于认识对象的客观性,对于认识对象的不同解释一定是相通的、可以互译的。通过探究找到它们的等效性,将使学生对所学知识的理解更加深刻。

第五节　感悟是思维的一种基本形式

知识的建构是人的意识活动的结果,为了进一步认识知识是如何建构的以及由此建构的知识在结构上的特点,我们需要了解人类意识及其中的高级形式思维的活动特点。

1. 潜意识与显意识

当代科学已经证实,人的意识可以分为相互联系的潜意识和显意识两部分。潜意识（下意识、无意识）是一种没有被主体明确察觉到的意识，包含由人类几百万年进化积淀而来的先天框架、潜能，还有人有生以来与外界相互作用所获得的当时被察觉和没有察觉的大量信息。潜意识是一种不知不觉的神经活动，它经常而大量地表现为本能和冲动，具有非自觉性、非控制性、非语言性、随意性和零散性等特点。显意识则是主体能直接察觉到的意识，包括感觉、知觉、思维、体验、感受、意象、喜怒哀乐等。显意识的主要特点是自觉性、受控性、言语性和系统性。

潜意识是显意识的基础。弗洛伊德把人的意识比喻为一座冰山，浮出水面的是小部分，代表显意识，而埋藏在水面之下的大部分，则是潜意识。他认为人的言行举止只有少部分是显意识在控制的，其他大部分都是潜意识在主宰，而且自动地运作，平常不会被人察觉。有人则把人的意识比为大海，显意识只是浮在水中的冰山。而笔者则更愿意把潜意识比作大地，显意识是长在大地上的树木、花草。

人们往往只重视显意识的存在及其作用。其实，人的任何行为总是潜意识与显意识相互配合的结果。不但如此，人的行为在极大的程度上是受潜意识支配而进行的，显意识关注的总是只占极小的比例。因为人的行动总是受内部和外部可以说是无限多因素的影响，要通过自觉的控制使行动适应几乎是无限多的影响因素，这是显意识所无法承担的。人类意识的奇妙，就在于靠人类长期进化形成的本能去自动地、无意识地调节自己的行动以适应基本需要，使显意识把主要精力用于创造性地满足特殊需要上。

2.逻辑与感悟

显意识中最重要的成分是思维。思维是人脑有意识有目的受控制的认识活动，是人类意识反映客观现实的高级形式。按照反映现实的形式不同，思维可以分为抽象思维和形象思维。抽象思维用符号反映现实，形象思维用表象反映现实。按照反映现实的过程不同，思维可以分为逻辑思维和非逻辑思维。逻辑思维按一定的规则反映现实，而非逻辑思维则不按固定的规则反映现实。

逻辑思维，是指人们运用概念、判断、推理等思维形式，对客观现实进行间接的、概括的反映的过程。逻辑思维具有过程严密、可重复、确定的特点，思维过程的任一环节都是确定无疑的，如果从同一出发点可以经过两种推理过程得到同一结论,那么这两个推理过程必定是等价的。

非逻辑思维主要包括直觉、灵感、感悟、联想、洞见等形式。

直觉思维,是指不受某种固定的逻辑规则约束而直接领悟事物本质的一种思维形式。这是一种突然的对事物本质的接近,主体没有意识到自己思维活动的过程,就获得了结论的认识形式。直觉思维具有自发性、直接性、整体性、创造性等特点。

灵感,是指人们对问题进行长期的、艰苦的探索而突然出现新颖思路的思维形式。灵感具有偶然性、突然性、新颖性和易逝性等特点。灵感产生的新观点、新思路,尤具新颖性、创新性,而长期艰苦的智力活动是灵感产生的必要条件。

感悟,就是对事物或问题经过一段时间的接触或思考后,突然明白了其道理或答案的思维形式。感悟具有突发性、理解性和深刻性。感悟有渐悟和顿悟两种,对一个事物接触较长的时间后才明白它的道理叫渐悟,经过紧张激烈的思维活动之后突然明白了事物的道理叫顿悟。不管是渐悟还是顿悟,最后道理的明白都是在瞬间完成的。主体对事物的感悟,表现为对该事物的深刻理解,并能灵活地将该理解应用于有关的情境中。

直觉、灵感和感悟等非逻辑思维有细微的区别,直觉强调直接得到结论,灵感强调想法的新颖性,感悟强调对某个道理的深刻理解。它们显而易见的共同特点是,过程都具有直接性、不可分析性和突发性,结果都具有创造性。这个共同的特点反映了直觉、灵感和感悟都与潜意识有关,都是潜意识被激发的现象。人们通过紧张的内部活动,调动和激发了潜意识中的有关信息。在潜意识和显意识的"土壤"中生长出新的观点,在不同的观点间建立起新的联系,这就是直觉、灵感和感悟的产生机制。由此可见,直觉、灵感和感悟是联系潜意识与显意识的桥梁。

直觉、灵感、感悟、联想和洞见等非逻辑思维有相同的特点,那就是它们的不可控性、不可分析性、直接性和创造性;有相同的机制,那就是它们都是联系潜意识与显意识的桥梁。但鉴于灵感的创造性更大一些,从而也更难得一些,而感悟在学习中大量存在并且十分重要,所以,在下面的叙述中,我们把直觉、灵感、感悟、联想和洞见等统称为感悟。

3. 感悟是思维的基本形式

感悟与逻辑思维的关系说明,感悟是比逻辑思维更基本的思维形式。

第一,逻辑的规则不是天然的,而是从人类关于事物之间关系的各种感悟中,被实践反复证实普遍成立的结论。

第二,作为学科体系逻辑起点的一些基本概念,只能依靠感悟去把握。作为学科起点的基本概念,是人类与自然和社会长期作用,积累了丰富的感受之后,获得感悟而直接形成的。这些基本概念是一个个原始的整体,只能描述,不能分析性地下定义。数学中的"点""线""面",物理中的"时间""空间""质量"等都是这样的基本概念。例如质量概念,牛顿也无法下定义,只是说它是密度与体积的乘积,那么什么是密度呢?密度又是单位体积内的质量。虽然如此,但所有人对质量概念都是有感受的,都能感悟质量的意义。任何学科的理论体系,都是依靠不同个体相同的感悟机制,依靠人类思维天生的一致性,在个数不多的依靠感悟去把握的基本概念的基础上建立起来的。如果个体不能感悟这些基本概念,也就不能真正地进入这一学科的学习。

第三,任何具体的逻辑思维过程总是发端于非逻辑思维,并依靠非逻辑思维的支撑才得以展开。在逻辑思维的过程中,需要不断地产生各种设想,然后看它是否符合逻辑,如此不断地推进,并不是只依靠逻辑本身必然、必定地展开的。数学家迪厄多内说:"富有创造性的科学家与众不同的地方,在于他们对所研究的对象有活生生的构想和深刻的了解。"这些了解与构想结合起来,就是直觉或感悟。解决一个问题,首先不是逻辑,而是对这个问题的某种感悟,然后才是严密的逻辑推理。

例 浮力等于物体排开液体的重量的逻辑证明

浮力等于物体排开液体的重量,是初中物理的一个重要结论。对这个结论可以做如下证明:

设一个物体浸在液体中,表面上的各处均受到液体的压力作用,如图 2-7 甲。这些压力的总和等于物体受到的浮力。 ①

现假设取走物体,在原来物体的所在处填以相同形状的液体,如图 2-7 乙中的虚线所示。填补的液体能处于静止状态,它受到的浮力即周围液体对它的压力总和等于它的重力。 ②

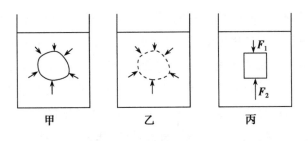

图 2-7

图甲中物体表面的任一处与图乙中填补液体表面的对应地方,受到周围液体的压强相等,从而受到周围液体的压力也相等。这样物体与填补液体受到的浮力相等。　　　　　　　　　　　　　　　　　　　　　　　　　③

综合②③得到,浸在液体中的物体受到的浮力等于排开液体的重量。　　④

这样的证明过程是严密的,符合逻辑的。但只要稍加反思就可以知道,整个证明方案和证明的每一步都是靠直觉或感悟支撑着的。就整个证明方案而言,怎么想到用等效替代法,这绝不是逻辑必然的,而是直觉地想到的。我们也可以用图 2-7 丙所示计算物体上下表面压力之差的办法去证明结论。就具体步骤而言,例如第②步中,怎么想到填补液体受到的浮力等于自身的重力,这也不是逻辑必然的,而是想到之后再证明是符合逻辑的。

综合上述分析可以知道,感悟是人类不可或缺的思维形式,它在后台默默无闻地支撑着逻辑思维的展开。所以,它是比逻辑思维更基础的思维形式。

4.学生人人能感悟

感悟是人类思维的基本形式,只要心智正常的个体,自然都能感悟,都能创造。认识学生的感悟天性,有利于教师树立正确的学生观和教师观,在教学中把学生置于创新的环境之中,最大限度地发挥学生的创造天性。

人类与其他动物相比,最大的区别在于人能主动认识环境,并据此改造环境以适于自身的生存、生活和发展。人对环境的认识是基于自身与外界相互作用的积累,通过感悟实现的,所以能感悟事物是人作为万物之灵的本质特征。人类在长期的进化和发展过程中,不断地扩展自己的智慧和实践领域,认识环境和改造环境的成果的不断积累和发展创造了人类的文化和文明。同时,自身的认识能力尤其是感悟能力不断地增强,相应的内部物质结构也随之逐渐改变并以 DNA 的方式记录和遗传。由此可见,以感悟能力为核心的认识能力是人类在漫长的进化历史中形成的特质,是智力正常个体的天性。

感悟的结果表现为创造。一说到创造,有人可能以为这是艺术家、科学家、诗人、发明家等少数精英人群才具有的品质。其实,这是一种误解,它混淆了创造的内部机制与外部标准。从个体的内部认识过程来说,创造就是通过一定的认识过程,建立了新的关系、新的模式,获得了新的理解。从创造的外部标准即"新"的程度来看,创造可分为不同的层次:个体通过自身的努力,获得了对于自己已有的认识而言的新的成果,这是个体水平的创造;成果在一个联系较密切的群体(如一个小组、班级、研究单位、学派等)范围内是前所未有的,这是群体水平的创造;成果在人类已有的科学文化中是前所未有的,这是人类水平的创造。但不管是哪一水平的创造,个体内部的心理过程是相同的,都是对原有认知结构、认知方式的超越。教育教学应该从学生学习的内部变化角度理解创造,只要学生通过自身的努力在原有的基础上有所感悟、有所发现,就应该被认为是创造。只有着眼于学生自身的创造,才能培养学生的创造意识和创造力,才能使学生在日后的工作和研究中有所创造。只要我们从这个角度理解创造,并给学生创造的机会,我们就会大量地观察到学生的创造,并会不时地被学生的创造所震撼。

例 一个典型力学问题的新解法

有这么一个问题:如图 2-8 所示为某钢铁厂的钢锭传送装置,斜坡长 $L=20$ m、高 $h=2$ m,斜坡上紧排着一排滚筒。长 $l=8$ m、质量 $m=1\times10^3$ kg 的钢锭 ab 放在滚筒上,钢锭与滚筒间的动摩擦因数为 $\mu=0.3$。工作时由电动机带动所有滚筒顺时针匀速转动,使钢锭沿斜坡向上移动,滚筒边缘的线速度均为 $v_0=4$ m/s。假设关闭电动机的瞬时所有滚筒立即停止转动,钢锭对滚筒的总压力近似等于钢锭的重力,取当地的重力加速度 $g=10$ m/s^2。试求钢锭从坡底(如图 2-8 所示位置)由静止开始运动,直到 b 端到达坡顶的过程中电动机至少需要工作的时间。

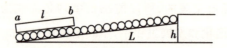

图 2-8

通常的解答认为,钢锭先做匀加速运动,再做匀速运动,最后做匀减速运动,速度为 0 时 b 端刚好运动到坡顶,电动机开动的时间最短($v-t$ 图线如图 2-9)。这样求出电动机最短的工作时间为 3.5 s。

2012 级 2 班的汪佳雨同学却想到,把图 2-9 中 $t_1 \sim t_1 + t_0$ 时间内的匀速运动改为电动机关闭、开动、关闭、开动……的变速运动,让钢锭在惯性的作用下运动更多的路程,电动机的开动时间会更短($v-t$ 图线如图 2-10)。通过计算证明,用这种运动方式,电动机开动的总时间确实更短,为 3 s。

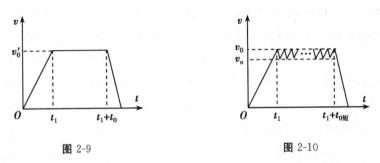

图 2-9　　　　　　　　　图 2-10

这么多年来,这么多的教师都认为答案是 3.5 s,汪佳雨同学指出了这个答案是错误的,并给出了正确的答案。你看,这是一个多大的创造啊!

教学中随处随时可见学生的创造,正表明了感悟是学生的天性,学生人人能感悟。

5. 教学要重视学生的积累和活动

通常的教学无视潜意识、感悟和情感等复杂因素的存在,把"冰山在海面以上的部分"看作是意识的全部,也看作是教学内容的全部。因为"冰山在海面以上的部分"具有清晰、规整、逻辑的特点,能够一点一点、一节一节线性地教,能够方便教师逻辑地讲授。于是,老师们试图只通过自己清晰的表述、严密的推理让学生掌握一切。这样,教学的非线性真相,却被教得十分顺畅的线性方式掩盖了、排挤了。无视潜意识的存在,无视感悟、直觉和灵感等思维方式在学习中的作用,就是抛弃了教学中本可利用的最丰富的资源,使得学生的学习成为无源之水,无本之木。

教学需要明白清晰、逻辑严密的言语交流,但不能只依靠明白无误、条理清晰的言语说教。明确的言语性结论,只有以厚实的经验、体验为基础,以自身的感悟为支撑,才是真正有用的。很多时候,我们反而要"注重实质,淡化形式",要"得意忘形",不必什么东西都用明确的语言文字来表达。例如总结出很多个解题方法教与学生,这样,反而容易使学生不得要领,并且增加了思维负担。

当下的教学,过分依靠逻辑的力量,过分依靠言语说教。故此,我们应该特别强调利用并增加学生的感性经验、感受和体验,要特别强调学生的自身活动以促进感悟。第一,教学要注意唤醒学生原有的与学习有关的感性经验、感受、体验,以对学习形成广泛的支持。第二,要让学生通过大量的活动获得足够的感性经验和感受,在此基础上再引导学生将这种感受升华为用明确的语言表达的结论。这样得到的结论才与个体的内部世界有广泛的联系,才能够灵活运用于不同情境。第三,要注重物理学习的一般性积累。不能只注重考试会用到的知识方法的教学和训练,还要为学生提供多种接触和了解物理世界的机会和途径。如适当讲解超过课程标准和教科书要求的物理知识和方法技能,介绍物理学前沿的新进展、新科技成果中的物理知识,提供合适的物理学史书籍和科普读物,推荐合适的网络资源,等等。让学生接触这些拓展性的知识,目的不在于要学生完全掌握这些知识,而在于开阔学生的视野,拓展学生的思维空间,厚实学生物理信息的积累,增强学生对物理和学习物理的情感。通过这种了解性、拓展性的学习,学生在头脑中产生的有意识、无意识的积累,将是日后系统学习相关知识的信息基础和情感条件。第四,培养学生进行自主探究学习的能力。只有学生通过自身紧张的自主探究活动,才能调动并利用其内部的潜意识资源,通过感悟产生创造性结果。因为探究活动能产生感受和体验,进而触及情感,使得学习不再局限于认知、理性领域,而拓展到情感领域。第五,要鼓励学生大胆地对问题提出猜测。敢于对问题的答案提出猜测是一种思维习惯,这种习惯需要不断地培养才能形成。当学生在课堂探究中提出一种猜测时,教师不应追问"你为什么提出这种观点"或"你是怎么提出这种观点的"。因为猜测一定是通过直觉得到的,学生不可能说出自己产生这个观点的过程。教师应该问"有什么证据支持你的观点吗",从而引导学生进一步反思、加工、发展自己的观点。

第六节　知识建构的核心在于感悟

新知识的建构当然要以原有的知识经验为基础和"原料",但并不是原有知识经验的机械变形、组合、构造。新知识的本质在于以原有知识经验及其相互关系为基础产生的新意义,而并不是原有知识经验及其相互关系的本身。所以,新知识的建构是一个创造的过程,一个生成的过程,必须通过复杂的直觉、灵感和感悟才能实现,而不可能只通过逻辑来达到。

1. 建构的本质是创造

建构主义认为,知识是人建构起来的关于自身与外界相互作用的体验、经验的解释、假设,学习则是学习者建构自身知识的过程。其中"建构"的意义主要在于表明知识不是客观存在的,不是人们去发现客观存在的知识,而是主动地建立、发明和创造知识。

"建构"是一个借用于建筑学的词语,原指建筑一种构造。如果只凭字面的理解,建构似乎只是一种机械的过程,即把原来准备好的一些材料,如钢筋、砖头和水泥等,按一定的方式组装、组合、联结而形成一个建筑物的过程。但是人们往往忘记了这个过程更为本质的另一方面,那就是这样建成的建筑物是一个新东西,它有了新的功能、新的用途,从而也就有了新的质。这种新的质并不在原来的水泥、砖头和钢筋等原材料中,而是在各种原材料以及它们以一定的方式结合而成的整体上。也就是说,这种新的质是在建筑物被建成的那一刻开始才具有的。例如,建造房子时,全部完工的瞬间,建筑物才具有了房子的质,砖头、水泥、钢筋等原料或砖头、水泥和钢筋的按比例混合之类的非全部联结关系,都不具有房子的质。从这个角度说,建构建筑物就是创造了与建筑物相联系的质。还有,从认知角度看,对于新建成的"房子",即使你能看到它的模样,如果你还不了解它作为房子的本质——人可以在里面居住,那么对你来说,它还不是房子。总之,建构建筑物就是创造了被我们赋予新的功能、新的质的构造。

与上述建筑物的建构相比,知识的建构更为复杂。知识的建构不单需要用一系列相关的词语对新知识做出描述、定义或阐述,更重要的是要形成新知识的本质意义。新知识的意义与构建它的基础知识和这些知识的联结以构成新知识的方式有关,但新知识的意义又不能还原为构建它的基础知识和联结方式。也就是说,能背出新知识的语言表述,并不能保证就理解了新知识的意义。当学习者真正掌握了新知识的意义之后,只有代表新知识的词语才能完全反映新知识的意义。所以,建构知识,本质上就是生成、创造新知识的意义。

例 *磁通量概念的建构*

构建磁通量概念要用到的概念和物理量有:磁场、磁感线、磁感线条数、磁感应强度、面、面积、面的法线、磁感应强度与法线的夹角、角的余弦等。

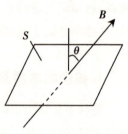

图 2-11

把上述概念按下列的方式相联结,得到磁通量概念:如图 2-11 所示,一个平面在匀强磁场中,磁感应强度 B、平面的面积 S 和磁感应强度与平面法线夹角 θ 的余弦三者的乘积,叫作磁场通过这个平面的磁通量 Φ,即 $\Phi = BS\cos\theta$。磁通量的直观意义是穿过这个面的磁感线条数。

一个学生知道了构成磁通量的有关概念和物理量的意义,知道了它们如何联结构建成磁通量这个新概念,甚至能说出磁通量是标量,磁通量是正值或负值的意义,是否就表示着他理解了磁通量的意义呢? 如果这个学生只是听教师讲解或自己看书知道以上这些东西,那么他还只是从字面上建构起磁通量的概念。他要真正理解磁通量的概念,还必须理解物理中为什么要定义磁通量,为什么这样定义磁通量,磁通量在理论上到底有什么用。在高中学习阶段,需要在电磁感应的学习和探究中整体地建构起这些理解。

2.创造的核心是感悟

创造、发现和发明的过程就是解决问题的过程。解决问题的一般过程如下:

发现问题→提出问题→搜集证据→提出假设→全面论证→得出结论

当人们觉察到了原有知识体系中的矛盾,或原有的知识、技术无法满足某种需要时,就发现了问题。这时人们需要用原有的知识分析问题的实质,并以恰当的形式提出问题。为了解决问题,人们需要搜集各种有关的资料和信息,进行多方探索、刻苦钻研,并在充分酝酿和积累的基础上产生直觉或灵感,获得解决问题的关键线索,然后使其明晰化、概念化、结构化,以假设的形式提出解决问题的方案。接着根据假设或假设的推论收集新的事实,将假设与其他相关的理论建立逻辑联系。如果假设能够解释原有的事实和新的事实,并能与其他相关的知识逻辑相容,则这个假设可以转化为结论。

从上述解决问题的一般过程可以看出,在创造性思维中,逻辑思维与非逻辑思维相辅相成、有机结合。其中非逻辑思维是核心,逻辑思维是基础。问题的分析、表征,有关资料和信息的搜集,都需要在逻辑思维的指导下进行。解决问题的关键线索经由直觉、灵感或感悟等非逻辑思维过程获得,这是解决问题的核心环节。把解决问题的线索发展为有一定结构的假设,并对其进行全面的验证或论证,主要依靠逻辑思维来完成。

从创造性思维的内部过程来看,主体为了解决问题,经过紧张的显意识和潜意识的协调活动,调整、重组显意识和潜意识中的有关信息,生成某种新模式、新联系或新关系,使问题得以解决。生成的新模式、新联系或新关系是原来用语言表达、逻辑规范的显意识中所没有的。在这个过程中,直觉、灵感等非逻辑思维起着核心的作用。

直觉、灵感和感悟等非逻辑思维的创造作用,也被很多科学家所证实。爱因斯坦曾指出,科学研究中"真正可贵的因素是直觉"。他还说:"在我的思维机制中,书面文字或口头语言几乎不起任何作用。作为思维元素的东西是一些符号和有一定明晰度的意象,它可以由我随意地再生和组合……这种组合活动似乎是创造思维活动的主要形式。它进行在可以传达给别人的由文字或者别的符号建立起来的任何逻辑结构之前。"这表明科学家的创造性思维,主要表现在建立起逻辑结构之前的非逻辑思维阶段。

例　玻尔原子模型的提出

玻尔 1912 年到英国曼彻斯特大学向卢瑟福学习,接触到了原子结构理论。自汤姆生发现电子后,人们认识到原子是有结构的,原子的发射光谱可能和电子的运动有关,并设想了各种原子模型。玻尔被卢瑟福的原子有核模型所吸引,他认为该模型不但能解释 α 粒子散射实验,而且预示着原子光谱和放射现象存在的可能性。但这个模型的最大困难在于无法说明原子的稳定性。根据经典电磁理论,电子做加速运动时要辐射能量,而使运动轨道越来越小,在亿分之一秒内会坍缩到原子核中去,同时放射出连续光谱。这与原子是稳定的,其光谱呈线状分立谱的事实不符。玻尔意识到,"只有量子假说才是摆脱困境的唯一出路"。

玻尔在卢瑟福原子有核模型的基础上,提出电子的闭合轨道应满足如下的稳定条件:$T=k\nu$,其中,T 是电子动能,ν 是电子轨道频率。玻尔认为,电子在这样的轨道上运动时,不向外辐射能量。他在此基础上对电子轨道的能级进行定量计算。

几乎在同一时期,英国天体物理学家尼科尔逊研究了太阳结构和能量辐射问题,提出原子结构可能与元素光谱之间有某种关系。德国的斯塔克在1911 年出版的《原子动力学原理》一书的《基元辐射》卷中指出:"一个光谱的全部谱线是由单独一个电子造成的,是在这个电子从一个(几乎)完全分离的状态逐次向势能最小的状态跃迁的过程中辐射出来的。"玻尔深受启发,但一时还不能找到原子结构与光谱之间的数量关系。

玻尔的理论发展到了一个决定性的阶段,使他取得突破的,是瑞士光谱学家巴尔末所发现的氢光谱线的规律。玻尔一看到巴尔末公式,就发现氢原子光谱中那些特殊谱线所决定的数字恰恰是他所计算的电子轨道之间的能量差。当他把这个结果与斯塔克的论断联系起来之后,"整个形势一下子清楚了"。确实,从巴尔末公式 $\dfrac{1}{\lambda}=R_H\left(\dfrac{1}{m^2}-\dfrac{1}{n^2}\right)$,再根据普朗克作用量子很容易得出谱线相应的能量 $h\nu=hcR_H\left(\dfrac{1}{m^2}-\dfrac{1}{n^2}\right)$。玻尔发现他原来所提出的常数 k 恰好等于 $h/2$,这证明了量子概念确实是解决原子结构的基础。至此,玻尔的原子结构模型得以正式确立。

在建立玻尔原子结构模型的探索过程中,他大量地使用直觉思维。玻尔认为卢瑟福的原子有核模型"预示着原子光谱和放射现象存在的可能性",他想到"只有量子假说才是摆脱困境的唯一出路"。玻尔提出电子的闭合轨道要稳定应满足的条件是 $T=k\nu$,斯塔克认为"一个光谱的全部谱线是由单独一个电子造成的,是在这电子从一个(几乎)完全分离的状态逐次向势能最小的状态跃迁的过程中辐射出来的"都是思维直觉。玻尔看到巴尔末公式,"整个形势一下子清楚了",这是思维的顿悟。提出"只有量子假说才是摆脱困境的唯一出路"是这一创造性思维过程的核心。

3.知识建构的核心在于感悟

建构的本质是创造,创造的核心是感悟。所以,知识建构的核心在于感悟。下面再从学习中不同的知识建构方式对此进行说明。

(1)探究式学习中的知识建构

对一些重要的概念、规律和原理,我们往往采用探究式教学方式,让学生通过充分的自主探究,发现并形成概念、规律和原理的本质意义。毫无异议,这个过程的关键环节是学生在紧张的探索之后产生感悟、直觉或灵感。例如,对于初中物理"液体中同一深度不同方向的压强有什么规律? 是不是向下方向的压强最大?"可以先让学生思考讨论。有学生认为,由于重力向下,应该向下的压强最大。教师不要直接否定这个观点,不要马上用实验去证明这个观点是错误的,而要学生再想一想,还有没有不同的观点。这时,往往会有学生突然想到,由于水的流动性,如果向某一方向的压强大一些,水就会被挤向其他方向,所以各方向的压强应该相等。然后教师再用实验去检验哪一种观点是正确的。这个探究过程的核心环节是学生通过紧张的内部思索感悟到水的流动性对不同方向压强的影响。

(2)接受式学习中的知识建构

学校课程的教学方式,以授受式为主。在授受式教学中,感悟同样起着关键的作用。很多人以为,在授受式教学中,学生主要是理解接受现成的知识。奥苏贝尔的"有意义言语学习"理论,似乎就是关于接受学习的理论(奥苏贝尔的"有意义言语学习"理论又称"认知同化说",也叫"认知——接受说"):"如学生已有的认知结构中,有恰当的观念能与新知识建立起'实质性的非人为的联系',学生就可以有意义地接受新知识,教师就可以采用'恰当的方法',向学生有意义地传授新知识。"这似乎表明,学习并不必然地需要直觉、灵感和感悟等直接形式的思维。

学习是一个十分复杂的过程,各种学习理论往往都只是从一个方面揭示了学习的规律。奥苏贝尔理论也只侧重从新旧知识联系的角度指出了学习的一个必要条件(不是充分条件)。"实质性的非人为的联系"只是言语方面的联系吗? 如果不是,那么还有哪些联系? 通过怎样"恰当的方法",才能使新知识与原有观念之间建立起"实质性的非人为的联系"？这都是奥苏贝尔理论中没有解决的。其实,建立"实质性的非人为的联系"就是理解、内化。我们都知道所学的知识必须为学生理解、内化,才能为学生所有、所用。所谓理解、内化,就是要使所学的东西与学习者的内部世界(显意识、潜意识)建立起可分析和不可分析、可言表和不可言表、有意识和无意识的全面的本质的联系。犹如人体吸收的食物最终转化为奔流在自己血液中的物质一样,只有后者才是主体自身的东西。内化必然是通过感悟实现的,因为言语联系、逻辑联系只是显意识中可分析可言传的联系,所以"恰当的方法"应是能促进学生感悟的方法。

在授受式的课程教学中,我们十分强调要学生先把书读薄,再把书读厚,要求学生对所学的知识努力做到举三反一和举一反三。而这只有通过不断深入的感悟才能实现。通过感悟,通过潜意识的参与,我们可以把原来众多的表面上十分不同的观点转变为深刻的、精髓式的认识,使我们的思维从繁多变为简约,从繁重变为轻松,实现从厚变薄,举三反一。例如,初中物理中学习的简单机械有杠杆、滑轮、斜面。图 2-12 中杠杆的平衡条件是 $F_1 l_1 = F_2 l_2$;图 2-13 中动滑轮的平衡条件是 $F = G/2$;图 2-14 中力 F 把物体沿光滑斜面向上慢慢拉动,拉力 $F = hG/l$。它们的表面形式十分不同。但如果你感悟到,任何机械都不可能使人的"付出"减少,在不考虑阻力的情况下,输出功总等于输入功,实际上就是能量守恒定律,你的理解就更加深刻了。在图 2-12 中,F_2 的作用点向上移动 x_2 与 F_1 的作用点向下移动 x_1 的关系是 $x_2/x_1 = l_2/l_1$,从 $F_1 x_1 = F_2 x_2$,即可得到 $F_1 l_1 = F_2 l_2$。在图 2-13 中,重力 G 的作用点向上移动 x,F 的作用点将向上移动 $2x$,从 $Gx = F \times 2x$,即可得到 $F = G/2$。在图 2-14 中,输出功为 Gh,输入功为 Fl,令它们相等即得到 $F = hG/l$。这样,三个结论就归结为一种理解上更加简单的结论。

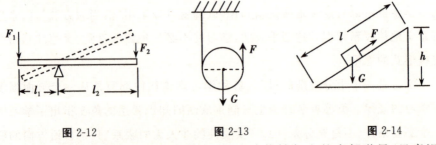

图 2-12   图 2-13   图 2-14

同样,只有通过感悟,外部的信息、知识才能够与人的内部世界(显意识、潜意识)建立起可分析和不可分析的本质联系,才能消化成主体的思想、精神的一部分。这样的知识,能依靠潜意识直觉地应用于表面上十分不同的情境,从而做到由薄到厚、举一反三。例如,一个高中物理老教师,原来对惯性的理解只限于力学范围。在一次的课堂上,与学生讨论假如没有惯性,世界会变得怎样这个问题时,这个教师突然感悟到,整个科学中,最重要的概念就是惯性。如果没有惯性,物体就可以无缘无故地加速,无缘无故地减速,无缘无故地改变运动方向,就可以随时速度变得很大,随时速度变得很小,也可以随时改变运动方向。总之世界将一片混乱,毫无规律。由于物体速度的改变不需要原因,所以物体间也就不存在作用力。由于物体可以随时地、毫无原因地改变速度,所以也就不存在能量概念,更没有能量守恒定律。当然如果没有惯性,物体的速度可以随意变化,也就没有实物的速度都小于光速的限制……通过这一感悟,这个教师对惯性的理解大大加深了。

(3)知识应用中的方法建构

运用知识解决问题,并不是简单的机械的过程。它需要主体分析问题情境的各种因素,从头脑中寻找有关的知识,而且需要对原有的知识进行变形、组合并形成与问题相匹配的解决方案。在这个过程中,直觉、灵感和感悟同样起核心的作用。

例　法拉第电磁感应定律中比例系数的确定

法拉第电磁感应定律是,电路中感应电动势的大小,跟穿过这一电路的磁通量的变化率成正比,写成公式应该是 $E=k\dfrac{\Delta\Phi}{\Delta t}$。

如何确定比例系数 k? $\dfrac{\Delta\Phi}{\Delta t}$ 与 E 的单位都是伏特,只能说明 k 是没有单位的,不能确定 $k=1$。正如单摆的周期公式 $T=2\pi\sqrt{\dfrac{l}{g}}$,$T$ 与 $\sqrt{\dfrac{l}{g}}$ 的单位都是秒,但比例系数是 2π。

一个学生想到,当导体切割磁感线时,可以从能量转化和能量守恒定律证明电动势 $E=BLv$,$E=BLv$ 也可以表达为 $E=\dfrac{\Delta\Phi}{\Delta t}$,可见 $E=k\dfrac{\Delta\Phi}{\Delta t}$ 中的 $k=1$。

这里的逻辑推理是,普遍适用的感应电动势公式是 $E=k\dfrac{\Delta\Phi}{\Delta t}$,在一种特殊

情况下被证明 $k=1$，那么在任何情况下公式中的 k 都等于 1。这里，严密的逻辑容易使人忽略解决这个问题的关键，那就是怎么想到导体切割磁感线这种特殊情况？这不是逻辑必然的，是直接想到的，是突然想到的，也就是说，是感悟到的。

4. 教学要重视促进学生感悟

人们真正学习的知识，并不是只在头脑中增加了符合逻辑的用语言文字表达的若干信息，而是相应的整个内部世界的变化。这种变化只有通过感悟才能实现。不通过感悟，所学所记的东西与内部世界的联系是肤浅的、机械的，对主体来说始终是没有意义的。通过感悟形成的认识才是主体思想的一部分，因为主体能依靠感悟过程产生的非言语的洞察对当前事物中关键因素进行觉察，并将这种认识应用于表面差异很大的不同情境中。

学习就是建构知识，知识建构必须通过感悟来实现。教学的要义在于促进学生感悟。

感悟是一个内部生成的过程，一个主动的过程。感悟具有直接性、不可拆分性和突发性，它不同于逻辑过程，能根据他人的语言描述来实现。教师无法教学生感悟，但能为学生创设诱人的问题情境，给学生充分的思考时间，营造紧张热烈的讨论氛围，使学生在紧张的探究过程中产生感悟，经历感悟，体验感悟。

例 质量均匀分布的三角形薄板的重心在三中线的交点的证明

常见的以逻辑推理为主的教学过程如下：

均质的直条形物体重心在中点。

如图 2-15 所示，把三角形薄板分割成平行于 BC 边的很多直条，每一直条的重心都在中点，可知三角形薄板的重心在中线 AA' 上。

同理，三角形薄板的重心也一定在中线 BB'、CC' 上。所以均质的三角形薄板重心在三中线的交点上。

这个证明在逻辑上是严密的，能使学生接受。但这个教学过程并没有让学生经历、体验感悟，学生的收获最多只是记住这个推导过程。

促进学生感悟的教学过程如下：

师：我们的任务相当于要证明，对于一个任意形状的三角形，提起任一个角让其自然悬挂，中线都处于竖直方向，如图 2-16 所示。

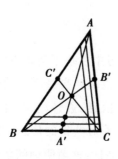

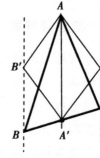

图 2-15　　　　　　　　　　　　　图 2-16

生：中线划分出的两个三角形，$\triangle AA'B$ 与 $\triangle AA'C$，共有底边 AA'，高也相等，所以两个三角形的面积和质量相等。

师：质量确实相等，但还需要证明 $\triangle AA'B$ 与 $\triangle AA'C$ 的重心到 AA' 线的距离相等。

思考了几分钟后，有学生提出把 $\triangle AA'B$ 和 $\triangle AA'C$ 的顶点 B 和 C 沿竖直线移动到与 AA' 线的中点在同一水平线的 B' 和 C' 点处，得到两个等腰三角形 $\triangle AA'B'$ 和 $\triangle AA'C'$。在这个变形过程中，三角形的质量不变，任一条竖直线上的质量只是向上移动一个距离，所以三角形的重心在水平方向上的位置不变。对于相同的等腰三角形 $\triangle AA'B'$ 和 $\triangle AA'C'$，它们的重心与竖直线的距离相等，所以 $\triangle AA'B$ 和 $\triangle AA'C$ 的重心与竖直线的距离也相等。

学生的这一证明方法是教师课前没有想到的，每一步都是学生基于自己的数学背景知识直觉地得到之后再用逻辑证明的。学生经历了感悟，这一个问题的解决方法对学生来说就具有较为普遍的意义，就能将其用于其他情境。同时，与感悟伴随的愉快的体验，将成为学生主动学习的动力。

第七节　感悟的内核突破规律和知识的核式结构

知识是认识过程的成果和结晶。知识的结构和形态由人的认识规律决定。人的感悟式、跃变式的认识规律，决定了人类的知识不是累积式渐次增长的，而是胚胎式突变生长的。知识体系的结构，不是线性的有关知识的机械拼装，而是核式的、有机的、有灵魂的生命体。

1. 感悟的内核突破规律

认识活动源于问题。人们在生活、工作和学习中发现了问题,就会产生为解决问题的探究活动。为了解决问题,人们首先会调动自身已有的知识经验对问题进行初步的分析和解释;然后搜集有关的信息、资料,学习有关的科学知识,通过调查、实验等方法获取数据和证据;接着对获得的信息、资料、数据进行加工、改造,建立各种局部关系、探讨各种可能性,逐渐明确问题的要点与核心;此后,集中精力探索核心问题,进行多方面的探讨、尝试,经过紧张的精力集中的思考,可能会在某一情境的触发下,例如紧张思考后的适当放松、与他人辩论的急中生智、受同学观点的启发等,突然灵光一闪,产生了一个新的观点、关系或模式,使得问题的解决有了方法或方向。沿着这最初的发现,逐步扩大成果,最后使问题得到彻底的解决。

感悟最初得到的观点、关系或模式具有猜测性质,是笼统的、模糊的,紧接着要用明确的语言把它表达出来,挖掘它的内涵,使其清晰化、结构化;并用它解决原初的问题,把原来的经验事实和各种局部关系在新的基础上组织成一个知识体系,使它们都处于合适的位置;再把它与相关的知识建立逻辑联系,从它发展出新的关系和结论,用事实或实验数据证明这些关系和结论的正确性;最后在这整个过程中,作为假设的、由最初的感悟得到的观点、关系或模式可能被修正、完善,并被赋予确定的名称(即概念化)。通过这样的结构化、逻辑化、实证化的过程,最终建立起一个完整的知识系统。

可见,感悟具有突发性、核心性和整体性。突发性,指感悟是主体经过紧张的探索后,受某一偶然因素的激发突然发生的,而发生的时间和形式不可预计。核心性,指感悟总是在问题的核心、关键处发生的。整体性,指感悟最初产生的观点、关系或模式虽然是笼统的、简约的,但它是整体的、全息的,蕴含了整个知识系统的所有关系,决定了知识系统的结构,并使知识系统中的各个知识在整体的水平上获得了新的意义。突发性、核心性和整体性构成了感悟的内核突破性,它指主体经过艰苦的探索之后,受某一偶然因素的激发,在问题的核心处产生关键的认识,从而在整体上解决了问题。

例 洛伦兹力是否做功问题的解决

问题:《物理教学》杂志在 2007 年第 3 期刊登了一篇《再辨洛伦兹力与安

《培力》的文章。文章中提出一个观点,认为洛伦兹力可以对带电物体做功,并举出如图 2-17 所示的例子。磁场向左运动,磁场对穿在光滑杆上的带正电小环的洛伦兹力方向向上,推动小环向上运动,对小环做正功。洛伦兹力对电荷不做功是电磁学的一个基本结论,如果洛伦兹力对电荷做功,磁感线将是不闭合的,整个电磁学理论将被推翻。那么问题出在哪里呢?

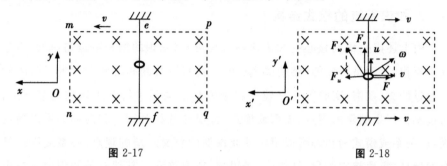

图 2-17　　　　　　　　　　　　图 2-18

　　分析:实验表明,磁场对运动电荷有作用力,把它叫作洛伦兹力。现在考虑的是电荷静止时磁场运动(实际上是产生磁场的物体在运动)的情况,原有的结论是否仍然成立。以产生磁场的物体为参考系,磁场是静止的,带电小环随杆向右运动,这时可以如图 2-18 所示分析出洛伦兹力对小环不做功。而如果以套有小环的杆为参考系(图 2-17),磁场对小环有没有洛伦兹力?如果没有,小环怎么能运动起来?如果有,那么洛伦兹力就能对电荷做功。

　　突破:作者反复思考这个问题,突然明白把磁场当作像由分子原子构成的实物一样向左运动是一种错误的、没有意义的描述方法。磁场是一种空间分布,我们只能通过测量空间各点的磁感应强度来描述磁场。在图 2-17 所示的情况下,小环附近的磁场并没有变化,也无所谓运动,磁场对原来静止的小环没有洛伦兹力。小环的运动是因为图 2-17 中 mn,pq 两处的磁场在变化,变化的磁场在空间产生电场,这样产生的电场对小环有作用力。

　　推演:由楞次定律判断出,mn,pq 两处磁场的变化在磁场区域内产生的电场确实沿杆向上。假设在磁场静止的参考系中(图 2-18),观察到的磁感应强度为 B,由狭义相对论中不同参考系中电磁场的变换公式得到,在杆静止的参考系中(图 2-17),观察到沿杆向上的电场强度 $E = \dfrac{vB}{\sqrt{1 - \dfrac{v^2}{c^2}}}$,在 $v < c$ 的情况下,有 $E = vB$,电场对小环的作用力 $F = qE = qvB$,与图 2-18 中的洛伦兹力相

等。这样,就全面地解决了洛伦兹力是否做功的问题。在磁场"运动"的情况下,不是洛伦兹力推动带电小环做功,而是感应电场对小环的电场力推动小环做功。

可以看出,正是因为突破了"磁场是一种空间分布",不能把它看作像分子原子构成的实物那样向左运动这一核心,才使问题迅速整体地得到解决。

2.知识系统的核式结构

由上述以感悟为核心的知识建构过程可知,知识的增长不是匀速的,不是逐步累积的,而是突变的,胚胎式成长的。在对原有的相关知识和为了解决问题通过调查、观察、实验等途径建立起来的局部关系进行深入研究的基础上,通过感悟产生的新的观点、关系或模式,将使这些相关知识和局部关系以新的观点、关系或模式为核心得以组织并获得新的意义。新的观点、关系或模式具有发展性,需要将它细化、结构化、逻辑化,需要将它与其他有关知识建立逻辑关系,需要用它解释有关的现象,需要用它做出预言并用事实去验证。这样,以感悟发现的新观点、关系或模式为核心概念形成了一个知识系统。在这个系统中,原有的相关知识和一些局部关系是基础,由核心概念发展出的细化、结构化、逻辑化的关系、推论及其与事实的联系是内容。由此可见,知识系统的结构是核式的,系统中的所有知识围绕核心概念加以组织,核心概念决定了知识系统的整体意义。

分析各种知识系统,都能发现它们的核式结构。

例如,有关弹力的知识组成一个知识系统,它包含了两个物体相互接触、弹性和弹性形变、弹力、弹力的大小、弹力的方向、弹力的作用点等知识要素,而内核就是弹性形变。理解了弹性形变概念,弹力的所有知识就能很快生成:物体发生了弹性形变,因为要回复原状,就会推或拉与它接触的物体,这就是弹力;弹力的大小与施力物体的形变大小有关,形变越大,弹力越大;弹力的方向与施力物体的形变方向相反;弹力的作用点在受力物体与施力物体相接触的地方。

就是作为学科基础的原始概念和公理也具有内核,只是它不能完全甚至不能用精确的、严密的语言来描述,而需要实体——学习者去感悟和领会。例如关于重力的方向,大家都知道它竖直向下。那如果要问什么是竖直向下的方向,你可能会回答把物体静止释放,物体下落的方向。如果进一步问,静止释放物体,它为什么沿这个方向下落? 你只能回答,物体受到的重力是这个方向。你看,这不就说不清了,逻辑循环了? 但这只是语言上的循环,实质上不存在问题。"竖直向下"的本质意义(或内核意义)是,地球附近空间的任一点有一个确定的方向,任何物体在这一点受到的重力方向都是确定的、相同的,我们把这个方向叫作重力的方向,也叫作竖直向下。时间概念的核心,是人感受到的事物产生、变化的前后序列和延续性。空间概念的核心,是人感受到的物质存在的延展性和排列方式。

知识系统的核式结构,可以从任何一个知识系统都可以由少数几个基本概念和规律推演出来的这一点看出。例如,由 $0,1,2,\cdots,9$ 这十个数字和少数几个数字表示规则,就能理解任何一个整数,推出整个整数系统。$0,1,2,\cdots,9$ 这十个数字和少数几个数字表示规则就是整数系统的内核。整数有无穷多个,并不需要我们逐个去学习,只要掌握了整数系统的内核,就能理解任何一个整数。

庞大的电磁学理论系统是以电荷、电磁场等几个基本概念和麦克斯韦方程组为核心的,所有其他的电磁现象和规律,都可以用麦克斯韦方程组去解释,或者作为它的特例,或者作为它的应用。

3. 探究知识核心实现整体领悟

知识系统的核心概念及其意义,决定了系统中所有其他知识的意义和所有知识联系,所以核心概念及其意义就是知识系统的本质意义和整体意义。只有掌握了知识系统的核心概念及其意义,才是从本质上把握了整个知识系统。

但教材的编写,限于文字表达的前后相继性,只能按照知识的逻辑体系,线性地阐述教学内容。这样,知识的系统性、有机性往往会被知识的线性叙述所割裂,知识的核心意义会被知识的逻辑关系所淹没。使用教材进行教学的教师,限于自己对教学内容的肤浅理解,限于被分散编排的学科课时,往往也只是按照教材的知识体系,从前到后逐点逐节地教,导致学生只能跟着教师逐点逐节地往下学。学生在这样的教学中,不学前面的知识就无法学习后面的知识,学了后面的知识,也不知道为什么会有前面的知识,既不能了解后面知识对于前面知识的影响,更谈不上会形成基于各部分知识相互联系的整体意义。在这种过度分析化、过度条文化的教学中，"知识赖以产生、存在及发展的整体事物被拆解了；学生的思维变成了若干部分的拼装，而不是胚胎式的生命发展；学生和教师都被局限在小方格里，不能进行有效的自主思维"。

学生学习了知识系统中的所有知识以及知识之间的关系，并不能必然地弄清知识系统的核心意义。因为知识系统的核心意义并不表现为其组成部分的机械拼装，而是基于其组成部分及其相互关系而产生的新意义。我们只有通过对包含知识核心概念的问题的充分探究而产生的感悟，才能获得核心概念的意义，才能从整体上把握知识系统。

例 磁通量与电磁感应的整体领悟

例如，我国的大部分高中物理教材，都是在磁场章节先学习磁通量概念，然后在电磁感应章节用磁通量来表述产生电磁感应的条件、感应电流的方向以及感应电动势的大小。大部分老师都按教材的体系进行教学，这使学生在磁场章节学习磁通量概念时，无法理解在物理中为什么要定义这个概念；学习电磁感应规律时，不会想到怎么会在此之前就为电磁感应规律的发现准备好了条件。历史的真实，并不是先建立了磁通量概念，再在研究电磁感应现象时用它来描述规律，而是韦伯、诺埃曼、法拉第等人在研究电磁感应现象规律的同时，建立了磁通量的概念。教学如果遵从人类的认识足迹，不去孤立地学习磁通量概念和电磁感应现象，而是集中力量研究电磁感应的产生条件，当学生感悟到只要穿过闭合电路的磁场的多少发生变化，就会产生感应电流时，他们就从本质上掌握了电磁感应现象的产生条件。这时再定义磁通量概念，给出其定义式，并得到产生感应电流的条件是穿过闭合电路的磁通量发生变化，则是属于观念的结构化和概念化，是顺理成章的事情。通过这样的探究性学习，学生对电磁感应现象产生条件的理解深度，是通过拆分式学习加以大量训练所不可能达到的；对磁通量概念的理解，不再局限于自身的定义和性质，更从其与电磁感应现象产生条件的关系上获得了意义。

第三章　内核探究教学

　　知识和学习的建构性,决定了探究式教学的合理性。认识的内核突破规律和知识的核式结构,决定了教学中的探究应该在知识系统的内核处进行。创设蕴含知识系统本质意义的内核问题情境,集中力量通过探究突破内核问题,然后依靠被突破之内核的强大生命力,迅速地、接受性地学习整个知识系统,是内核探究教学的基本思路。确定知识系统、明确核心知识、创设内核问题、探究生成内核、发展形成体系,是内核探究教学的基本步骤。探究式与接受式学习是人类学习的两种重要方式,它们不应相互排斥,但在教学实践中如何实现两者的有机结合,一直是教学理论研究和教学实践的难题。在内核探究教学中,为突破内核问题而开展有目的的授受式教学,能大大提高学习的效果和效率。而内核问题之突破,又为授受式教学开辟了新的领域、注入了新的动力。基于内核问题的探究,接受式学习与探究式学习得到了统一。内核探究教学对于提高学生的学习兴趣、提高教学效果无疑具有积极的意义,但它的实施对于教学内容和教师能力都有一定的要求。

第一节　内核探究教学的基本思路

　　内核探究教学是根据知识的建构性、学习的探究性和接受性、知识的核式结构和认识的内核突破规律而建立的一种教学理论。它主张教学应致力于知识系统内核的探究,然后依靠被突破之内核的强大生命力,接受性地获得整个知识系统。

1. 内核探究教学的基本思路

　　内核探究教学的基本思路是:确定一个恰当大小的知识系统,分析系统中知识的内在联系和结构,明确系统的核心知识。在知识的核心处设置问题,引导学生对内核问题进行充分的探究。以解决核心问题为教学的中心任务,不纠缠于枝节问题,在探究前或探究过程中需要的非关键性信息可以由教师直接提供,或提醒回忆,或实验演示,或提供资料、出处让学生自己获取;教师的指导和调节,会使班级的探究始终沿着攻破核心问题的方向前进。通过集中精力不断深入地探究,学生突破内核问题,建立起核心概念或规律。在此基础上,采用授受的方式或自学的方式让学生快速地获取整个知识系统。

确定一个恰当大小的知识系统是内核探究教学的前提。知识系统是知识之间有机联系的表现,以恰当大小的知识系统作为教学整体设计的单位,既顺应了知识的本性,还能发挥知识的系统功能以提高教学效率。知识系统中知识之间最重要的联系是内核的存在。分析知识系统中的内在联系、明确知识的核心和本质、创设内核问题是内核探究教学的关键。如果不明确知识系统的核心,没有创设内核问题,课堂探究就没有明确的方向和深度。课堂围绕内核问题开展探究,让学生通过充分的探究突破内核问题,从而获得对学习内容的深刻理解,提高探究能力和对科学的理解,这是内核探究教学的本质特征。

2. 内核问题

一个知识系统总是包含多个问题,其中很多问题是次要问题或局部性问题。但有一个问题是根本性的,解决了这个问题,就能建立起知识系统的核心知识,并能据此发展出整个知识系统。其他次要的局部问题就都能很容易得到解决,这样的问题就是这一知识系统的内核问题。

教学中的内核问题具有基本性、典型性和支持性。基本性是指从问题的解决能得到要学习的知识系统最基本的概念或规律,即核心知识。初中物理参照物的概念可以以"你是根据什么确定一个物体(例如汽车)是运动的?"为内核问题。因为通过对这个问题的探究我们将发现,我们说一个物体在运动,一定是因为这个物体相对于另一个物体的位置在改变;我们认为一个物体静止,一定是因为这个物体相对于另一个物体的位置不变,而这就是参照物的本质意义。"对一辆刚起动的汽车,路边的人能感觉到它运动得越来越快了。我们能感觉到它通过离出发点 20 m 的 B 点比离出发点 10 m 的 A 点要运动得快,可见,人能感觉到物体通过各点的运动快慢。那么,我们是如何感觉到运动物体通过各点的运动快慢的?"这个问题就是瞬时速度概念的内核问题。因为通过对这个问题的探究,能发现我们是根据物体在某一点附近一小段距离内的平均速度大小来确定物体通过这一点的运动快慢的,而这正是瞬时速度的本质意义。如果内核问题以有实际情境的形式出现,问题应该具有典型性,则这一问题应该是要学习的知识系统的典型问题,能很好地反映知识系统的主要知识和方法。例如,关于电功率三个公式 $P=IU$,$P=I^2R$ 和 $P=\dfrac{U^2}{R}$ 的适用条件,可以设置这样的问题情境:实测出一个演示用电动机的线圈电阻,再在电动机两端加一个电压使其转动,测出电动机两端的电压和通过的电流,要求学生计算电动机输出的机械功率。这个问题的典型性在于:解决这个问题需要辨别三个功率公式的适用条件;可以演示电动机从不转动到转动电压与电流的变化,从而比较纯电阻电路与非纯电阻电路的不同。至于支持性,是指问题得到认识主体的支持,学习者对问题情境有一定的熟悉性和感性经验,对研究的问题具有必要的知识基础,或者能通过实验得到必要的信息,对解决问题有兴趣。

3. 通过探究突破内核问题

可能有人以为,教师自己弄清知识的核心和本质,然后把它加工成易于接受的形式传授给学生,这样做岂不是既高效又省事?问题的关键是,不通过学习者亲身的探究,"核心知识"就不可能与人的内部世界建立起全面的、牢固的联系,这样的"核心知识"也就不会起着理解、同化其他知识的内核作用。直接传授"核心知识"的教学充其量只是一种"针剂"教学,它类似于不给学生吃蔬菜,只给学生注射从蔬菜中提炼出的营养针剂。通过注射获得的营养物质,会很快被人体消耗、排泄。当人自身具有从食物中获取营养物质的能力时,营养物质才会是人体的有机成分,这时人的机体才是有活力的。同样,直接从老师那里获得的经过提炼的"知识精华",会很快被遗忘,而通过自身努力生成的知识,才是自身精神世界的有机部分。在注射营养针或吃营养药丸的情况下,吃蔬菜的乐趣,器官获得的锻炼以及蔬菜的不可提取的、更为重要的营养都被抛弃了。同样,在直接从教师那里获取"知识精华"的情况下,思考的乐趣、大脑获得的锻炼以及知识与整个精神世界的不可意识的联系都被割舍了。

当然,我们已无法再让学生像历史上的科学发现那样去获得知识。学生将要学习的知识是人类已有文化的一部分,学生所处的文化环境与历史上建立这一知识的文化环境已经截然不同。例如,现在的学生听过广播,看过电视,用过手机,他们对电磁波的存在是深信不疑的,尽管他们并不知道电磁波到底是什么东西,也不知道电磁波的传播原理。但我们在进行麦克斯韦电磁场理论的教学时,就不能无视学生已经接受了电磁波存在这一个事实。对其他作为教学内容的学科知识也一样,学生可能已经通过各种途径对此有所了解(尽管是不系统、不牢靠的)。另外,现代的实验技术也能使我们较前人更方便、更精确地观察现象、获取数据,所以我们已不可能重走前人发现的道路来获取知识。但是,文化的浸染一般只能使学生对将要学习的学科知识产生表面上的熟悉,要对它获得深刻的、结构性的理解,仍然需要深入的探究。现代测量技术只能作为实验手段来使用,知识的获得仍然要依靠学习者的内部建构。譬如,我们不能根据用速度传感器测出在斜面上下滑的物体的速度随时间均匀增加,就直接给出匀变速直线运动的概念。

4. 使学生的精力集中于内核问题的突破上

班集体探究的优点是产生的观点丰富,通过不同观点的碰撞和启发,能有力地推进探究的深入。但班集体探究也由于不同个体心理上的相互影响,很可能使探究陷于细枝末节,或误入歧途,或迷失方向。例如,一个学生提出了一个偏离了主题的观点,其他同学也转而去思考这个观点或与其相关的问题。所以,课堂探究需要教师通过有效的调节,使学生的精力集中于突破内核问题的方向上。

在探究前或探究过程中,教师可以为学生提供解决内核问题的非关键性信息,以免学生陷于细枝末节中;在探究过程的互动生成中,教师应该发挥自己作为讨论参与者和指导者的作用,适时提出问题、质疑或观点,影响班级探究的方向和状态,使学生的探究始终沿着富有成效的方向发展。

那么,通过教师的调节使学生的精力始终集中于突破内核问题的探究上是否合理?是否与探究教学的精神相违背?

要回答这个问题,必须要对探究教学有正确的理解。在新课程提倡的探究教学中,探究既是目标也是手段。作为目标,要求通过探究教学使学生体验探究过程,掌握一般的探究方法,发展探究精神和探究能力;作为手段,提倡以探究的方式获取知识,改变单一的接受式学习方式,提高知识教学的效果。所以,教学中的探究应该是为了达成教学目标进行探究,而不是为了探究而探究;是为了更好更快地获取知识,提高探究能力进行探究,而不是为了发现知识而探究。如果我们像历史上的科学发现那样去获取知识,就不可能在有限的时间内获取前人积累起来的适应现代生活、工作和进一步学习需要的大量知识,更不可能到达科学的前沿去进一步拓展人类的知识疆界。所以,集中力量探究并突破内核问题,形成对知识本质的深刻理解,发展探究能力和对探究的积极情感,为高效地学习相关知识,为在日后的学习和工作中能独立前行打下知识和能力基础,是教学方法上的必然选择。

5. 教学示例——"功和动能定理"的内核探究教学

(1)背景分析

功和动能定理是高中物理"机械能守恒定律"一章中的重要内容。

在历史上,人们从宇宙中物体永不停息运动的现象中提出了物质的运动是守恒不变的思想。并且通过长期的探索,建立起了能量概念和能量守恒定律。在此过程中,人们发现能量的变化与工程技术中建立起来的功的概念紧密联系:能量的变化总是通过力做功来实现,选用恰当的能量表达式可以发现,能量的变化总等于相应的力做的功。在此基础上,形成了现代形式的功与能的知识体系。

机械能守恒定律
机械能　机械能守恒
功和动能定理
功率
重力做功与重力势能
弹力做功与弹性势能
功和能　机械能守恒定律
能量守恒定律　能源

图 3-1

从能量守恒定律的建立过程可以看出,能量是比功更重要更基本的物理量,功从能量的转化和变化中获得意义。为了反映功与能的这种本质关系,"机械能守恒定律"这一章按图 3-1 所示的体系进行教学。先通过若干实验现象的分析,建立起动能、重力势能、弹性势能和机械能的概念及在一定条件下机械能守恒的结论。接着研究物体动能的变化规律,建立起功的概念和动能定理,研究重力势能的变化与重力做功的关系、弹性势能的变化与弹力做功的关系。最后研究功和能的关系,让学生在更高的层次上理解功的意义、机械能守恒定律和一般的能量守恒定律。

在上述的整体考虑下,我们就可以把"功"和"动能定理"这两个原来分开的内容,整合成一个系统进行教学。

(2)内核问题

通过对"物体动能的变化由什么东西决定"这一问题的研究,可以得到功的概念、公式和动能定理,所以我们可以把这一问题确定为"功和动能定理"的内核问题。

(3)教学过程实录

①提出问题

师:通过前面的学习我们知道,动能、势能是两个很重要的物理量。物体的动能会发生变化,势能也会发生变化。但在一定的条件下,动能与势能的总和保持不变,这就是机械能守恒定律。为了进一步研究机械能的变化规律,我们需要研究物体的动能和势能是如何发生变化的,它们的变化由什么决定。这节课我们来研究物体动能的变化。

②问题探究

师:先来研究第一个问题,我们有什么办法使一个物体的动能发生变化?

生:改变物体的质量 m 或速度 v。

师:对确定的物体,质量 m 看作不变。那么,物体的速度发生变化,动能一定发生变化吗?(这时,如果教师让学生讨论如何改变物体的质量,那么课堂探究就会偏离突破内核的方向。而让学生思考速度变化对动能变化的影响,就会把探究引向在物体上施加作用力以改变速度的大小从而改变物体动能的正确方向。)

生:如果只有速度的方向变化,速度的大小不变,物体的动能不变。

师:这样,把改变物体的动能归结为要改变物体速度的大小。有什么方法能改变物体速度的大小?

生:对物体施加作用力。

师:先从最简单的情况开始研究。质量为 m 的物体具有初速度 v_1,在与速度方向相同的力 F 作用下做加速运动(图 3-2)。物体动能的变化与哪些因数有关?

生1:力的大小 F 和作用时间 t。

生2:力的大小 F 和物体的位移 x。

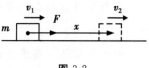

图 3-2

教师与学生一起,由牛顿第二定律和运动公式推出动能的变化与 F,t 的关系为

$$\frac{1}{2}mv_2^2-\frac{1}{2}mv_1^2=v_1Ft+\frac{(Ft)^2}{2m}$$

推出动能的变化与 F,x 的关系为

$$\frac{1}{2}mv_2^2-\frac{1}{2}mv_1^2=Fx$$

有学生说:"原来动能的变化等于力做的功。"(初中已经学过功)也有学生认为物体动能的变化与力和作用时间的乘积 Ft 有关。

师:物体动能的变化与 Ft 和 Fx 都有关,在这两者中,与谁的联系才是本质的? 为什么?

通过讨论,学生明白,在 Ft 相同的情况下,如果物体的质量 m 或初速度 v_1 不同,动能的变化也不同。而只要 Fx 相同,在任何情况下,物体动能的变化都相同。所以,物体动能的变化与 Fx 有简单的必然的联系(内核突破)。

师:动能的变化等于力做的功,这是在力与运动方向相同的情况下推出的。下面再研究力与运动方向不相同的各种情况下,能否得到一般的规律?(把探究引向深入)

上面已推出力与位移同方向时:

$$\triangle E_k=Fx$$

再与学生一起推出在其他各种情况下,物体动能的变化跟作用力和位移的关系。

力与位移方向相反时(图3-3):

图 3-3　　　　　　　　图 3-4

$$\triangle E_k=-Fx$$

力与位移方向成锐角 θ 时(图3-4):

$$\triangle E_k=Fx\cos\theta$$

力与位移方向成钝角的情况(图 3-5):

$$\triangle E_k = -Fx\cos\alpha$$

当力与运动方向垂直时(图 3-6):

$$\triangle E_k = 0$$

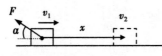

图 3-5

图 3-6

师:你们看,当力的方向与物体位移方向的夹角不同时,动能的变化跟力 F、位移 x 的关系式也有所不同。

有学生突然发现(内核突破):各种情况的式子可以归纳为 $\frac{1}{2}mv_2^2 - \frac{1}{2}mv_1^2 = Fx\cos\theta$,其中 θ 是力 F 跟位移 x 之间的夹角。

师:$W = Fx\cos\theta$ 就是在一般情况下力对物体做的功。有了功的概念,物体动能的变化就等于力对物体做的功。当物体受多个力作用时,物体动能的变化等于合外力对物体做的功。

Ⅲ.整理成果

教师与学生一起把学习成果整理成图 3-7 所示的一个简明的体系。

功　动能定理

1.功

(1)定义式:$W = Fx\cos\theta = \vec{F} \cdot \vec{x}$

(2)单位:1 J＝1 N·m

(3)性质:是标量

(4)正功和负功

$0 \leqslant \theta < 90°$,力对物体做正功,推动物体前进

$90° < \theta \leqslant 180°$,力对物体做负功,阻碍物体前进

2.动能定理

$$W_合 = \frac{1}{2}mv_2^2 - \frac{1}{2}mv_1^2$$

图 3-7

Ⅳ.丰富内容

学生自学教科书第二节"功"和第七节"动能定理",系统地了解功和动能

定理的内容,尤其是在课堂讨论中没有涉及的合力的功等于各个力做功的代数和、动能定理适用于物体受变力作用或做曲线运动的情况等内容。

(4)教学评析

这节课围绕要学习的知识系统的核心问题展开探究,通过解决这一个核心问题,建构起要学习的全部知识。整节课的探究过程如图 3-8 所示:

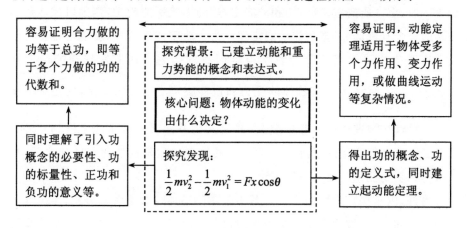

图 3-8

学科知识体系包括教科书的知识体系,而且总是被加工成从简单到复杂、关系清晰、结构严密的形式。但这样的体系,往往抹平了知识的发生、演变、完善过程的曲折,掩盖了理论的核心,隐藏了知识间的本质联系。按现成的学科知识体系进行探究,只是一种理解、验证现成结论,挖掘现成结论意义,对现成结论进行加工操作的探究,是一种在已有结果范围内、层次较浅的、较难形成深刻心理体验的探究。另外,不加分析地按教科书的体系从上到下逐节教学,将使每节课的探究都局限在这一节的知识范围内,割裂了知识的整体意义,无法形成关于知识本质的、深层次的理解。在高中物理知识体系中,功与动能定理是分开学习的,这样,就很难理解功和动能定理基于它们之间的联系而具有的意义。例如,对于功,学生就无法解答下列问题。

物理中为什么要引入功的概念?为什么把功定义为 Fx?为什么说功是能量转化的量度?我们是在 F 与 x 成锐角的情况下推出 $W=Fx\cos\theta$ 的,为什么能把它推广到 $\theta>90°$ 的情况?要用功的定义式证明几个合力做的功等于各分力做功的代数和,而功的定义式 $W=Fx\cos\theta$ 本来就是由分力 $F_1=F\cos\theta$ 做功与分力 $F_2=F\sin\theta$ 做功之和得到的,这不是逻辑循环了吗?

而内核探究教学通过研究并突破一个重要的核心问题,并在此基础上建立起需要学习的知识系统。这个过程与科学研究过程及知识的建立过程相类似,能使学生获得深刻的心理体验。内核探究教学以对教学内容的整体分析为基础,每一节课的探究都被置于知识整体的背景之中。作为知识整体教学的一个有机部分,在一个较大的范围内寻找知识之间的有机联系,就能揭示知识更一般、更本质的意义。"功和动能定理"的内核探究教学,作为机械能整体教学的一个有机部分,把功和动能定理作为一个整体来研究,就能较容易地解决上述把功和动能定理分开教学很难回答的问题。探究发现动能的变化 $\frac{1}{2}mv_2^2 - \frac{1}{2}mv_1^2 = \vec{F} \cdot \vec{x}$,即物体的受力和位移决定了动能的变化,变化量等于 $\vec{F} \cdot \vec{x}$,所以在物理中引入功的概念,并定义功 $W = \vec{F} \cdot \vec{x}$,由此也得到合外力做功是物体动能变化的量度。当学习了其他多种能量的变化和转化之后,自然会得到功是能量转化的一般结论。

　　另外,内核探究教学的设计是基于教学的整体性和系统性分析,所以能节省教学时间,提高教学效率。在传统的教学中,功和动能定理分开教学至少要占两节课,但把它们整合在一起教学,只要一节课就够了。

第二节　内核探究教学的基本步骤

　　内核探究教学有如下几个主要步骤:确定知识系统;明确核心知识;创设内核问题;探究生成内核;发展形成体系。

1.确定知识系统

　　内核探究教学的基本思路是集中力量突破知识系统的内核,从整体上把握知识系统,所以内核探究教学首先要确定知识系统。

　　知识在相互之间的关系中获得意义。对任何一个知识点,都有合适的系统使它的意义得到充分的反映。例如,只以功本身为系统来学习功就无法理解下列问题:力与位移不在同一方向时,功为什么定义为 $W = Fx\cos\theta$？负功的意义是什么？为什么说功是能量转化的量度？当然,这些问题的答案学生都会在教科书和教师那里获得,但往往是较为机械、缺乏意义的。而在关于动能变化的知识系统中,功在与动能变化的关系中获得了自己的意义,上述各个问题也就自然得到了有意义的解决。

下面再以磁通量概念的学习为例,说明确定知识系统对于教学的重要性。各种中学教材几乎都是先独立介绍磁通量的概念,然后在学习电磁感应现象时,用它来描述产生感应电流的条件。这样分开学习,学生就无法理解物理中为什么要引入磁通量的概念,磁通量为什么是这样定义的。在独立学习了磁通量概念之后,再来探究电磁感应现象的产生条件,就流失了很多探究性,增加了很多机械性。如果把磁通量与电磁感应现象的产生条件当作一个知识系统,通过探究"电磁感应现象的产生条件"进行学习,那么学习过程将更加具有探究的真实性,并且通过探究式学习,使学生对两者的理解也更加深刻。试看下面的教学实例。

例 磁通量与电磁感应现象的整合教学

(1)实验演示

用图 3-9 装置,演示图 3-10 所示的产生感应电流的各种情况。在图 3-9 中,通电线圈能在空间产生磁场,两个磁极之间的磁场较强,磁极所对的空间以外部分的磁场较弱,调节变阻器的电阻能改变磁极之间磁场的强弱。导线圈 P 可变形,它的两端与灵敏电流计连接。

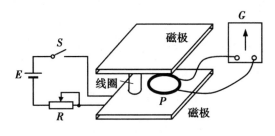

图 3-9

(2)提出问题

线圈不变,磁场变化,能产生感应电流;磁场不变,线圈变形或运动,也能产生感应电流。那么,产生感应电流的条件到底是什么呢?

(3)思考讨论

给学生足够的时间,让他们充分发表意见。

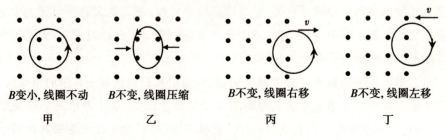

B变小,线圈不动　　B不变,线圈压缩　　B不变,线圈右移　　B不变,线圈左移

甲　　　　　　　乙　　　　　　　丙　　　　　　　丁

图 3-10

生1:产生感应电流的条件可以概括为导体要切割磁感线。

教师质疑:图甲中导体并没有切割磁感线,为什么也会产生电流?

生1:图甲中磁场变弱了,相当于线圈中的磁感线向外散开,这时线圈也切割了磁感线。

教师肯定这是一个很有创造性的想法,并从"切割"的角度解释图乙、丙和丁三种情况。

师:是不是只要"切割",就一定能产生感应电流呢?例如图3-11所示的情况,线圈中有感应电流吗?

生:没有感应电流,因为"切割进去"与"切割出来"的磁感线条数相同。

图 3-11

实验演示,确实没有感应电流。

师:除了用切割的方法判断,还有没有其他的判断方法?

过了一会儿,生2:产生感应电流的条件是相对于线圈的磁场发生了变化。

教师追问:"相对于线圈的磁场"是什么意思?

学生2不能回答。

师:你认为在图3-10甲中,相对于线圈的磁场是怎么变的?

生2:变小。

师:图3-10乙中,相对于线圈的磁场是怎么变的?

生2:变小。

学生2还回答了图3-10丙、丁相对线圈的磁场分别是变小和变大。

师:可以听出你这个"相对于线圈的磁场"不是线圈中磁感应强度的大小,而是通过线圈的磁场的……

很多学生:多少。(感悟内核)

（4）整理成果

教师指出，在物理中，把通过一个面的磁场的多少叫作磁通量。由分析得到磁通量的定义式 $\varPhi = BS$。比较用"切割"和磁通量变化这两种表示产生电磁感应现象条件的方法，认识到它们是相通的，但用磁通量能在所有情况下进行定量描述，得到产生感应电流的条件。

也并非一定要把教材中的几个知识点整合成一个知识系统来教学。内核探究教学的要义是，依靠知识的系统性，通过突破知识系统的内核来整体地建构知识，从而达到高效、优质学习的目的。如果教科书中的一小节知识对学生来说本身就是一个有完整意义的整体，那么就可以以这一小节为系统进行教学。如果教科书中的一节内容过多，我们不可能在一节课的时间内完成教学，那么我们也可以把内容拆分成几个部分分开教学，但一定要尽力使每一部分内容是一个具有自己本质意义的小系统，使各个小系统的关系能反映大知识系统的本质意义。如果几个本来分开的知识，必须把它们作为一个系统来教学，才能更好地揭示它们的意义，那就应该创造条件或做合适的安排，把它们作为一个系统来教学。要不要把几个知识整合成一个系统？把哪些知识整合成一个系统？要不要把一个大的知识系统拆成几个小的知识系统？如何拆解？这些既与知识结构有关，也与其他教学条件有关。这些教学条件包括学生的知识基础和能力水平、可以利用的教学资源（如实验设备）、课时安排等。在我国，一般地一门学科一次只上一节课，一节课 45 分钟左右，这限制了大系统的探究式教学的进行。

2.明确核心知识

知识系统中的各个知识并非地位平等，其中有些知识处于核心地位，叫作核心知识。核心知识决定了知识系统的本质意义和整体意义，其他知识在与核心知识的关系中获得自己的地位和意义。学生只有理解了核心知识及其意义，才是从整体上和本质上把握了知识；教师只有理解了核心知识及其意义，才能指导学生进行有重点的探究。

只从教科书的表述，很难确定核心知识。首先是用语言文字表述的知识，只是知识可表述的部分；其次，教科书的表述重在知识之间的逻辑关系和从最基础的知识开始的知识之间的推演关系，不能直接反映不同知识在系统中的地位;再次,教科书表述的只是结果,一些过程性的考虑和非逻辑的价值判断往往退到了幕后。例如,对于功和动能定理的知识,一般教科书只给出功的定义、功的公式和动能定理。至于为什么要定义功,为什么要这样定义功,这样一些更本质的问题并没有论述。事实上,正是因为 $\frac{1}{2}mv_2^2 - \frac{1}{2}mv_1^2 = Fx\cos\theta$,

物理中才引入功 $W = Fx\cos\theta$,才有了动能定理 $\triangle E_k = W_合$。可见,$\frac{1}{2}mv_2^2 - \frac{1}{2}mv_1^2 = Fx\cos\theta$ 才是功和动能定理知识系统的核心知识。为了找到知识系统的核心知识,教师需要反复分析知识之间的关系,比较不同知识在系统中的地位,其中最基本的决定了知识系统整体意义的概念或规律就是内核知识。一种常用的方法是,教师反思自己的认识过程,而其中理解上的要点或关键点,往往就是核心知识之所在。

当然,哪怕我们知道核心知识是什么,但由于人们对知识的理解存在着不同层次,所以在教学中对核心知识的处理还要注意基础性。这就是说,对核心知识理解程度的要求,要符合学生的实际,不能让学生不可理解,也不能过分容易。这要求教师既要分析教学内容,又要认真分析学生身心发展的特点,把握学生身心发展的顺序性、阶段性及个体差异,找到教材和学生发展的适应点,循序渐进地开展教学。

例 初中和高中对电压的核心意义的表述

总体上来说,电压的意义就是使导体产生电流的原因。但由于初中学生和高中学生的知识基础和理解能力不同,教学中对电压意义的表述也应该不同。

对初中学生,应该通过演示让学生看到,电路即使闭合,如果没有接入电源,虽然导线中有自由电子,它也不会定向移动形成电流使小灯泡发光。而接入电源,电路中就有电流使小灯泡发光。可见电源有一种"力量",能推动自由电子定向移动形成电流。换用不同的电源,小灯泡的亮度不同,说明不同电源推动自由电子定向移动的"力量"不同。类比于水流形成的水压,我们把电源(或某一段电路两端)推动电子定向移动的这种"力量"叫电压。也就是说,对初中学生,我们可以把电压的本质意义表达为存在于导体两端、推动其中的自由电子做定向移动形成电流的"力量"。

对于高中学生,电压同样也是在导体中形成电流的"力量",但由于高中学生已经学习了电场、电场力做功和通过电场力做功使电能与其他能发生转化的知识。所以,这种"力量"可以明确地表示为电场力在电路两端之间移送单位电荷所做的功,也即单位电荷通过电路电能转化为其他能的数值。

3.创设内核问题

明确了核心知识后,随后需要将其转化为内核问题。学生通过对内核问题的探究,建构起要学习的知识。

如果说寻找核心知识主要是分析知识之间的本质联系,属于教学内容分析,那么创设内核问题情境就属于教学方案的设计,需要考虑学生的原有知识经验和心理需要,以及实验器材、学习资料等与教学过程相关的各种因素。

为了能激起学生主动地投入探究,创设的内核问题情境应该具有真实性。这里的真实性是指问题引起的思维探索活动是真实的,而并非要求问题一定要有实际情境。具有真实性的问题,应该是开放的问题、结构不良的问题。这样的问题最初可能是模糊的,需要进一步界定;解决问题可用的条件不是给定的,需要学习者从自己的知识经验、问题背景和其他信息源去主动寻找;解决问题的途径是不确定的,需要学习者提出并尝试各种解决方案;问题探究的结果对于学习者来说是新颖的,判断的标准是看它是否与已有的、被确认的知识经验在逻辑上相容,能否在班级范围内达到协商一致,能否解释新的经验事实。

传统教学也大量使用问题,使学生通过解决问题来学习。但传统教学中使用的问题,大多是经过教师深度加工而成的高度理想化、模型化和抽象化的问题,是结构良好的问题。一种是问答式的问题,即教师根据结论与已知条件之间的逻辑关系铺设的前后相继的一系列小问题。这些小问题足够简单,不需要多大的思维努力就能回答,学生依次回答了这些问题就得到了最终的结论。另一种是训练式的问题,这种问题的条件充分而明确,需要根据已经学过的概念、规律和方法,才能够得到确切的答案。这样的问题,大部分可以由学生独自解决,解决问题的过程即使有同学之间的讨论交流,也主要在于解题思路和解题过程的相互帮助上,而较少有新的知识和方法的生成,所以这样的讨论交流是浅层次的。解决这样的问题主要是为了复习、巩固所学知识,为了培养运用所学知识解决问题的技能和能力。通过问答式问题和训练式问题的"探究"得到的知识和技能是"惰性"的,只能用它解决熟悉的问题。

强调问题的真实性,是因为真实的问题才能激起真实的探究。真实问题的结构不良特性引起的复杂性有利于激发课堂讨论,只有解决这样的问题才能真正培养学生的探究精神和探究能力。要解决这样的问题,每个学生不是从统一的、明确的已知条件出发,而是需要从自己的知识经验和问题背景中寻找有用的信息,构建个性化的、试探性的猜测或假设。通过对不同观点的比较、启发、碰撞和竞争,最后才形成了与每个成员的知识经验相协调并为大家所共同接受的结论。在这个过程中,每个学生的独立思考能力、创新思维能力、批判性思维能力和交流合作能力得到了切实的锻炼。

通过解决结构不良问题获得的知识是活性的,能够被新情境中某些隐含的细微线索所激活,能够自动改变形式以适应于新的、变化的情境。

在教学中创设的内核问题情境可以分为两类:一类是学科问题情境,另一类是实际问题情境。

所谓学科问题情境,是由于学科知识自身发展的需要或者学生求知的需要直接提出学科性问题。例如,在初中物理中学习了电压和电阻这两个物理量之后,自然会产生这样的问题:电压越大,对电路中电流的推动作用越大;电阻越大,对电路中电流的阻碍作用越大。那么电路中的电流与电压和电阻到底有什么关系? 这是学科知识自身发展需要产生的问题。在学习了产生电磁感应现象的条件之后,教师问学生:"如果你们自己是科学家,发现了电磁感应现象之后,接着你们将进一步研究什么?"一些学生回答要研究感应电流的大小和方向,有些学生回答要研究感应电流是怎样产生的,这些问题就是基于学生的求知需要提出来的。

实际问题情境是蕴含有需要研究的学科问题、有丰富细节的现实情境。在中学物理教学中,通过实验现象呈现需要研究的问题是一种常用的教学方法。例如,让学生探究水平气垫导轨上两个滑块相碰撞,滑块的速度变化与质量有什么关系。学生通过对实验数据的研究将发现,碰撞前后滑块的质量与速度乘积之和保持不变,这就得到了动量知识系统的核心知识,即动量概念和动量守恒规律。基于实际问题情境开展的探究有如下两个优点:面对实际情境,学生探究更有动力;建构起的知识与真实现象相联系,具有客观真理性,对学生来说更有意义。依托实验的问题探究的最大优点是,学生得到的结论可以用实验进行验证,这能极大地激起学生的探究热情。

例3　初中物理"大气的压强"的教学情境设计

人们一直生活在大气中,适应了大气对我们的强大压力,因而对大气压强几乎没有察觉。为此需要设计现象明显、出人意料的与大气压强有关的实验现象,激发学生探究。

图 3-12

如图 3-12 所示,一个水桶中盛有红糖水,置于地面。一根内径约 1.5 mm、长约 3 m 的柔软透明塑料管(可用医院中为病人挂盐水的塑料管连接而成),下端置于水桶的红糖水中。

师:大家都用吸管吸过饮料瓶中的饮料。这个水桶中盛的是红糖水,看谁能站着通过这根长塑料管吸到红糖水。

一个学生自告奋勇地上来吸红糖水,结果一口气吸不到糖水。教师指导她连续吮吸,结果她吸到了糖水。

师:看谁能站到梯子的第一级上吸到红糖水。

同一个学生站到梯子的第一级上吸到糖水。她自己又自动站到梯子的第二级上吸到糖水。但站到第三级上她无论如何用力都吸不到糖水。

师:谁厉害一点,能在第三级上吸到糖水?

几个学生自愿上来尝试,其中一人站在第三级上能吸到糖水,但所有学生都不能站在第四级上吸到糖水。经测量得知,糖水在管中能被吸到的最大高度约为 2.2 m。

师:为什么当人站到一定高度时,不管怎样用力都吸不到糖水?

大多数学生认为是由于人的"吸力"有限。

师:如果我们在下端插在水中的管中装一个活塞,用外力拉着活塞向上移动来吸水,这样我们就能对下端的水产生很大的"吸力"。早在伽利略时代人们就想到了这个方法。但人们发现,当活塞向上移动的高度小于 10 m 时,管中的水随着活塞的上移而上升;当活塞向上移动的高度超过 10 m 时,管中的水就不再上升,活塞与水面之间出现了真空。伽利略逝世的第二年,他的两个学生托里拆利与维维安尼一起在佛罗伦萨做的"托里拆利实验"表明水银在管中最多能上升 76 cm 的高度（同时演示）。

师：为什么人们无法把水、水银或其他液体吸到很大的高度呢？

接着引导学生展开探究，最后得到大气产生一定压强的结论。

4. 探究生成内核

确定了知识的核心，创设了问题情境，这在内容上确定了探究点。但还必须注意，对内核问题的探究教学，不能用发现问题、提出问题、猜测假设、设计方案、实施方案、记录数据、处理数据、得出结论等环节序列去规范学生的思维。这些环节序列反映了人们的一般探究过程，人们为了解决问题进行的自主探究自然会遵循这样的过程。而有意识地按这一环节序列推进思维，反而会阻碍问题的解决，因为这时人的注意力更关注让自己的思维去满足一种形式，而不是去寻找问题的解决方案。并且探究过程是十分复杂的，一般是非线性的、反复循环的过程，并不是一个简单的、若干环节前后相继的线性过程。课堂中对内核问题的探究，应该在学生为解决问题的自主探索的牵引下前进。当然，在此过程中，也并非所有涉及的问题都要学生探究解决。教师应发挥主导作用，使学生的精力集中于教学内容的重点和探究的难点，以使学生通过探究深刻理解学习内容，同时提高探究能力。

例 探究单摆的周期

在学习了单摆模型和证明了在摆角很小的情况下单摆的运动是简谐运动后，学生自然会思考单摆的周期由什么决定的问题。这时提出这一问题，学生会提出各种猜测。他们认为单摆的周期可能与摆长、重力加速度、摆球的质量、摆球的材料及振幅等因素有关。

根据教学目标，可以把进一步的课堂探究重点确定为单摆周期为什么与振幅无关和与摆长有什么关系。

通过演示，让学生观察到单摆周期与振幅无关，然后让学生从理论上提出解释。这里要给学生足够的时间进行思考和探讨。

对于单摆的周期与摆球的质量和材料无关，教师可以只进行演示，让学生课外去寻找解释。有了探讨周期与振幅关系的经验，学生在课外自己能够解决这个问题。

至于周期与重力加速度的关系，教师可以在铁质摆球下放置磁铁予以定性演示，让学生在了解单摆的周期公式后，用它测定当地的重力加速度进行验证。

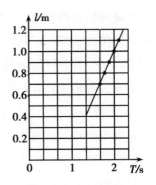

图 3-13

探究周期与摆长的关系，重点应放在让学生通过实验获取数据并从中找出规律上。至于实验方案，如"摆线和摆球的选择""摆线上端的悬挂方式""摆长的测量""周期的测量要点"等方面的内容，则可以用授受的方式或学生自学的方式进行。在学生得到数据之后，应该花时间让学生自主去寻找关系，不能像下面这样去"规范""引导"学生的探究："对周期 T 与摆长 l 的定量关系做出猜测，例如可能是 $T \propto l$、$T \propto l^2$，或者 $T \propto \sqrt{l}$、$T \propto \sqrt[3]{l}$……然后按照猜测来确定纵坐标轴和横坐标轴，作出图像寻找关系。"学生按教师或教科书的上述引导去寻找关系，那只是走程序，毫无探究性可言。学生不一定用作图像的方法去寻找关系，也不一定猜测周期与摆长是幂函数关系。例如，有学生通过计算 T/l，发现它随 l 的增加而减小。他认为这是由于分母增加得太快了，转而去计算 $T/\sqrt{l}$，发现 $T \propto \sqrt{l}$。有学生测出摆长分别为 70 cm、80 cm、90 cm、100 cm 和 110 cm 时对应的周期，作出 $l-T$ 图像，结果是如图 3-13 所示的一条直线。与同学交流后发现，这是摆长 l 的取值范围不够大所致。学生自主探究的途径比教师为他们设计的途径更为多样，学生的收获自然也比教师设想的更为丰富。

对于内核问题，教师要让学生进行全面而充分的探究，直至有所发现、有所感悟。

学生感悟的产生与下列几个因素有关：适当难度的问题；丰富的知识经验积累；足够的酝酿时间；适度的思维紧张；合适的外界刺激。

适当难度的问题能激发学生解决问题的内部活动。对于内核问题，我们强调了问题的真实性，真实的问题自然是具有一定难度的问题。另外，真实的问题必然是整体性、综合性的，这也有利于学生全方位考虑问题，找到解决问题的突破口。因为，如果主体面对的是拆解式问题，就被局限了思维空间，而感悟一定是整体发生的。当然问题也不能难到超出学生的能力范围。

丰富的经验积累,为个体提供了足够的思维材料。上面强调的问题要得到认识主体的支持,讲的就是学生要具有解决问题需要的知识经验基础。同时,在教学中,教师可以通过演示实验为学生提供清晰的感性材料,帮助学生回忆起有关的感性经验。例如,在瞬时速度的教学中,教师提问:在日常观察中,你是怎样判断运动物体通过某一点比通过另一点快的? 就能唤起学生在日常观察中判断运动物体速度变化情况的映像。

足够的思考时间是获得感悟、发现的重要条件。思考是一个复杂的、无法完全描述的内部过程,在这个过程中,个体不断地选择、调整、转换、拆解、重组头脑中相关的知识经验、显意识元素、潜意识元素和模糊意识元素等,直至产生意义。这个过程由于涉及无法感知的潜意识,涉及捉摸不定的意象,并包含了直觉、灵感、感悟等直接的思维方式,是无法完全用意识控制的,所以需要足够长的酝酿时间。内核探究教学找准了知识的核心,有时间让学生进行充分的探究。问题是,习惯于自己讲解的老师,忍受不了课堂上学生思考时自身的寂寞,或者为了表现自己的高明,往往过早地打断学生的思考,给出结论。所以,从某种角度讲,能否给学生足够的思考时间,是教师有无转变教学观念的重要标志。

适度的思维紧张,能加速思维活动,增强思维的敏感性,从而促进感悟的产生。教师可以从如下三个方面入手制造适度的思维紧张:一是创设的问题情境对学生有吸引力,学生主动地投入到问题解决中,急于解决问题而后快。二是通过评价、表扬、鼓励等办法,造成班集体适度紧张的竞争氛围,从而转化为学生以先想出答案为荣的内心追求。三是鼓励不同观点的交锋,不同观点的碰撞,最能产生急智,触发感悟。

感悟往往是受到外部或内部某种刺激而触发的。在课堂教学中,老师和同学的观点是最重要的刺激。教师应该创造民主和谐的课堂氛围,使所有学生都投入到对问题的思考和探讨中,都能自由地发表自己的观点,从而使课堂中的观点多样丰富。在这样的课堂中,每个人都可能从他人的观点中得到启发,每个人的观点也可能成为他人的启发。

另外,强调感悟,要正确处理思维探索与实验探索的关系。在教学中,思维探索应该处于更重要的地位。因为实验能为思维提供必要的信息,能证实感悟得到的结论的正确性。总之,最终来说,实验是为思维服务的。教学中应该避免这样的情况:通过实验得到足够的信息,然后容易地、"必然"地得出了结论,造成科学发现是十分容易的假象。

5.发展形成体系

不能只按现成的学科表述体系进行教学,并不是要在教学中完全排斥清晰而简明的知识体系。为了便于记忆、应用、交流和传播,探究的成果还是应该整理成有一定内部结构的、符合逻辑的知识体系。

教师可以从下面几个方面引导学生建立知识体系。

(1)使核心知识明晰化。学生探究形成的感悟或发现的最初形式,可能只是一个朦胧的想法,表达出来的可能只是一些不清晰、不规范的断断续续的说法,需要教师依靠自己的学科敏感性,去解读学生的真实意图,然后利用追问、提示等方式,使学生明确自己的思想。

(2)使核心知识结构化。最初的发现是浓缩的,需要分析出包含的各个要素,并用清晰的语言进行表达,必要时建立新的概念,并给出明确的定义。最后,还要明确各要素之间的关系。

(3)拓展核心知识的意义。在课堂教学中,学生的发现是在一定范围内实现的,可以根据情况,将其拓展到更广的范围。

(4)建立新知识与其他知识的联系。弄清与相近知识的区别与联系;建立与相关知识的逻辑关系;赋予原有的相关知识以新的意义,或者修正某些原有知识。例如,有了瞬时速度的概念之后,我们就知道匀速直线运动就是瞬时速度不变的运动。

(5)与实际现象相联系。用新建立的知识解释实际现象,或推出可以用实验验证的结论。

需要指出,教学上的探究是为了理解所学知识,提高探究能力。不同于历史上的真实探究,是为了增进人类知识。所以并非所有时候都要把探究的结果提炼成用明确语言表达的结论,有些时候,只要学生通过思考对问题有所感悟就好。

第三节　内核探究教学中接受式学习与探究式学习的统一

　　探究意味着面对未知,要通过猜测、尝试、验证等方法去建构知识,所以获取知识的过程费时费力;相反,从教师那里或书本中以定论的形式接受知识,则是一种省力而高效的方法,但同时失去了大量思考、探索的机会。如何使两种学习方式有机结合,以取得良好的学习效果,是教学理论和教学实践中的一个重大课题。

　　对于具体内容的教学,什么地方可以也应该采用授受的方式进行? 什么地方必须通过探究的方式进行? 这两部分教学如何结合? 这是必须解决也很难解决的实际问题。教师们在处理这种关系时极易滑向两个极端:其一,一味地自己讲解教学内容,再配以大量例题和练习题加以训练,使学生的学习成了机械记忆、重复熟练的过程;其二,片面追求探究,对什么内容都进行探究,所有探究都按照发现问题、提出猜想、设计方案、收集证据、得出结论和总结评价这样的"标准步骤"进行,导致课堂探究无法深入,最终流于表面和形式。内核探究教学为实现接受式学习与探究式学习的有机结合找到了有效途径。

　　为了真正理解接受式学习与探究式学习有机结合的重要性和必然性,理解如何通过内核探究教学实现两者的有机结合,我们需要先了解学习的接受性和探究性,接受式学习和探究式学习以及它们的关系等方面的知识。

1. 学习的接受性与探究性

　　接受就是对事物接纳而不拒绝,对外界的给予收受而不拒绝。探究就是探求、寻找和求索。接受与探究的区别在于接受是得到现成的东西,探究是寻求需要的东西。

　　个体认识外界的过程,要接受外界的信息,或者是用感觉器官获取外界的信息,或者是通过语言文字符号唤起与其对应的心理意义,这个过程就是接受。人与外界接触、相互作用,能得到关于外界的信息,这就是人的认识的接受性。接受性是人的认识的本质属性之一。如果没有接受性,人就不能获得关于外界的信息,也就不可能形成关于外界的知识。人们为了一定的目的主动地寻找各种现成的资料,或者主动地观察外界现象,或者主动地变革客观事物以获取信息,都是积极的探究活动。个体获得一定的自身与外界相互作用的经验之后,会努力去建立一种模式或图式用以整理这些经验,描述这些经验之间的关系,这个过程也是探究。个体总是主动地从外界获取各种信息,个体的内部世界不是大量经验的无序堆积,个体总是会通过积极主动的加工整理,使其成为有复杂结构的关于经验的解释系统,所以探究性也是人的认识的本质属性之一。接受性和探究性是人的认识的两个基本属性。在实际的认识过程中,它们是同时存在、相互依赖地起作用的。我们在一定的心理需求的驱动下,在注意的支配下,去有目的地接受外界的信息。当我们建立起某一领域的经验的模式,就能更好地感受这一领域的经验。

人类积累起来的知识,总是以语言、文字或图形等符号为载体的。个体学习前人积累起来的知识,要感受作为知识载体的语言、文字或图形,并唤起各个词语、图形符号的心理意义。如果不懂这些词语、图形符号的意义,那么就不可能形成以它们为载体的知识的意义。所以能感受这些词语、图形符号的意义是学习以它们为载体的知识的前提条件,这就是学习的接受性。但是,懂得了表征知识的各个词语、图形符号的意义,并不等于就懂得了被表征的知识的意义。因为知识的意义不是各个词语、图形的意义的代数和,而是由这些词语、图形的意义及它们之间的相互关系共同作用而产生的新意义。这种新意义需要学习者自己去主动建构,这就是学习的探究性。

例　关于电动势概念的学习

"电源的作用是使外电路两端保持一定的电压$U_外$。外电路的负载发生变化时,外电路两端的电压$U_外$会发生变化,原因是电源的内部有电阻,因而电源内部也要消耗电压。实验发现,对于一个确定的电源,外电压$U_外$与内电压$U_内$之和是一个定值E,这个定值E是电源产生电压的本领,物理中把它定义为这个电源的电动势。另一方面,电源是把其他能转化为电能的装置,从能量转化角度看,外电压$U_外$是单位电荷通过外电路时电能转化为其他能的值,内电压$U_内$是单位电荷通过内电路时,电能转化为内能的值,$(U_外+U_内)$是单位电荷通过整个电路时,电能转化为其他能的值,由能量转化和守恒定律知道,E就是单位电荷通过电源时其他能转化为电能的值。所以,电源电动势E反映的是电源把其他形式的能量转化为电能的本领。"

人们可以通过学习这一段文字来理解电动势的概念。为此,必须先要理解电源、外电路、内电路、外电压、内电压的概念,必须要理解能量转化和守恒定律。人们必须通过这些已知其意义的概念和规律去学习电动势概念,这就是学习的接受性。但是,这还只是必要条件,并不是理解了上述概念和规律的意义就能必然地理解电动势概念。首先,他应该通过实验去证实$(U_外+U_内)$是一个定值,不然,他的学习多少带有机械记忆的性质。其次,他必须以这些概念和规律的意义为基础,理解每一句话的意义,然后从各句话的关系中建构起电源电动势的概念。例如,由$U_外$,$U_内$的能量转化意义到$(U_外+U_内)$的能量转化意义,再到E的能量转化意义,都是不断的意义生成的过程,是对原有的电压概念和能量转化守恒定律进行调整、变式和重组,并与电路这种具体情况相结合而产生的。这个过程必须付出一定的心智努力,这正是学习的探究性。

探究性和接受性是学习的两种基本属性,它们表面上是排斥的,实则统一于真实的学习活动中,正如波动性和粒子性是物质同时具有的基本属性一样。

2. 接受式学习与探究式学习

接受性和探究性是学习的两种基本属性,而接受式学习与探究式学习则是指两种学习方式。学习方式按外显的学习行为来定义。更多地依靠学习的接受性,表现出较明显的接受行为的学习活动属于接受式学习;更多地依靠学习的探究性,表现出较明显的探究行为的学习活动属于探究式学习。不存在只依靠学习的、接受性的、纯粹的接受式学习,也不存在只依靠学习的、探究性的、纯粹的探究式学习。在有意义的接受式学习中,一定发挥着学生自主探究的作用。例如,学生完全听教师的讲授来学习,他只是较多地依靠了学习的接受性。但是学生要理解教师讲述的语句的意义,要形成对教师一大段的讲述所蕴含的整体意义,仍然需要付出心智努力,需要获得感悟。探究式学习一定也是以学习者的接受性为前提的。例如,学生对一个问题提出猜想,自己设计实验,通过实验获取数据,分析数据得出结论,这是典型的探究式学习。但是其中任何一个环节都离不开接受性。关于"设计实验"环节,学习者应该知道所需器材的使用方法、功能和作用,如果不知道这些,可以阅读器材的说明书;学习者要应用原有的知识了解不同器材的连接、组装、配合使用的方法以及可能产生的总的效果。通常情况下,学习者不必用探究的方法搞清所用器材的功能、作用、使用方法以及如何连接、配合使用等方面的知识,更不必自己去制造需要的器材。

接受式学习与探究式学习都是人类不可缺少的学习方式。人类的文化知识是由前人认识成果的积累,这本身既表明了文化知识是由前人探究产生的,也表明了文化知识是可以通过接受的方式被继承的。人类自身在创造文化的过程中与文化一同进化。任何正常的个体,既具有接受外部信息的本领,也具有探究外部世界的本领。个体只有通过接受式学习才能迅速地获得正常生活、工作需要的知识经验。同时,个体也只有积极地开展探究式学习,才能使自己所学的知识适应多样化的情境,并尽可能在原有文化知识的基础上有所创新、有所创建。

3. 接受式学习与探究式学习的关系

接受性与探究性是学习的两个对立统一、相辅相成的属性,这决定了接受式学习与探究式学习之间相互制约、相互促进的关系。

接受式学习与探究式学习是相互制约的两种学习方式。如果一味地采用接受式的学习方式,虽然能在短时间内获得大量的知识,但由于对所学的知识缺乏深刻的理解,将造成进一步的接受学习缺乏牢固的基础。当然如果过分强调探究式学习,就不能依靠原有的知识经验获取更多知识。没有深厚的知识做支撑,学习者就无法探究更高层次的问题。

接受式学习为探究式学习创造条件并促进探究深入。首先,探究需要的基础知识可以通过接受式学习高效地获取。不具备一定的知识基础而进行的探究式学习,其效率必然是低下的,学习也只能是盲目的、机械的"试误"探究。其次,接受式学习中,当我们无法用原有的知识同化新知识时,就容易吸引我们投入到对新知识的探究之中。再次,广泛的接受式学习有利于我们积累丰富的知识,形成宽广的探究视野,提出更高级、更具重要性的研究课题。

同样,探究式学习为接受式学习创造条件并促进接受学习不断深入。首先,接受式学习的进行需要必要的具体经验做支撑,而探究式学习是获得具体经验的途径之一;接受式学习中要运用过去所获得的知识作为同化新知识的"固定点",这些作为固定点的原有知识当然包括在探究式学习中获得的知识。从这个意义上讲,探究式学习为接受式学习创造条件。其次,探究式学习需要一定的知识基础,而这些知识基础不必都是事先具备的。如果由于探究的需要进行接受式学习,那么探究就成了接受式学习的动力。探究问题被解决之后,为了探究而以接受的方式获得的知识就在更高的水平上被组织和理解。所以,探究能大大促进接受学习的进行。再次,通过探究获得从而也被深刻理解的概念、规律和方法,得以培养的分析解决问题的能力,为进一步的接受式学习开辟了新的领域,增强了同化新知识的能力。

接受式学习与探究式学习是相辅相成的。但从上述两者的关系可以看出,在人们的学习中,探究式学习是矛盾的主要方面。探究产生学习的动力,决定着学习的方向。探究使我们对所学的知识理解深刻,而且只有被深刻理解的知识才能为我们灵活运用,才能成为我们进一步学习的基础。与探究相联系的创新能力,是我们最需要培养的学习能力之一。

4. 接受式学习与探究式学习统一于内核探究教学

在人们自主进行的有效的学习活动中,学习者总是以原有的知识经验为基础,与外在的新知识发生相互作用。当原有的知识经验能同化新知识时,学习者将用接受的方式快速地获取新知识;当原有的知识经验无法同化新知识时,学习者将投入探究活动,直至建构起新知识的意义。可见,在人们自主进行的有效学习中,把接受式学习与探究式学习自然地结合在一起,能接受时接受,该探究时探究,使学习的效率达到最大。

教学要遵循学习的规律,既要能充分发挥接受式学习和探究式学习的优势,更需要教师通过合理的安排,创造合适的条件,发挥接受式学习与探究式学习相互促进的功能,促使学生更快更好地学习。接受式学习与探究式学习的关系告诉我们,对问题的探究能产生学习的动力,能带动对相关知识的接受式学习。而任何一个知识体系都具有自己的内核。在知识的内核处设置问题,让学生对内核问题开展探究,能产生强大的学习动力,能促进学生对相关知识的接受性学习,极大地提高教学效率和教学效果。

内核探究教学中探究式学习与接受式学习的具体结合方式与教学目标、教学内容的难度、学生的知识能力基础、教学时间和设备条件等因素有关,常见有如下三种方式:

(1)接受—探究式

对于一些难度不大或教学要求不高的内容的教学,可以先让学生自学或听教师的系统讲解,然后让学生提出疑难问题。学生提出的疑难问题,就是理解这部分内容的核心问题。接着,教师引导学生探讨这些问题,通过探讨,使学生达到对所学内容理解更深刻更全面之目的。如高中物理"机械运动和参考系""匀速圆周运动""电荷及其守恒定律""磁现象和磁场"等内容,初中物理"长度和体积的测量""温度的测量""大气层"等内容都可采用这样的教学方式。

对于一些理解难度很大,在历史上是几代甚至很多代科学家共同努力得到的基本概念和基本规律,以及一些内容抽象、学习者没有足够的感性经验也不可能在课堂上通过实验获得感性经验的知识的学习,可以先听教师进行系统的讲解,然后让学生提出疑难问题并进行探究。通过探究,以达到更好地理解所学内容的目的。如高中物理"向心加速度的推导""热力学第二定律""光电效应和光子说""玻尔原子理论"等内容,初中物理"耳和听觉""金属导电的微观解释""核能的利用"等内容都可以采用这样的教学方式。

(2)探究—接受式

通过对一个知识体系内核问题的充分探究,获得解决问题的感悟或发现,建立核心的概念或规律,然后以此为基础,用接受式学习的方式,快速地学习知识体系中的相关知识。在这里,对内核问题的研究,为接受式学习开辟了新领域。随后的接受式学习,丰富和完善了探究式学习的成果。

例 电源电动势和闭合电路欧姆定律的教学方案之一

内核问题:电源的作用是维持电路两端的电压。电源两端的电压,可以用电压表直接测量。当外电路接通时,会看到电压表的读数突然减小。在初中,我们都认为电源两端的电压是一定的。现在,我们看到了接通外电路时,电源的电压减小了,是怎么回事?

问题研究:通过充分的讨论提出这样的猜想,即电源内部也有电阻。当电路接通有电流时,电源内部也要消耗一定的电压,导致电源两端的电压减小。这个猜想中包含着两个假设:电源能产生一定的电压;电源通电时电源内部消耗一定的电压,这个电压等于电源两端减小的电压。然后用如图 3-14 所示的装置进行研究,其中电压表 V_1 测量外电压 $U_外$,电压表 V_2 测量电源内部的电压 $U_内$,实验发现 $U_外 + U_内$ 为定值,验证了猜想。以此为基础建立起电源电动势的概念,结合部分电路欧姆定律得到闭合电路欧姆定律。

接受式学习:有了电动势的概念和闭合电路欧姆定律,电动势的能量转化意义和电路中的能量转化关系、闭合电路中电势的升降、电源两端电压随外电阻的变化情况、测量电源电

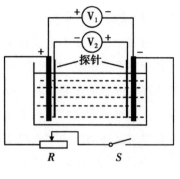

图 3-14

动势和内电阻的方法、电源的输出功率等内容可以通过听教师讲授或学生自己阅读教材等接受式的方法学习。

(3)接受—探究—接受式

先接受性地学习某一知识体系的基础性知识,然后寻找这一知识体系中的核心问题。然后探究解决这一核心问题,为先前接受式学习的知识提供坚实的实验或理论支持。接着,进一步接受性地学习这一知识体系中的其他知识。

例 电源电动势和闭合电路欧姆定律的教学方案二

接受式学习:由图 3-15、图 3-16 理解电源的作用,在电场力的作用下电子经过导线从 B 运动到 A,"电源"这种装置在"非静电力"的作用下不断地把电子从 A 运送到 B,从而使 A,B 之间保持一定的电势差,使电路中保持持续的电流。

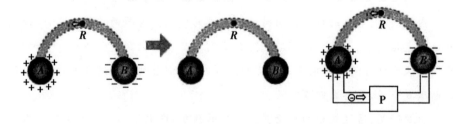

图 3-15   图 3-16

非静电力克服电场力把负电荷从正极运送到负极(或等效地把正电荷从负极运送到正极)做功的过程,就是把其他形式的能量转化为电势能的过程。

非静电力做的功 W 与移送电荷 q 的比值,反映电源把其他能转化为电能的本领。物理中把它定义为电源的电动势 E,即 $E=\dfrac{W}{q}$。可以理解,电动势由电源中非静电力的性质决定,与通过电源的电荷量多少无关。

电流通过电源内部,由于自由电荷之间的碰撞和自由电荷与其他物质微粒之间的碰撞也会产生阻碍,所以电源内部也有电阻,这个电阻叫电源的内阻。

对图 3-17 所示的电路,设闭合开关 S 后电路中的电流为 I,则在时间 t 内,外电路中电流做功产生的热为 $Q_外=I^2Rt$,内电路中电流做功产生的热为 $Q_内=I^2rt$,电源把其他能转化为电能的数值为 $W=qE=EIt$。根据能量守恒定律有 $W=Q_外+Q_内$,即

$$EIt=I^2Rt+I^2rt \qquad ①$$

整理得到

$$E=IR+Ir \qquad ②$$

也就是

$$I=\dfrac{E}{R+r} \qquad ③$$

这就是闭合电路欧姆定律。

在②式中,IR 是外电路两端的电压,也就是电源两端的电压,用 U 表示,得到

$$U=E-Ir \qquad ④$$

核心问题探究:审视上述内容,各个概念和规律的建立是否都有可靠的原有知识、事实和逻辑的支持?学生将会发现,在给出电动势的定义时,认为它只由电源本身决定,与通过的电荷量无关;推出①式或②③④式的前提,也是电动势 E 是常数,与通过电源的电流 I、电源两端的电压 U 无关。那么对于一个电源,E 真的是一个常数吗?人们的直观感觉是,如果电源两端的电压大,非静电力移送电荷将更困难。

对于某个电源,如果 E 真是常数,那么由④式可知,U 随 I 变化的图像应该是如图 3-18 所示的直线。可以通过实验测绘电源的 $U-I$ 图线来检验 E 是否为常数。

实验证实了对于给定的电源 E 是常数,那么电源两端电压 U 的变化可以这么理解:非静电力做功的本领是一定的,电源内部消耗的电压 Ir 越小,电源能加在外电路两端的电压 U 就越大。而不能做相反的理解,认为 U 越大,移送相同电荷需要非静电力做功越多,即 E 应该越大。

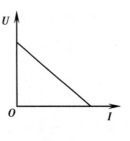

图 3-18

接受式学习:建立了电动势概念和闭合电路欧姆定律,进一步学习电动势在电路中升高电势的作用,和闭合电路中电势的升降情况,能加深同学们对它们的理解。学习电源两端电压随外电阻的变化规律、测量电源电动势和内电阻的方法、电源的输出功率等内容,能丰富和巩固对闭合电路欧姆定律的理解。

第四节 内核探究教学提高学习有效性

任何新的教学方式的生命力都在于它能提高教学的有效性。内核探究教学虽然在对内核问题的探究上费时费力,但由此获得的内核概念,能使学生快速、高质地学习其他知识。所以,从整体上说它是高效的。内核探究教学还能唤醒学生的探究意识,使学生感受科学理论的魅力,有利于学生形成乐于探究、乐于学习的良好品质,这是单纯授受式教学所不具有的。

1.学习有效性的指标

教学的有效性最终要落实到学生学习的有效性上。对于什么样的学习是有效的,教育教学理论界有多种不同的指标体系。这里采用我国学者余文森教授对学习有效性提出的指标体系,主要包括学习效果、学习效率和学习体验三个指标。

(1)学习效果

学习效果就是经过学习,学生所发生的变化、进步和取得的成绩。学习效果包括知识与技能、过程与方法、情感态度与价值观三个方面的变化。但通常我们主要把学习效果定位或局限在认知这个层面,主要表现在掌握了某个知识,学会了某个技能。学习效果是学习有效性的基础性指标,学生如果通过学习没有进步,那么学习根本就是无效的。

(2)学习效率

学习效率指一定时间所学习的知识内容的多少,或学习一定内容所花费的时间的多少。相同时间内掌握的知识越多,或学会相同的内容所用的时间越短,学习的效率就越高。学习时间是可以量化的,但是学习效果即对知识掌握到什么程度,学会到什么程度是一个不能量化的东西,所以学习效率也是一个不能量化的东西。但尽管如此,学习者和教师还是能够对学习效率做出判断。学习效率是学习有效性的核心,我们评价某个学生的学习是有效的,主要是指他能在较短的时间内学会要学习的知识。

(3)学习体验

学习体验指伴随学习过程的情感体验,或由学习结果生发出的兴趣。有效的学习,学习的过程应该伴随着被学习活动所吸引的积极的情感体验,学习的结果应该对学生是有意义的,会激发学生进一步投入这种学习。伴随着学科学习的进展,学生获得的学科知识越来越多,对学科学习的兴趣应该越来越强,或能保持一个较大的强度。

学习的有效性由上述三个指标共同决定,缺一不可。在通常的认识中,人们更看重学习效果和学习效率。但从长远角度来看,学生的学习体验才是学习有效性的灵魂。因为学生只有享受到学习的乐趣,被学习所吸引,才能培养学习的习惯,才能够确立终身学习的意识,才能把学习变成一种生活、一种品质。

2.利用内核探究教学提高教学的有效性

(1)提高学习效果

在内核探究教学中,学生通过探究突破知识系统的内核问题,从整体上和本质上把握了知识系统。以此为基础,对知识系统中的其他一般性知识的学习就会获得最明确的意义。所以,内核探究教学能使学生正确理解知识的本质意义和知识之间的有机联系。而通过单纯授受式教学,学生即使能说出知识系统中的全部知识,往往也不一定知道其中的核心意义,不知道知识之间的有机联系。

另外,由于内核知识是学生通过感悟获得的,与学生的内部世界有着实质性联系,学生对其有深刻的理解。而在单纯的授受式教学中,学生更多的是通过外部的接受获取知识,对知识的理解很可能只停留于字面意义。

再者,内核知识是学生通过深入的探究获得的,含金量高。在获得这一知识的过程中,学生相应的能力得到了发展,创新意识和能力得到了培养。学生创造了这一知识,自然知道这一知识的适用条件和运用方法,而且能把它运用到合适的情境中。

(2)提高学习效率

认为探究教学费时费力,教学效率低下,这是一线教师抵制探究式教学的主要原因。其实,实践中探究教学的低效现象,并不是探究教学本身所固有的,而是教师在教学中违反了人的认识规律、违反了知识的有机联系所造成的。主要表现为不分主次,对所有教学内容都探究;不讲联系,对不同内容进行割裂的探究。以一些已经被理解的知识经验为基础,快速地同化有关的新知识,这是人类高效学习的一种内部机制。对任何一类现象的探究,最终都归结为解决一个核心问题,认为解决了这个核心问题,其他有关的问题就会迎刃而解,这是人类认识的基本规律。内核探究教学遵循人类认知的基本规律,依靠人类高效学习的内部机制,由此提高了学生学习的有效性。

课堂上集中精力探究内核问题,能最大限度地发挥学生的主观能动性和创造性,克服割裂式探究对学生思维的限制,免于使探究沦为试误式发现和机械摸索,大大提高了探究的效率。以被深刻理解的内核知识为基础接受式地学习其他知识,满足了人们天生的求知欲,顺应了内核知识的发展趋势,依靠了知识整体的系统功能,实现了学习效率和效益的最大化。

例 "超重和失重"的内核探究教学

在本书第一章第一节"超重和失重"的教学实录中,上课教师把超重和失重的内容分解为"超重和失重的现象""超重和失重的依据""超重和失重的产生原因"三个部分进行探究。这是对超重和失重知识整体的割裂,也是对学生思维的限制,从而导致了探究的低效。用接受的方式只要二十余分钟甚至十几分钟就能学会的知识,这个老师却带领学生足足探究了一节课。

我们可以采用另一种探究教学的思路,让学生整体探究电梯刚向上启动时,人为什么有突然一沉的感觉,学生将得到超重和失重的内核性认识:电梯和人有向上的加速度,由牛顿第二定律可知,电梯对人的支持力大于人的重力,人的颈部对头部的支持力大于头部的重力,等等。解释了电梯刚向上启动时人的感觉产生的原因,受自身求知欲的驱使,学生自然会去解释电梯向上减速、向下加速和向下减速行驶时人的感受。此后再去总结超重和失重现象的本质、产生原因和相关因素,只是认识结构化、系统化的事情。采用这样的内核探究教学,整个教学时间同样只需要二十余分钟,但学生对超重和失重的理解,要较采用单纯的授受式教学更为深刻。

随着学生探究能力的提高,我们可以在更大的知识范围内实施内核探究教学。这时将能在更大的问题空间中发挥学生的主观能动性和创造性,能在更深的层次发挥内核知识的同化作用,能在更大的范围内发挥知识整体的系统功能,从而能更大程度地提高教学效率。正如本章第一节的"教学示例"所介绍的,在对"机械能守恒定律"一章进行整体分析和设计的基础上,把"功"和"动能定理"整合为一个小系统进行内核探究教学,能把教学时间从 2 节课缩短为 1 节课,而"机械能守恒定律"整章的教学时间能节省出 2~3 节课。

学校教学分配给每门学科的课时是一定的,节省了教学时间,就能够使学生根据自己的薄弱环节进行调节性的学习,或者根据自己的兴趣爱好进行发展性的学习。这样,在相同的教学时间内,学生能取得更好的学习效果或学到更多的知识。

(3)增强学习体验

在常见的由教师控制的表面热闹的"探究"课堂中,学生的思维被限制在教师设定的一些小格子中。每个问题允许学生思考的时间也极不充裕,学生几乎只能应答式地参与。在这样的课堂中,学生对探究的体验是肤浅的、零散的。这种表面性的体验不足以吸引学生投入自觉的探究和学习中。

内核探究教学让学生在课堂上集中精力探究知识系统的内核问题,为学生创造了广阔的问题空间和充足的探究时间,能让学生投入真正的探究,从而感受到自己原来没有被认识的探究能力,体验到探究的乐趣。一旦学生有了这种感受和体验,就会唤醒其先天的探究意识和探究潜能。投入紧张的探讨后,无论是自己还是别人产生了一个哪怕是很小的新想法,学生都会被深深地感动和激励,并伴随着深刻、丰富与强烈的体验。这种深度的体验,足以吸引着他们投入更深入的思考与学习中。

通过深入探究内核问题而建立起来的内核概念,对学生来说是活性的,能由此发展出一个完整的知识系统,并由它解释很多现象。学生通过探究认识了电梯向上启动时感觉发生变化的原因,就能自然地去解释电梯向上减速、向下加速、向下减速等情况下人的感觉变化的原因,还能进一步得到超重和失重现象的本质、产生原因和相关因素。在此过程中,学生将深刻地感受到物理理论的魅力,产生探究和学习物理知识的兴趣。

第五节　内核探究教学的积极意义和局限性

内核探究教学实现接受式学习与探究式学习的统一,内核探究教学促进学习效率的提高,这是它的两大优势。其实,不止这些,它还有其他方面显著的积极意义,当然也有它的局限性。下面对内核探究教学的积极意义和局限性做出进一步的分析,以便我们对它有一个较为全面的认识。

1. 内核探究教学的积极意义

(1)有利于促进学生内部学习动机的形成

在探究教学中,通过创设问题情境,使学生产生强烈的好奇心,从而吸引学生自觉地并有意识地发现、提出和探索问题。在此过程中学生能体验到探究的紧张和艰辛、发现的激动和喜悦,从而产生对科学知识本身的兴趣与热爱、对探究自然奥秘的向往,形成自我激励、自主学习的内部动机。

(2)有利于知识的理解和记忆

探究获得的知识与人的内部世界(显意识和潜意识、理智和情感)有着丰富的、紧密的联系,并非像由简单的接受获得的知识,与内部世界只有字面上的、逻辑上的联系。所以主体对它的理解更深刻,记忆更牢固。

以通过探究实现的感悟或发现的观点为核心发展起来的知识整体,是一个结构清晰、优化、牢固的有核知识体系,易于记忆,便于应用。

当我们对一个问题经过紧张的思考得到了启发性的线索后,那么,在日后我们就能由得到这一结论时的具体情境回忆起作为这一情境中最生动部分的启发性线索,再由这一线索逐步地推出相关的知识。

(3)有利于知识的迁移

内核探究教学,着力于对基本概念、基本规律的探究。基本概念和基本规律涵盖了它们所适用领域的所有具体情况。当学生真正掌握了基本概念和基本规律,就能用它们解决这一领域中的各种具体问题。

学生在经历了问题的最初困惑到最后解决的漫长曲折的思维过程之后,再碰到类似的问题,思维过程将大大缩短,反应将变得敏捷而有效。日本学者在对比试验中发现,不论是自然科学还是社会科学,发现法对于学生迁移能力的形成比其他方法都高出 30% 左右。另外,提倡发现法教学的布鲁纳坚信:"人唯有凭借解决问题或发现问题的努力,才能学到真正的发现的方法。"这种实践越积累,就越能将自己学到的东西概括为解决问题和探索问题的方式。掌握这种概括方式,对解决各种各样的问题是有效的。

通过探究获得的知识,主体对之理解更为深刻。理解深刻意味着对所学知识的本质意义有着更深层次的认识,意味着所学知识与人的整个内部世界有着全面的联系,包括与显意识中其他相关知识的联系、与情感世界的联系和与潜意识的联系。当主体面对新问题、新情境时,原有的知识经验与之就有更大的"接触面"和更高的敏感性,能直觉地感受到新问题、新情境中的"熟悉"因素,并唤醒、提取自身意识中有关的知识经验,在探究新问题、新情境中发挥作用。

例　电流与磁体作用的相互性的迁移

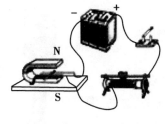

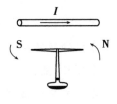

图 3-19 　　　　　　　　　　　　图 3-20

初中的科学课程演示过磁体对电流的作用力(图 3-19),并学习了直流电动机的工作原理。也观察过奥斯特发现的电流使磁针偏转的现象(图 3-20),

但只由此说明电流能产生磁场，没有由此形成电流能通过自己的磁场对磁体有作用力的一般性认识。也学过电磁铁的各种应用，电流使铁磁性物体产生强磁性，吸引其他铁磁性物体，同样没有形成电流通过磁场对磁体发生作用的认识。在高一物理课上学习牛顿第三定律时，为了认识物体间相互作用的普遍性，教师重新演示了蹄形磁铁使通电线圈受力摆动的现象，然后问学生：电流对蹄形磁铁有没有作用力？学生教条地回答有作用力。教师反问：电流是凭什么对磁铁施加作用力的？学生想不到电流能产生磁场，电流的磁场对磁体有作用力。教师演示图 3-21 实验：通电瞬间，线圈向右摆动，同时气垫导轨上的磁铁向左运动。再让学生思考通电线圈是怎么对磁铁有作用力的问题，有几个学生提出了正确的解释，获得其他同学的认同。

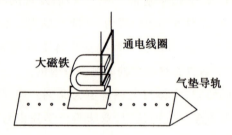

图 3-21

高二磁场的学习中有这样的题目：如图 3-22 所示，条形磁铁静止在水平面上，在 N 极上方有一垂直于纸面向里的直线电流，试判断磁铁受到的摩擦力方向。

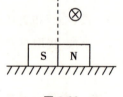

图 3-22

高三复习教学中有这样的题目：如图 3-23 所示，强磁铁吸住螺钉，螺钉的尖端与电池负极接触，在电池的正极和导电的强磁铁之间连接一根铜导线。铜导线与强磁铁之间活动接触，用手固定电池和铜导线，强磁铁和螺钉将会沿轴线转动起来，试判断转动方向。

这两个题目，直接分析电流对磁体的作用力都较复杂。很多学生先分析出磁铁对通电导线的作用力，再由牛顿第三定律判断磁铁的受力和运动情况。教师问学生怎么会想到这种间接的方法，有多个学生讲到高一时看过的图 3-21 所示的实验，才想到这种方法。

图 3-23

这个例子说明了探究得到的知识记忆牢固,也易于迁移。

(4)有利于学生思维能力的发展

内核探究教学强调通过学生自身的努力,发现知识的核心。在探究过程中,常用直觉、比较、类推、归纳推理和演绎推理的方法,发展学生的直觉思维、分析思维、批判思维、发散思维、创造性思维和逻辑推理的能力。探究教学能促进学生对新问题提出假设、预测、观察思考,直至解决。这样,将会逐步培养学生掌握收集资料、改造利用资料去解决问题的习惯和方法。这对于发展学生独立思考、直觉思维和洞察力,以及培养创造态度都是非常有利的。

2.内核探究教学的局限性

(1)并非所有内容都适合于内核探究教学

对于一些介绍性、拓展性的内容,要彻底地理解它们,学生的知识经验不够,思维发展也没有达到相应的水平,只能引导学生进行接受式的、渗透式的学习,为日后继续学习打下必要的基础。如光的波粒二象性、原子物理、原子核物理等内容。当然对这些内容的学习,并非只能靠死记硬背,也可以在一定层次上组织讨论,获得理解,但较难实现整体领悟。

理解事物的方式并非只有顿悟一种,渐悟也是人们理解事物的重要方式。物理中有些很抽象的规律,在历史上是很多科学家经过几十、上百甚至上千年的努力才建立起来的。例如能量概念、热力学第二定律、光的折射定律等。对于这些概念和规律,学生无法通过在课堂上有限时间的探究实现较为彻底和全面的突破,只能通过对某些方面的探究获得局部的认识,或通过原有的知识经验在较为粗浅的层次上进行理解,以待在日后的学习中不断加深认识。很多东西,我们起初并不了解它的道理,而在反复的接触和运用过程中,才逐渐地明白了它的道理,这就是渗透式的学习方式。渗透式学习方式同样是人类的重要学习方式,在教学中我们不仅不应该否定这种学习方式的作用,还应该合理地运用这种学习方式。

(2)对教师的学科水平和教学能力要求较高

进行内核探究教学,首先要求教师对教学内容有透彻的理解,能把握知识之间的内在联系和知识的本质。如果教师自己也不知道知识的内核是什么,就不可能引导学生探究知识的内核。其次,教师要能准确了解学生原有的知识经验、能力水平和兴趣爱好,并利用各种教学资源,创设富有吸引力的问题情境,以激发学生积极主动地投入对问题的探究。再次,要求教师自己深刻理解探究的本质和探究的过程,否则就无法指导学生探究。还有,教师必须要能掌握好自己的启发与学生自主探索之间的辩证关系。否则,教学容易滑向两极:或者放任自流,课堂松散,没有张力,迷失方向;或者严密控制,摆布学生,代替学生得出结论。上述诸方面,对习惯于按教材体系进行讲解式授课的教师都是极大的挑战。

第四章　内核探究教学的整体设计

　　内核是知识系统之内核，它只有以有机的知识系统为背景，才能体现其地位，发挥其作用。所以内核探究教学必须对教学内容进行整体的分析和设计，才能认识和依循知识的整体性和有机性。为了增强教师授课的清晰性，使学生能较好地接受和巩固所学知识，传统的教学预设重视系统性、顺序渐进性、启发性、直观性、理论联系实际和巩固性等原则。这些原则在内核探究教学中仍然应该遵循，但内核探究的课堂互动性强，观点的生成具有多样性、创新性和不可预测性，要求教师对教学过程做出更高水平的预设。传统的授受式教学形成了一种适于授受的课堂模式，那就是复习旧课、明确目标、讲授新课、巩固练习、布置作业。内核探究教学是全体学生与教师一起为解决内核问题的协作探究过程，它的一般模式应该与提出问题、解决问题的基本过程吻合。

第一节　整体设计教学

　　教学是一个巨大的复杂系统。教师应该从整体性、全局性的角度出发，设计教学方案，开展教学活动，才可能取得理想的教学效果。

1. 整体、系统和体系

　　整体、系统和体系是三个意义相近的概念。

　　整体是构成事物的诸要素组成的统一体，具有其组成部分在孤立状态中所没有的整体特性。系统是由相互作用相互依赖的若干组成部分结合而成的，是具有特定功能的有机整体。系统一定至少包含两个不同的元素，各元素之间按一定的方式相互联系。体系是指一定范围内或同类的事物按照一定的秩序和内部联系组合而成的整体。

整体、系统和体系具有三个共同的特点:多元性,它们反映的事物都是由多个不同的部分组成的,是多样性、差异性的统一;相关性,系统不存在孤立的组成部分,所有组成部分间相互依存、相互作用、相互制约;整体性,事物具有由其组成部分及相互间关系决定的本质特性。我们说事物的整体性,是侧重于事物作为整体所具有的特质。系统侧重于各组成部分是相互作用、相互联系和相互制约的。体系侧重于事物组成部分的相互联系的方式。

教学这个复杂的系统,从横向看,由教学内容、学生、教师和教学资源等要素组成;从纵向看,由确定教学目标、设计教学方案、开展教学活动和进行教学评价等要素组成。横向和纵向的要素又是相互交织的。本章所提的教学整体设计,侧重于基于教学内容分析、学生学情分析和教学资源分析的基础上对教学做出整体安排。

2.知识以系统的形式存在

任何知识都是在与其他若干相关知识的相互关系中获得意义的,是作为与其他若干相关知识相互联系而产生的整体意义而存在的。也就是说,知识都是以系统的形式存在的,与这一知识相关的若干其他知识组成一个核式结构的系统。这一系统的核心意义即整体意义,就是这一知识的本质意义。例如力的概念,是作为下列概念相互关联而形成的一个整体意义而存在的:物体、物体的运动状态、物体的大小和形状、作用(或影响、引起、相关等)、施力物体、受力物体、力的大小、方向和作用点等。这些相关的概念这样相联系:在其他物体的影响作用下,一个物体的运动状态或大小形状会发生变化;相反,如果一个物体的运动状态或大小形状发生变化,那一定是其他物体引起的。这里的核心是,一个物体运动状态或大小形状的变化与其他物体有必然的联系,不可能是这个物体自己产生的。一个物体引起另一个物体运动状态或大小形状的变化,叫作这个物体对另一个物体有作用力。运动状态或大小形状发生变化的物体叫受力物体,施加影响的物体叫施力物体,这种影响的定量表示就是力的大小、方向和作用点。

高中物理的万有引力知识系统,包括行星运动的开普勒三大定律、牛顿运动定律、万有引力定律、引力常数的测定、天体质量的测量、人造卫星、宇宙速度等内容。从开普勒三大定律和牛顿运动定律推出万有引力定律;卡文迪许测定引力常数,同时也是对万有引力定律的验证;人造卫星和宇宙速度的知识是万有引力定律与牛顿运动定律的综合应用。万有引力定律是这一知识体系的核心。

就是不能再分解的原始概念,也是由人的有关潜意识、直觉、感受和体验等要素构成的系统。例如时间概念,我们不能用其他概念对它下定义,但正常的心智对事件发生的时刻和一个过程的时间长短都是有感受的。时间概念涉及如下一些概念:物质、事物、事件、运动变化、先后序列、延续性等。事件的先后序列和延续性是时间的核心。空间也是一个原始概念,是无法下定义的。但它仍可被描述为"物质存在的一种客观形式,由长度、宽度、高度表现出来,是物质存在的广延性和伸张性的表现"。空间概念代表的是物质、客观、长度、宽度、高度、广延性等概念相互联系组成的一个有机系统,物质的广延性和伸张性是它的核心意义。

3. 系统的层次结构

知识系统是由若干相互作用相互依赖的组成部分结合而成的,是具有核心意义的有机整体,而且这个有机整体又是它从属的更大知识系统的组成部分。这就是说知识是以系统的形式存在的,而系统具有层次结构,若干小的知识系统组成大的知识系统,较大的知识系统组成更大的知识系统。一个概念就是一个小知识系统;由若干概念组成的定律、定理、原理等,是高一层次的反映一类自然现象变化规律的较大的知识系统;由若干概念、定律、定理、原理组成的学科,是更高层次的反映自然界一个领域变化规律的更大的知识系统。如细胞是一个具有内部结构和功能的小系统;由细胞组成的组织(如上皮组织、神经组织等),则是一个具有新的功能的高一层次的系统;由几种不同的组织按照一定的结构形成的能够完成某种特定功能的器官(如舌、牙、胃等),是一个更高的系统;由多个器官按照一定的结构组成的能够完成一种或几种生理功能的系统(如运动系统、消化系统等),是一个更高层次的系统;由各个系统组成的人体,则是一个能自主地适应环境、认识环境、改造环境的高级系统。

由参考系、质点、时间、空间、力、质量等几个基本概念和牛顿三大定律,建立起整个牛顿力学系统。力学系统又由运动学、动力学、动量、机械能、曲线运动、机械振动和机械波等小系统组成。高中物理力学系统各组成部分的关系

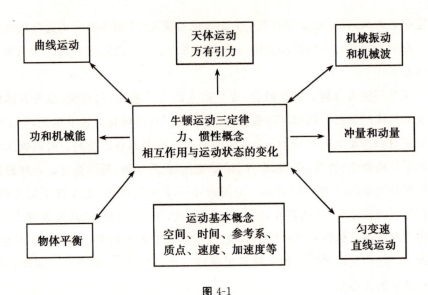

图 4-1

如图 4-1 所示,可以看出力与运动的关系,即牛顿运动定律是力学的核心。作为力学知识体系的各个组成部分,也是以自己的系统的形式存在的。例如,动量知识系统,可以用图 4-2 表示。动量知识体系的核心是动量概念和动量守恒。在历史上,人们发现几个物体相互作用时,质量与速度的乘积之和保持不变,从而定义物体的质量与速度的乘积,叫作这个物体的动量,同时建立起动量守恒定律。然后研究物体受外力作用时动量

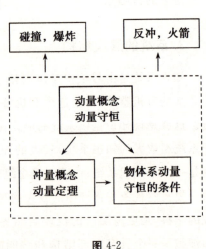

图 4-2

的变化规律,定义冲量的概念,得到动量定理。再把动量守恒定律和动量定理应用到碰撞、反冲等现象中,丰富动量知识体系。力学知识体系作为一个整体,又是整个物理知识体系的有机组成部分。

初中物理"电路探秘"一章的主要知识及相互间的关系如图 4-3 所示。电流、电阻、电压概念及三者之间的关系组成一个有机的反映电路中电流变化规律的知识系统,欧姆定律是内核知识。欧姆定律结合串、并联电路中的电流关系和电压关系,就能得到串、并联电路中电流分配与电阻的关系和电压分配与

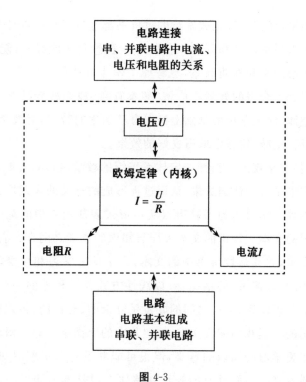

图 4-3

电阻的关系。如图 4-3 所示的关于电路中电流变化规律的知识系统,与电路中电能转化的知识一起,将组成初中物理的电路知识系统。再与磁场、电磁感应知识相联系,就组成了初中物理的电磁学知识系统。

4. 整体分析教学内容

要整体设计教学,首先要整体分析教学内容。并不是任何一堆知识只要贴上"整体""系统"的标签,就一定会产生出大于部分之和的结果。必须艰苦地分析出课程内容各部分知识之间的本质联系,并调整、增减、重组教材内容和体系,使各个知识点处于正确的位置,不同知识点之间的连接符合它们之间的本质联系。按这样的知识体系进行教学,才能产生出系统功能。如果没有设计好各部分之间的关系,捆绑在同一单元标题下的一堆知识,只是条条块块的混合物。就像阁楼里或像汽车储物箱里堆积的各种各样的杂物那样,没有什么东西能与别的东西相协调,也不能产生出连贯的整体或者统一的主题。

那么,教科书的编写不是已经从整体上考虑了教学内容的有机联系和系统性了吗？不错,任何一部正式发行的教科书都经过了多次设计和开发,其章节安排凝聚了教科书设计和开发人员的专业智慧和实践经验,能较好地反映教学内容的核心意义和本质联系,也考虑了学生群体的可接受性和心理加工的可能性。但一个合格的教师不应该"照本宣科"地去教教科书,而应该在对教科书进行整体、深入分析的基础上根据自己学生的特点,对教学内容做出合理的调整、重组、增减,使教学取得良好的效果。

首先,教科书呈现的是按照一定体系组织的教学内容的文本,并不是教学内容本身。文本是人们认识成果、认识过程形成的意义的表现形式,知识的意义是文本的内容。学习是为了获得以文本形式表征的知识的意义,而不是只记住表征知识的文本。知识的文本表征与知识的意义之间存在着矛盾。作为表现形式的文本,尤其是教科书中的文本,为了他人学习和接受,总是把它组织成一个有条理、合逻辑、简洁概括、以线性方式前后相连的一个体系。但人们真正理解的知识体系,知识之间的联系是复杂的、有机的、核式的,既有逻辑的也有非逻辑的。当我们阅读文本,按照其中的字面意义和逻辑联系,以为自己已经理解了要学习的知识的意义,但很可能并没有真正理解知识之间的全部联系和本质意义。人们具有的知识从整体上说是逐渐增加的,但对于任何具有独立意义的具体知识,并不能通过从上到下逐步学习某种文本逐渐地形成,而总是通过整体领悟,突然生成其整体意义的。所以,教学不应该只按照教科书的表述体系,从上到下逐节逐点地进行,而应该对教学内容进行整体分析,弄清知识的系统结构,设置知识系统的内核问题,让学生通过对内核问题的研究,建构知识的整体意义。

例 "电路探秘"的整体分析

初中物理"电路探秘"(浙教版)的教材编写体系是:电路和电路图,电流和电流的测量,物质的导电性和电阻,电压和电压的测量,欧姆定律,电路连接。如果不做整体分析,只按教材体系从上到下逐节教学,似乎是先有电流概念,接着有电阻概念,再有电压概念,然后才发现三者的关系。其实,电流、电阻、电压概念是在相互联系中获得意义的,而不是相互独立地建立起来之后再发现它们的联系的。第一节"电路"的要点是,必须要有一个

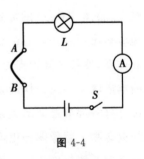

图4-4

提供"动力"的装置——电源（隐含着电压概念），通过具有某种性质的物体——导线（隐含着电阻概念），与用电器连接成通路（隐含着电流概念），用电器才能工作。所以，电路概念已经包含着电流、电阻和电压概念的萌芽。电阻概念是这样引入的：在电源、小灯泡、电流表和其他部分导线不变的情况下（如图4-4所示），在 A,B 之间接入不同的导体，电流表的读数不同（小灯泡的亮度不同），可见不同导体的导电本领不同，为此物理中引入电阻描述不同导体的导电本领。在这里，电阻是在与电压、电流的关系中引入的。同样电压也是在与电流、电阻的关系中引入的，电流概念的理解也要涉及电压、电阻的概念。然后研究三者之间的关系，建立起本章的核心知识欧姆定律。只有如此整体地分析了电路、电流、电阻和电压的相互关系后，在每一节的教学中都从自己的角度体现着它们之间的相互关系，才能真正理解它们之间的本质联系。

其次，以何种体系呈现知识，才能有利于学生获得知识的整体意义，与学生的原有知识经验、认知特点和认识能力等因素有关。而教科书编写者对学生在知识经验、认知特点和能力水平等方面的了解与一线教师对自己学生在这些方面的了解是有差异的。前者对学生的了解只是整体性、一般性的，比较而言，后者对自己学生的了解就更加具体、更加翔实。所以教师应该根据自己学生的特点，对教科书做出整体分析并进行适当的调整，使其适合自己的学生。

例 电场能的性质的两种知识体系的选择

有关电场能的性质的知识，只要包含电场力做功的特点、电势能、电势和电势差。其内核知识是，电荷在电场中 A,B 两点间移动，电场力做的功 W 与电荷量 q 成正比，即 $W=qU_{AB}$，U_{AB} 只与电场本身有关，与移动的电荷 q 无关。电场能的性质的知识体系，常见的有两种：一种是先学习电势再学习电势能，另一种则反之。在教科书的编写和教学中，人们一直拿不定采用哪一种体系较好。如人教版的高中物理教科书，20世纪80年代用的"试用本""甲种本"和"乙种本"，是先讲电势能再讲电势差和电势；90年代初开始使用的"必修""选修"教科书和90年代末开始使用的"试验修订本·必修加选修"教科书中，则是先讲电势差再讲电势能；而现行的普通高中课程标准实验教科书物理选修3—1教科书中，又变为先讲电势能再讲电势和电势差了。那么，教师在教学中到底应该采用哪种顺序进行教学呢？这就要根据自己学生的知识基础和理解力决定。如果学生的基础较为一般,就应该先学习电势差和电势,再学习电势能较合理。电势能较电势复杂,它不但与电场有关系,还与电荷量的大小和正负有关系,学生不容易掌握电势能的大小与电荷在电场中的位置以及电荷正负的关系。如果以电势能为基础进一步学习电势的概念,由于固定点不够稳固和清晰,学生就不能很好地形成电势的概念。相反,电势是反映电场特性的物理量,它只由电场本身决定,与检验电荷的大小和正负无关,相对于电势能较为简单,易于为学生掌握。学习了电势概念之后,再以它和电场力做功及能量转化和守恒定律这些稳固、清晰的固定点为基础,学习电势能概念也就较为容易了。如果学生的基础很好,那可以先学习电场力做功的特点和电势能,再学习电势。按这样的顺序学习,理论性和逻辑性强。电场力做功与路径无关的特点是引入电势能的前提,在电场中同一点电势能与检验电荷的比值等于一个定值,是引入电势的依据。

再次,教科书编写者也只是掌握学科专业知识人群中的成员,他们也不是学科知识的"绝对诠释者"。(这可以从不同出版社出版的相同内容的教科书中可以看出,其中的文字表述甚至内容体系都会有很大的不同。即使同一出版社出版的不同版本的教科书,在内容体系上也会有所变化。)例如,人民教育出版社开发的《普通高中课程标准实验教科书·物理2》,在第一版中各章内容的排列:第五章是"机械能守恒定律",第六章是"曲线运动",第七章是"万有引力与航天"。到第二版,各章内容的排列变成了:第五章是"曲线运动",第六章是"万有引力与航天",第七章是"机械能守恒定律"。这种编写体系的变化,表明了教科书的编写者也在不断地从整体上思考着教学内容的内部关系。一线教师作为课程实施的主体,同样有责任从整体上不断审视、调整教学内容,使课程教学不断优化。

5.整体设计教学

知识具有整体性和系统性,人的认识遵循整体感悟的规律。人们只有面对整体性问题,在充分探究的基础上通过感悟,才能从整体上把握要学习的知识系统。

一方面,学校的课程内容几乎都是以文本的形式呈现,而文本以知识之间的逻辑联系按线性的方式加以组织,较难体现知识之间的"超链接"关系和非逻辑联系。另一方面,基于中学生的心理发展水平和全面发展的需要,中学生一天的学习时间被分割成若干节,各门学科以节为单位分散安排。这样,教师很容易只是按教科书的叙述体系从上到下逐节教学,学生的思维也就被限制在各节之内,所获得的知识意义也被限制在各节之内,无法形成整体认识。当然,教师也许知道所教知识的全部意义,会在课堂上告诉学生。但是,这些对教师来说有意义的东西,对学生并没有意义,他们往往听过即忘。

为了克服教学局限于各节之内的弊端,教学设计和教学实施应该遵循系统观、整体观。具体的方法是,在对教学内容进行整体分析的基础上,按照知识的系统结构,根据学生的认知发展规律,把教学内容分解为相互关联的、自身有确定主题的若干单元内容,再把每一个单元内容分解为适合于一节课(有时是二节课)教学的课时内容。然后通过围绕一个主题的、相互联系的若干课时的教学,完成单元教学;通过相互关联的单元的教学,完成一个学科分支乃至整个学科的教学。

表面上,虽然一门学科的教学仍然是通过一个个课时逐步进行的,但这与原来盲目按照教科书逐节进行的教学有本质的不同。在这里,一门学科或学科的分支不是由若干单元和很多课时机械地堆积在一起的集合体,而是由各个课时内容和单元内容的相互关系决定的、明确了的知识核心的有机整体。各个单元也是由所属课时相互关系决定的、明确了的知识核心的有机整体。同样,课时也是由所属要素的相互关系决定的、明确了的核心的有机整体。相反,单元内容和课时内容的意义都不再局限于本单元和本课时,而在更广阔的范围内有了自己的地位和意义。每一单元的教学是整个学科或学科分支教学的一个有机部分,每个课时的教学,是整个单元乃至整个学科教学的有机部分。这样,每个学科分支、每个学期、每个单元甚至每一节课的每个环节都既有自己的任务,又相互影响、相互制约,构成一个有机整体。

上述关于教学内容的整体分析,是指在一个较大的范围内分析知识的系统结构,以使教学能够遵循并利用知识的系统性。另一种情况同样需要我们对教学内容进行整体分析和整体安排。那就是考虑学生发展的阶段性和教学的可接受性,将某一主题的内容分解成几个部分或几个层次,并安排在课程体系的不同地方进行学习。对这些内容分散的主题的教学,尤其要防止机械地处理各部分内容之间关系的情况。例如对于牛顿第二定律,高中物理是分成直线运动与曲线运动两种情况进行学习的。对这两部分内容的教学,就需要整体分析、整体安排,使每一部分的教学都成为整体的一个有机部分,力争在完成了两部分内容的教学之后,使学生获得一个整体性的认识。直线运动中牛顿第二定律的教学,除了通过实验得出 $F=ma$ 这一数值关系外,还应该分析如图 4-5 所示作用力 F 与加速度 a 的方向关系。让学生直观地认识到,在直线运动中,力是产生加速度的原因,不管是加速还是减速,作用力与加速度满足相同的关系。曲线运动中牛顿第二定律的教学,要分析如图 4-6 所示作用力 F 与加速度 a 的关系,让学生直观地认识到曲线运动中加速度的意义,以及作用力与加速度的关系。通过这样的教学,学生自然就理解不管是直线运动还是曲线运动,作用力都是产生加速度的原因,作用力与加速度满足相同的关系。由此,学生将建构起统一适用于直线运动与曲线运动的牛顿第二定律。而一些教师直接按照教科书的叙述教学,对于直线运动,通过实验得到 $F=ma$;对于曲线运动,毫无理由地认为在直线运动中得到的牛顿第二定律同样适用。这样,学生的头脑中并不会形成统一适用于直线运动与曲线运动的牛顿第二定律,对曲线运动的学习也将陷于机械记忆的状态,对牛顿第二定律的理解停留于不全面、不深刻,实际上只不过是一种大小关系的水平。

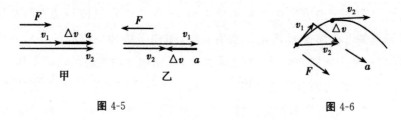

图 4-5   图 4-6

第二节　教学的整体设计

教学的整体设计需要综合考虑多个因素,这些因素主要包括教学目标、学生情况、教学内容和外部教学资源。尤其需要强调的是,教学的整体设计必须以整体分析教学内容为基础。不然,教学仍将局限于教科书编排的各节内容之中,无法发挥由各部分知识的联系产生的整体功能。

1.教学整体设计的依据

(1)明确教学目标

教学目标是教学设计的出发点和归宿。教学目标规定了教学内容以及通过教学之后,学生对知识的掌握、能力的提升和情感态度价值观的发展等方面应该达到的水平。教学目标不仅制约着教学系统设计的方向,也决定着教学的具体步骤、方法和组织形式,有利于保证教师对教学活动全过程的自觉控制,使一切"教"的活动和"学"的活动都紧紧围绕教学目标的实现来进行,也让一切教学活动以教学目标的达成为出发点和归宿。所以,教学设计首要是确定教学目标。

在我国,课程标准规定了教学的内容范围和学生应该达到的水平。由于课程标准要适应于不同地区、不同水平学生的教学,对于学生通过学习之后在知识技能、过程方法和情感态度价值观等方面应该达到的水平的规定是笼统的、宽泛的。教师应该认真学习课程标准,准确领会它的精神,然后把它作为自己教学的指导,并根据自己学生的实际情况,制订切合学生学习需要的教学目标。同样,教科书是学科专家和课程专家编写的供教学使用的重要文本,是教师教、学生学的最重要资料。但也仅此而已,不是教学的唯一资料,也不是人们必须遵守、不得偏离的"圣经"。教学应该以使学生得到最大发展为目的,而不是以完成课程标准的规定和教科书中的内容为目标。当学生的知识基础和学习能力较差时,教学可以降低课程标准和教科书中的某些内容的学习要求,甚至可以删除某些内容;当学生的知识基础和学习能力较好时,可以提高学习要求,增添课程标准和教科书以外的内容。

(2)了解学生

学生原有的知识经验、学习成绩、学习能力、学习的主动性、家庭经济文化背景等,都将对学生的学习产生重要的影响,从而也对教师的教学设计产生重要影响。如果学生的学习主动性较好,则让学生探究的问题可以难一些、大一些;反之,问题就应该容易一些、小一些。如果学生的数学基础较好,则教学可以更注重理论性一些;反之,教学就应该定性一些、通俗一些。如果班级学生总体上家庭的经济文化背景较好,学生的知识面就会宽广一些,教学上哲理性可以强一些;反之,教学应该更就事论事一些。

学生的原有知识经验是进行新的学习的起点。在我国,教师基本上一直教同一学段的同一学科。高中物理教师不太了解学生在初中阶段学了哪些物理知识,更不了解在小学阶段学了哪些科学常识,这容易造成高中的教学与初中、小学教学的脱节。教师在进行某一内容的教学之前,应该了解学生在初中乃至小学学过了哪些相关的知识,达到了怎样的水平。作为物理教师,还应该了解学生的数学知识基础,做这种了解是必要的,不然就可能发生物理教学与学生的数学基础不适应的情况。另外,不同地区、不同年代的学生,与教学内容有关的生活经验也会不同。教师了解这方面的信息并应用于教学,能有效地激发学生的学习兴趣。

学生学习各个知识点,会存在一些一般问题。例如,很多学生认为瞬时速度是物体通过某一点或在某一时刻的速度,它的大小应该是"0/0",怎么可能会等于某个确定的值?再例如,很多学生认为磁通量是矢量,它的方向就是磁感应强度的方向。了解这些问题并研究应对方法,是提高教学有效性的重要方面。

(3)了解教学内容

了解教学内容,是教学设计中最基础的因素。但教师在这一方面仍然存在很多问题。对于新教师,虽然花了四年甚至更多的时间,系统地学过了高于当下所教年级水平的学科知识,但在向学生教授这些知识时,就会发现自己对知识的理解较为机械,不够深刻。对于老教师,往往高一级的知识已经忘记得差不多了,而对于所任教学段的知识,则形成了一种固定的理解。且不说这种理解是否全面、准确,单就用一种固定的理解去教导变化的、多样的学生这一点,就不可能做到不断提高教学水平和教学效果。所以,不管是老教师还是新教师,都应该广泛而深入地学习教学内容以及相关联的知识,以求对教学内容形成深刻而灵活的理解。

教师可以通过横向研究和纵向研究两种常用的方法,提高乃至产生对知识的新的理解。所谓横向研究,就是仔细研读能找到的与教学内容有关的各种资料,包括不同版本的教科书和配套的教学参考书、国外的教科书、大学教科书、物理学史、著名的科普读物和有关的自然哲学书籍等。从中吸收营养,接受启发,以获得对教学内容全面深入的理解。所谓纵向研究,就是不局限于一节一章这个小范围内理解知识的意义,而是将其置于完整的学科体系中考量,寻找与其他知识的联系以及它在整个学科体系中的位置。

(4)了解外部教学资源

这里的外部教学资源是指除学生和教师本身的知识能力以外的其他信息载体、技术支持,如网络资源、文字资料、课件、实验设备、合适的学生课外阅读材料等。外部教学资源有时是决定教学设计的关键因素,例如,有气垫导轨、数字计数器和光电门,我们就能在课堂上探究两个滑块碰撞的动量守恒问题。有位移传感器,我们才能方便地测绘弹簧振子和单摆(在摆动角度较小时)的振动图线,并进一步研究它们的运动性质。

上述四个因素的分析实际上是综合在一起的。教学目标的确定离不开教学内容的分析和学生情况的分析,教学内容的选择、组织,与教学目标、学生的学习需要和教学资源密切相关。

2.把知识整体分解为单元

课堂教学中,问题和概念只有全部被展示而不是被拆解式地提出时,学生才能最全身心投入地学习,才能获得知识深层次的、丰富的意义。为了使学生能在课堂上接触、思考真实的、完整的问题,教师必须着眼于一个较大的知识范围,在进行教学目标、知识间的本质联系、学生的学习需要和教学资源等方面分析的基础上,把教学内容划分为若干个单元。单元的划分和组织符合知识间的本质联系和学生的认知规律。每一个单元都是一个知识小系统,有自己的核心问题或主题,学生通过对它的探究和学习,能形成一个相对独立而完整的知识意义。每一个单元作为知识整体的有机部分,从自身的角度和一定的程度反映着整体,并与其他单元相互联系、相互作用构成整体。

单元是教学整体设计中的重要环节,它是知识的核式结构和层级结构以及人的感悟式认知规律在教学中的反映。诚然,教科书的编写者一定是考虑了知识的整体结构,然后将其分章分节依序编写。但是由于教科书编写的规范性、简明性的要求和只能前后相继线性表述的限制,知识之间的本质联系往往是以隐性的形式存在的。教师如果只按教科书的顺序从上到下逐节教学,多数学生并不能明白各个部分的关系而建立起整体概念。以单元的形式组织教学,使得与几个主题相关的课时得以紧密联系。学生通过短时间的学习,获得一定范围内事物的整体意义,强化进一步学习的内部动机。

　　单元是一个相对的概念,从知识整体到课时,到底需要划分几个层级的单元,与知识整体的大小有关。高中物理有力学、电磁学、热学、光学、原子和原子核物理学五大分支,每个分支的教学,应该先在章的层级上做一个整体的考量。一般地,按照教科书的体系,每一章都可以作为一级单元,然后再把章当作整体划分为二级单元,二级单元当作整体划分为课时。根据具体情况,在章这一层级上也可以进行整合和拆分。例如,一般现在的学校都配备有气垫导轨、光电门和传感器等设备。在学生的知识基础和学习能力较好的情况下,可以让学生通过研究物体在斜面上的运动规律来学习《普通高中课程标准实验教科书·物理1》中的第一章"运动的描述"和第二章"匀变速直线运动的研究"。这时我们可以把这两章整合在一起作为一个单元并且直接设计到课时(见本节例)。当有些章内容较少、主题单一时,就不需要单元这一设计层级,可以直接从章划分为课时。例如人教版《普通高中课程标准实验教科书·物理·选修3-4》中的第十一章"机械振动",主要内容是机械运动的各个知识,就没有必要把它划分为几个单元。

3.把单元划分为课时

　　在我国,绝大部分学校把学生在校的学习时间划分为很多时间段,这些时间段叫"课"。除早读课和晚自修课,白天一般是 45 分钟一节课,上午四节课,下午三节课。很多学校为了能挤出更多的教学时间,把一节课的时长改为 40 分钟,上午五节课,下午四节课。一门学科在一个班级一次上一节课,有时也连续上两节课,但这两节课仍然是被中间的下课时间隔开的。这样,单元的教学必须划分为课时来进行。

　　把单元划分为课时仍然要坚持整体观和系统观,课时的划分必须要符合知识之间的有机联系,要符合学生的认知规律,才能使课时教学和单元教学成为学生有意义的学习过程。知识之间有机联系的最主要特征就是知识体系的核式结构。课时的划分和组织要围绕建构单元的核心意义来进行。各个课时应该既有自己的意义,又是单元整体的有机组成部分;前面课时既是后面课时的必要条件,后面的课时又能加强和发展前面课时的成果,并通过各个课时的相互联系形成单元的整体意义。

例　"直线运动"单元教学的整体设计

(1)教学内容

本单元的教学内容包括人民教育出版社出版的《普通高中课程标准实验教科书·物理1》中的第一章和第二章。第一章主要内容是描述物体运动需要的基本概念:参考系、坐标系、质点、时刻、时间、位置、位移、路程、速度和加速度等。第二章主要内容是最简单的变速运动——匀变速直线运动的规律:速度随时间变化的关系、位移随时间变化的关系和速度随位移变化的关系。

之所以把这两章整合成一个单元进行教学,是基于这样的考虑:在物理学中对一类现象的研究并不是先建立起必要的概念,然后再寻找现象中的规律。一般情况下,关于某一现象的概念和规律是在研究中同时建立的。

(2)教学目标

根据《普通高中物理课程标准》对本单元的内容标准的规定,结合本单元内容在整个高中物理尤其是在力学中的地位和作用,可以设定本单元的教学目标如下。

①了解参考系、坐标系概念;

②理解质点概念,并由此了解物理学研究中物理模型的特点,体会物理模型在探索自然规律中的作用;

③理解时刻、时间、位置、位移、路程的概念;

④理解瞬时速度概念,理解瞬时速度具有方向;

⑤理解直线运动中的加速度概念,初步理解加速度具有方向;

⑥理解匀变速直线运动概念,掌握匀变速直线运动规律,并能用它解决具体问题;

⑦理解自由落体运动及其规律,了解伽利略关于落体的实验研究工作,认识伽利略有关实验的科学思想和方法。

(3)学生分析

对于各重点普通高中(如省级重点中学或省特色示范学校)的学生,他们的学习成绩好,学习能力强,家庭经济文化条件好,从小受到良好的教育,有较强的求知欲和探究能力。

(4)技术支持

我国一般的重点高中,物理实验室都配备有打点计时器、气垫导轨、光电门、数字计数器、位移速度传感器等设备,为本单元的教学提供技术上的支持。

(5)单元整体教学方案

在历史上,加速度的概念是伽利略在研究自由落体规律时建立起来的。受到这一事实的启发,再考虑到现在一般实验室都有打点计时器、气垫导轨、光电门、数字计数器、传感器等远比伽利略时代先进的测量仪器,这一单元的教学可以设计为围绕探究滑块在气垫导轨上的运动规律展开。通过这个探究过程,建立起速度、加速度的概念,同时发现匀变速直线运动规律。围绕一个真实问题的探究来组织一个单元内容的教学,能加强学生的学习动机,提高所学知识的意义。让学生在进入高中学习之初,就通过真实的研究,发现以前认为是很复杂的一类真实运动的运动规律。这对于提高他们学习物理的兴趣、探究能力,形成正确的自然观都是十分有利的。

本单元的具体教学方案如下。

第一课时(1节课),瞬时速度概念。提出单元总课题——研究滑块在倾斜气垫导轨上的运动规律。利用气垫导轨、光电门、数字计数器研究滑块运动的快慢,建立瞬时速度的概念。

第二课时(2节课),匀变速直线运动、速度。用光电门和数字计数器测出滑块从同一位置释放,运动到不同位置需要的时间 t,以及滑块在不同位置的速度 v。做出 $v-t$ 图像,发现速度 v 随时间 t 均匀增加。改变导轨倾角,测量相应数据,让学生自己通过计算,作出 $v-t$ 图像。分析滑块的速度随时间变化的特点,定义匀变速直线运动。要求学生写出通过测绘得到的 $v-t$ 图像对应的速度 v 随时间 t 变化的表达式。讨论测绘出的 $v-t$ 图像和 v 随 t 变化的表达式,研究表达式中 t 前面系数的意义,建立加速度的概念。用传感器测绘沿气垫导轨向上冲的滑块的 $v-t$ 图像,把加速度概念扩大到匀减速运动。

第三课时(1节课),匀变速运动位移与时间的关系。理论上推导做匀变速直线运动的物体,运动的距离 x 与时间 t 的关系。测量滑块在气垫导轨上运动的距离 x 和对应的时间 t,作 $(x/t)-t$ 图像进行验证。

第四课时(1节课),匀变速运动速度与位移的关系。由 v 与 t 的关系和 x 与 t 的关系,推导 v 与 x 的关系。

第五课时(1节课),研究自由落体运动。由滑块在气垫导轨上做匀加速运动,设想气垫导轨的倾角不断增大,推理出自由落体运动是匀加速运动。用打点计时器和纸带研究重锤的下落运动,用橡皮泥改变重锤的质量,证明下落加速度与质量无关,并测量下落加速度。

第六课时(1节课),参考系、质点、时间、位移。在学生课外自学的基础上,课堂上讨论这些基本概念。

第七课时(3节课),匀变速直线运动规律的应用。用上一课时学习的一些基本概念,规范地表达速度、加速度概念,以及匀变速直线运动的基本规律。运用匀变速直线运动规律解决有关问题。

另外,在上述教学过程中的恰当时机插入教科书中几个学生实验的教学。

第三节　确定教学的内核问题

对教学内容进行整体分析,把知识整体划分为单元、把单元划分为课时是按照知识之间内在的、有机的联系进行的,这时已经考虑了知识整体、单元和课时内容的核心意义。探究教学需要把知识的核心意义转化为内核问题,学生通过对内核问题的探究建构要学习的知识。除了通过对教学内容的分析确立内核问题以外,我们还可以从物理学史、教师反思和学生疑难问题等途径确定教学的内核问题。

1.分析知识间的本质联系确定内核问题

知识系统的内核不是明摆在那里的,而是需要教师自己去寻找。即使别人告诉你一个知识系统的内核是什么,但是由于没有经过你自己的分析、加工,没有把它与系统内的其他知识建立起实质性的联系,这样的"内核"仍然不会起到内核的作用。

确定一个现成的知识系统的内核问题,与突破内核问题之后,建构知识系统的过程正好相反。首先要弄清现成系统内各知识之间的逻辑联系或推演关系。这种逻辑联系或推演关系不是唯一的,不同的文本会有不同的组织、表述方式(即知识体系或知识结构)。不管是哪种表述方式,只要它表述正确,它所蕴含的知识内核一定是相同的。认真阅读文本(一般是教科书文本),理出知识的体系,是确定内核问题的第一步。其次,分析知识体系中不同知识之间的关系和各个知识在体系中的地位和意义,处于最基本地位的知识或关系就是这个知识系统的内核。接着,综合考虑学生的原有知识经验、学习能力和其他教学资源等多方面的教学因素,将内核知识转化为内核问题。

例 确定电势能概念的内核问题

高中物理教科书中电势能的知识体系如下。

①静止的电荷在电场中释放,电场力做功使其动能增加。是什么能转化为动能?这需要研究电场力做功的特点。

②证明电场力做功与路径无关。

③类比重力做功与重力势能的关系,得出电荷在电场中具有电势能。

④电场力做的功等于电势能的减小量。

⑤零势能位置与电势能数值的确定。

⑥等量的正、负电荷同样从电场中的 A 点到 B 点,电势能的变化相反。

上述知识体系中的第①点,由电荷在电场中运动动能的变化推知电荷在电场中还涉及一种能量,正是这种能量与动能相互转化。在第②点证明在电场力做功与路径无关的前提下,第③点通过与重力势能类比提出电势能概念。在重力场中,因为重力做功与路径无关,物体在高处某一点不管沿什么路径运动到低处某一点,都将获得相同的动能。由此可以确定物体在空间不同的位置有一种确定的能量,叫重力势能。当物体从高处运动到低处时,通过重力做功,重力势能减小转化为动能。同样,电场力做功与路径无关,电荷在电场中存在电势能。通过电场力做功,电势能与其他能发生相互转化。确立了电势能的概念,那么电势能的变化与电场力做功的关系(第④点)、电势能数值的确定(第⑤点)、正电荷和负电荷在电场中相同的两点间移动电势能变化的关系(第⑥点),就都迎刃而解了。由此可知,由电场力做功与路径无关,确证电势能的存在是电势能的核心知识。

电势能的教学,应该在确证电势能的存在上设置问题。在推导出电场力做功与路径无关之后,让学生思考:电荷只在电场力做功的情况下,从一点静止开始沿不同路径运动到另一点,将获得相同的动能,这表明什么?或者让学生思考,如果电场力做功与路径有关,那么电荷在只有电场力做功的情况下在电场中两点之间运动,会产生什么结果?都会使学生深刻理解电势能的存在,从而也就从本质上把握了电势能的概念。

2. 根据历史上科学研究的难点确定内核问题

正如第二章详细阐述的，人们探索一个未知领域，不会是一帆风顺的。往往会遇到一时无法克服的困难，然后经过较长时间的艰苦摸索、积累，突然发现一条线索，或得到一个启迪，从而发现了一个关系或原理，使得原来零散的各种现象都得到了统一的解释，并由此进一步发展出一个能预知和解释某些新的现象的知识系统。可见，前人争论的焦点、研究的难点、阻挡前人探究步伐的障碍，就是克服这一难点后建立起来的理论的核心所在。学习物理学史，体会前人研究的困难所在和他们是如何突破困难的，能使我们迅速抓住知识的核心，创设内核问题。

例　大气压强的内核问题设计

17世纪以前的人们认为自然界不存在真空，即所谓"自然界厌恶真空"。对于抽水机能把水抽上来，认为是活塞上升后，水要立即填满活塞原来占据的空间，以阻止真空的形成。

在17世纪中叶，著名的意大利物理学家伽利略听到一个奇特的事实：一台抽水机至多能把水抽到10 m高，无论怎样改进抽水机，也不能把水抽得更高了。他想自然界害怕真空是有限度的，这个限度可以用水柱的高度量出来。不久他就去世了，对这个问题的研究由他的学生托里拆利继续进行。

托里拆利预料，因为水银的密度大约是水的14倍，如果用水银代替水，水银升起的高度应该是水升起高度的1/14，不到1 m。托里拆利设计了用水银柱检验这个预想的方案。1643年他的学生做了这个实验，结果证明了他的预想是正确的。在托里拆利的实验中，玻璃管内水银面的上方就是真空，可见自然界是可以存在真空的。管内的水银柱是被大气压支持着的。托里拆利实验不但揭示了大气压的存在，而且测出了大气压的值。

可见，历史上大气压强的发现过程经历了观点的转换、斗争。从"自然界厌恶真空"变为证实大气压强的存在，从在管的内部找原因变为从管的外部找原因。

在第三章第二节的案例"初中物理'大气的压强'的教学情境设计"中，学生认为人站在较高的位置通过细管无法吸到红糖水，是因为人的"吸力"不够大。这与历史上人们认为抽水机的工作原理是"自然界厌恶真空"相通的，二者都认为液体能在管中上升的原因在管的上端。所以,以探讨人为什么无法在较高的位置通过细管吸到红糖水为内核问题,是符合人的认识规律的。用托里拆利装置演示玻璃管中的水银柱上端能出现真空,不管管中上端真空部分的长度是多少,也不管管是否倾斜,管内外水银面的高度差是一定的,这能使学生认识到水银能在管中上升一定的高度,原因在于大气压强的存在。

3.教师反思自己学习上的困难以确定内核问题

不同人面对同一现象往往会产生基本相同的认识,学习同一知识会产生基本相同的理解、遇到相同的困难。虽然不同个体有不同的经历、不同的文化背景、不同的认知风格,对同一现象不可能会有完全相同的认识,对同一知识不可能会有完全相同的理解,但这种不同是在共同基础上的不同,并不是毫无联系、无法比较的不同。如果不同个体之间的差异是绝对的,人们之间将不可能沟通和交流。因此,教师自身在学习时遇到的困难和疑惑,往往也就是学生学习的困难和疑惑。如果教师由于克服了某个学习困难、解开了某个疑惑,才深刻地认识了知识的本质,那么,这一学习困难或疑惑就是这一知识的内核问题。教师反思自己以前的学习困难,是确定教学内核的有效途径。

例 一个教师对于机械能意义的寻找

高中物理和大学物理的教科书,大都按照如下演绎式逻辑体系阐述机械能的知识:先介绍功和功率的知识;接着由牛顿第二定律和运动学公式推导出 $W = \frac{1}{2}mv_2^2 - \frac{1}{2}mv_1^2$,定义动能的概念,得到动能定理;证明重力做功 $W_G = mgh_1 - mgh_2$,与路径无关,定义重力势能概念,得到重力做功与重力势能变化的关系;最后定义机械能概念,得到功能原理和机械能守恒定律。

林老师在从事高中物理教学的最初十年,都按教科书的体系进行机械能知识的教学,但心中一直存在这样的疑惑:按照教科书的体系,似乎动能定理和机械能守恒定律都只是从牛顿运动定律推导出来的推论,并没有独立的意义。如果这样,力学中没有机械能知识,所有问题同样都能解决,机械能知识存在的意义,只是作为一种解决问题的方法而已。

为了解开这个疑惑,林老师阅读了多本物理学史书籍,了解了能量守恒定律的发现历史。知道前人经过长期的探索,综合了多个领域的研究,进行了大量的观察和实验研究，才建立起能量转化和守恒定律。在这个过程中，科里奥利把工程技术中的"功"引入物理，并把"活力"的表达式从 mv^2 改为 $\frac{1}{2}mv^2$，使得活力的变化等于功。欧拉证明了在有心力作用下，从一个定点开始运动的物体，通过任何途径到达离力心有同样距离的任何位置时，其活力都相等，这实际上就是现在的机械能守恒定律。可见机械能是作为能量的一种形式，随着普遍的能量概念和能量守恒定律的确立才有了自己的意义的。所以机械能守恒定律并不只是牛顿运动定律的推论，它有自己的独立意义，那就是它的守恒性；能量是比功更重要、更基本的物理量，功是量度能量转化的物理量。

　　基于这样的认识，林老师认为守恒是机械能的核心意义，机械能一章的教学应该围绕这一核心开展。可以先通过对一些具体现象的分析和研究，建立起动能、势能、机械能的概念和在一定条件下机械能守恒的结论，再研究动能、重力势能的变化规律，建立功与动能、势能变化的关系，最后在更高的水平上建立起机械能守恒定律。教学实践表明，这样的教学能使学生更好地理解机械能知识的本质（参见第三章第一节）。

4. 从学生学习的共性疑难中确定内核问题

　　在一线教学的教师都知道，在学生学习中存在着很多共性的问题。不同届的学生对同一知识点，学习疑难大致相同。这些问题的特点在于它的复杂性和顽固性。问题较复杂，很难用简洁的语言解释清楚；问题较顽固，当时似乎解决了，似乎想清楚了，但在其他有关的情境中又会出现错误。

　　当我们真正解决了一个复杂的顽固的问题时，相关的一大类问题都随之得到了解决，所以这种问题就是某个知识系统的核心问题。尽管我们并不十分明确这个知识系统的主要内容和结构，但是它是确实存在并发挥作用的。人们具有的知识及其联系是十分复杂的，有些是有意识的，有些是无意识的，有些能用语言表达，有些不能用语言表达。同样，知识的系统结构有些是能被主体明确意识到的，有些则是实际存在但没有被主体意识到的。学习既要掌握用语言文字表征的知识系统，也要解决大量的不能明确界定的知识系统的内核问题。只有这样，所学的知识才算是被主体深刻理解了的。

　　这样的顽固性问题一般与主体的潜意识以及不能言表的感受和体验相联

系,只靠教师系统的讲解往往不起作用。只有把它当作一个重点探究的问题,在班级中展开较充分的讨论,依靠紧张的讨论激活学生头脑中隐藏的模糊的错误想法,使隐藏的想法明晰化,使模糊的想法清晰化,才能破除错误的想法,建立起正确的认识。

下面是这类问题的几个例子。

①物体浸入液体越深受到的浮力越大吗?

②温度越高的物体内能一定越大吗?

③速度大的物体惯性也大吗?

④在有些相互作用中,有主动和被动之分。对于这些相互作用,感觉上是主动的力先出现,随后才产生被动的反作用力,事实真是如此吗?

⑤绕地球做匀速圆周运动的人造卫星,如果质量相同,那么越高的卫星由于速度越小,它的机械能也越小吗?

⑥因为磁通量有正负,相反方向磁场的磁通量可以相抵消,这都好像表明磁通量是矢量,而书本上说磁通量是标量,这怎么理解?

⑦理想变压器原、副线圈的电阻等于零,那么在原线圈两端加上电压后,流过它的电流为什么不是无穷大,反而是趋向于零?

⑧关于电热的焦耳定律只适用于纯电阻电路吗?

⑨通电导线受到的安培力是其中做定向运动的自由电荷受到的洛伦兹力的宏观表现,洛伦兹力绝对不做功,为什么安培力会做功?

……

另外,在教学中,教师经常会发现在课内或课外,有很多学生提出相同的问题。在学生作业中,也会发现一些普遍性的问题。这些问题正是班级学生共同的学习难点,并且在学生的认知结构中起着核心的组织作用。这些问题直接来自于学生,切合学生实际,在学生的最近发展区内讨论这样的问题,学生最有兴趣。

例 一个电磁感应问题的讨论

在"电磁感应"的练习中有这样的一个题目:如图 4-7 所示,垂直纸面向里的磁场,在同一竖直线上的各点磁感应强度相同,沿水平向右的方向磁感应强度减小。一金属环用绝缘线悬挂在 P 点,在磁场中左右摆动,圆环平面始终与磁场垂直。试判断在摆动过程中金属环受到的安培力的方向。

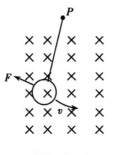

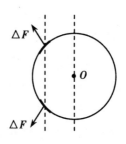

| 图 4-7 | 图 4-8 |

很多学生简单套用了"电磁感应中,感应电流受到的安培力总是阻碍导体与磁场的相对运动"的结论,从而认为安培力的方向与圆环的速度方向相反(如图 4-7)。

这种普遍性的错误,反映了学生对电磁感应现象中感应电流对于其产生原因的阻碍作用这一关于感应电流方向的核心认识存在着不正确的理解,有必要进行专门的探讨。

通过讨论学生知道,由于在同一竖直线上各点磁感应强度相同,圆环上各处的电流大小也相同,所以在同一竖直线上两个长度相等的电流元受到的安培力大小相同,安培力与水平方向的夹角也相同,如图 4-8 所示。由此可以推知,圆环受到的安培力沿水平方向。通过此题的分析,学生认识到,电磁感应中,感应电流受到的安培力方向总是阻碍导体与磁场的相对运动,但不一定与相对速度方向相反。

5. 从学生的提问中确定内核问题

学生学习某一知识,心中的疑难问题就是学生理解这一知识的关键。教师由于已经掌握了这一知识,就不容易了解学生学习的困难所在。教学中应该给学生机会,让他们说出自己的疑难问题,然后引导他们解决这一问题。例如,高中物理按照教科书学习了光电效应之后,大部分学生的问题是:"金属中的自由电子能否吸收两个甚至更多个光子而溢出金属表面? 如果能,金属就不存在极限频率了。"这个问题就是学生接受光电效应知识的关键。初中物理学习电流做功的知识,普遍存在的问题是:做功的两要素是力和物体在力的作用方向上的移动的距离,那么电流做功的力在哪里? 移动的距离在哪里? 对此不能做出合理的说明,学生对电流做功的知识就只能是机械记忆。

对于一些适合于自学的内容,可以让学生在自学后提出问题,然后对这些问题展开讨论。学生提出的问题,必然包含有关于学习内容的核心问题。课堂上把时间花在学生的真正问题上,可以提高教学的针对性和有效性。如果是通过教师讲解进行教学,必然只注重内容的完整性和系统性。学生一看就懂的内容教师要讲,学生不懂的问题教师讲不到。教师花几十分钟讲的内容,学生往往自己花5、6分钟看书就弄懂了,教学效率不高。学生不懂的问题教师讲不到,教学效果不好。更为严重的是,通过教师的讲解,学生就觉得自己没有问题了,学生提问的意识将日渐淡薄。

第四节　内核探究教学的预设原则

内核探究教学提倡通过课堂讨论以及学生之间、学生与教师之间的互动解决内核问题。课堂讨论中,观点的生成具有多样性、创新性和不可预测性,这决定课堂讨论是不可完全预设的。但这并不意味着内核探究课堂是无法预设的,因为人的认识的发展和人际交流仍然是有规律的;也不意味着讨论性课堂是不必预设的,因为只有处于一定情境中学生才能发现、提出并思考内核问题,班级讨论只有在教师的指导和调控下才能开展并不断深入。为了创设合适的问题情境,为了能有效地激发、指导和调控课堂中的互动,都需要教师课前进行精心的准备。内核探究教学不但不排除预设,相反需要教师进行更为灵活和更高水平的预设。

为适应于单纯授受式教学内容的确定、理解现成、过程封闭的特点,传统的教学设计具有如下共同特征:第一,封闭性导入。教师常按复习铺垫、以旧引新的方法设计新课的导入,之所以称为"封闭性导入",是因为教师复习铺垫的暗示性和定向性。学生听了教师的复习铺垫后,就知道了本节课的学习要用到原来的哪些知识,遇到问题时应该朝什么方向思考,从而不利于学生思维通道的打开,不利于学生进入真实的探究。第二,以知识体系的逻辑关系为线索的教学进程。正如第二章第五节分析的,人的认识过程包含着直觉、灵感、感悟等非逻辑思维过程。作为人的认识成果,为了交流、传播,也为了检验其正确性,才把它加工成一个结构严密的逻辑体系。所以知识的逻辑关系与人的认识过程不一定完全相符,按知识的逻辑关系教学能使学生接受,但不能使学生真正地理解。第三,单线型的教学路线。设计的教学路线图环环相扣,各个环节用几分钟,教师说什么话,提什么问题,学生应该回答什么,都做了严密的设计。教学过程不允许打乱任何一个环节,不然教学就无法进行下去。第四,确定性的标准答案。设计的要学生回答的问题,都设置了"确定性"的标准答案,期望学生按教案的设想回答问题。第五,划一的教学过程和要求。对全体学生规定了划一的要求和统一的练习,期望全体学生齐步行进。从这些特征可以看出,传统的教学设计是以知识为本的,着眼于以最确定、最方便、最有效的方式向学生传授知识;而不是以人为本的,并不着眼于让学生通过活动获得发展。如果说传统的教学设计也是把学生当作能接受知识的人来看待的,那也只是把他们当作"假想的学生""抽象的学生"看待,他们"应该如此",甚至是"必须如此"。并且这种十分具体而周密的教学设计,就是为了防止学生作为真实的人"复活",以免节外生枝,影响了知识的传授。

在讨论性课堂中,学生与教师都是作为真实的人参与对话的,每个人都以他人的实际观点作为自己回应的依据。为了适应学生作为人而固有的探究性、创造性和不同个体的差异性,课堂预设应该从简单提问设计向真实问题设计转变,从封闭性设计向开放性设计转变,从按知识的逻辑设计向按知识的内核生成设计转变,从确定性设计向可能性设计转变,从线性设计向模块设计转变。

1. 真实问题原则

教师提出问题让学生思考,是最常用的教学方法。很多课堂是教师不断地提出问题来推动教学的进行。提问设计中较普遍的问题是,教师的提问不具有问题性。很多教师在设计提问时,运用"降低坡度""铺设台阶""设计问题串"等策略,从自己作为已知者的角度出发,设计出一个系列性的提问。学生依次回答这些提问,就得到了需要探究的结果。教师的每一个提问都不是真正的问题,学生只需要回忆或根据提问本身就能说出答案。

所谓问题,就是需要解决没有解决的事情。真实问题的本质特征是"没有解决",需要通过探索去解决。而只需要回忆已有的知识或者只需要用已有的知识和熟悉的方法就能得到答案的提问,并不是真正的问题。如果因为其存在问题的表面形式而将其称为问题,那这样的问题就是封闭性的问题。真实的问题一定是开放性问题,对于解答者而言,它的答案是未知的、不确定的。解决这样的问题需要的是探索而不是回忆。一种误解是认为开放性问题的答案是不唯一的,而封闭性问题的答案是唯一的。这种看法是错误的,即使一个问题有几个答案,但如果这几个答案可以通过回忆得到或者很容易用已知的方法推出,这样的问题仍然是封闭性的。虽然问题最后只有一个答案,但在解决这个问题时答案是不确定的,需要探索和论证,这样的问题也是开放性的。例如,在奥斯特发现电流的磁效应后,法拉第提出了磁能否产生电? 如果能,是在什么条件下? 这个问题最后有了唯一的答案:磁能产生电。当穿过闭合电路的磁通量发生变化时,电路中就会产生感应电流。但在法拉第得出结论前的十年探索过程中,答案是不确定的,要不断地猜想验证去寻找答案。而当学生学习了产生电磁感应现象的条件之后,要他们回答有哪些基本方法能产生电磁感应现象,虽然这里答案有两个,即磁场变化或者回路的面积变化,但由于这个问题只需要回忆就能解决,它仍然是封闭性的问题。

封闭性问题只能引发学生的回忆和简单推理,而真实性问题则由于问题的开放性和挑战性,可能激起学生解决问题的欲望,激起学生在自己的认知结构中检索与问题相关的经验或信息,激起学生为解决问题的实际探究。每个学生积极主动的参与又为课堂的多向有效互动提供了基本条件。

例 "变压器"教学片断

下面先呈现某一届全国高中物理青年教师教学大奖赛中"变压器"教学的两个教学片断,再给出按照真实问题原则设计的教学情况。

教学片断一:变压器工作原理的教学

师:以前学过变阻器能改变电流和电压。今天再学一个装置:变压器。

教师出示演示用的变压器,介绍变压器的结构及各部分的名称。

师:闭合电路中产生感应电流的条件是什么?

生:磁通量发生变化。

师:如果在变压器原线圈上加恒定电压,副线圈上有无感应电动势? 为什么?

生:没有。因为通过原线圈的电流不变,它在铁芯中产生的磁感应强度不变,穿过副线圈的磁通量也保持不变,所以不会产生感应电动势。

师：那么如果在原线圈上通有交流电，副线圈上有无感应电动势？

生：铁芯中有不断变化的磁通量，副线圈上有感应电动势。

师：副线圈两端如果接有负载，有无电流通过？

生：有。

上述教学，教师在小步子的设问中，每一步提问对学生而言都不具有问题性，因为提问的答案学生都是已知的。小步子的设问拆解了问题的整体性和有机性，从而也剥夺了学生探究的机会。学生虽然获得了结论，但结论与原有知识的联系较单薄，结论的得到没有伴随应有的心智努力，所以不利于结论的运用。

一种内核探究的教学设计如下。

演示：如图 4-9 所示，在铁芯上用软导线当场绕上线圈Ⅰ、Ⅱ。线圈Ⅰ接学生电源的交流输出（但没有告诉学生接交流输出），线圈Ⅱ上的小灯泡发光。

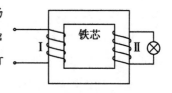

图 4-9

提问：线圈Ⅰ、Ⅱ相互间是绝缘的，小灯泡怎么会发光？（实际上，教师不说，学生头脑中也已有这个问题了）

学生在思考解决这个问题的过程中，可能会想到以下一些方面：

两个线圈是通过什么联系起来的？

这个现象中可能涉及什么样的物理规律？

原线圈中的电流应该是怎样的（直流、交流）？

铁芯起什么作用？

学生沿着这些线索思考下去，都能解决小灯泡为什么能发光的问题，从而也就理解了变压器的原理。经过对这样的真实问题的探究，学生学得更有劲，更有成功感，对变压器原理的理解也就更深刻。

教学片段二：变压器原、副线圈的电流、电功率关系的教学

演示：连接如图 4-10 电路，告诉学生原、副线圈的匝数，读出两电流表的示数。

师：电流与匝数有什么关系？

生：匝数多的线圈电流小。

师：可以看出它们近似成反比，即 $I_1 : I_2 = n_2 : n_1$。

师：前面还学过 $U_1:U_2=n_1:n_2$。从而有 $I_1U_1=I_2U_2$。这表示什么？

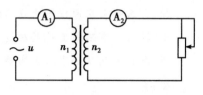

生：输入功率等于输出功率。

一种内核探究的教学设计如下。

演示：用升压变压器，原线圈接学生电

图 4-10

源 12 V 交流输出，副线圈两端接"220 V、15 W"灯泡，灯泡发光，再并联一个灯泡也发光。

师：变压器真是个好东西，它能放大能量。用 12 V 的电压就能使 220 V 的灯泡发光。可以推想用这一个学生电源，就能使整个城市的灯发光。

生：？（学生大惑不解：知道能量一定是守恒的，但这里看到的现象似乎表明能量被放大了。）

一会儿后，学生提出要测量一下 I_1,U_1,I_2,U_2。教师测出 I_1,U_1,I_2,U_2，发现 I_1U_1 比 I_2U_2 大很多。

接着讨论能量的损失途径，然后提出理想变压器的概念，得到对于理想变压器有 $I_1U_1=I_2U_2$，推出原、副线圈的电流关系 $I_1:I_2=n_2:n_1$。

只有真实的问题才能激起学生探究的兴趣，才能使学生在探究中获得感悟，建构起属于自己的知识。拆解式、小步子的提问只能使学生产生表层的、记忆性的学习，并不能使学生真正理解所学知识的意义。

2.内核生成原则

内核生成原则是内核探究教学设计的最重要原则。它要求在知识的内核处设置问题，通过对内核问题的深入探究，生成核心知识，然后以此为核心，把原来各个零散的知识组织起来，并不断地拓展、丰富和完善，就形成了一个完善的知识体系。

在知识内核处设置问题，对学生具有很大的挑战性，能激发学生的兴趣。花较多的时间突破内核知识，其他知识能很快地通过接受式学习获得，从而为在规定的时间内完成教学任务提供了可能。通过这种方式进行学习，学生不但能对所学知识获得全面的、深刻的理解，而且还能获得按逻辑顺序逐步学习所不可能获得的情感体验。

在具体的教学设计中，可以直接以理论性的内核问题为课堂探究的问题，也可以间接地以包含着内核问题的实际问题为课堂探究的问题。在上一章第一节中,关于"功和动能定理"的教学,以"物体动能的变化与什么有直接的、本质的联系"为课题进行探究是前者的例子。在本节前面的案例中,让学生探究"绕在同一铁芯上的两个线圈,把一个线圈接到电源两端,接在另一个线圈两端的小灯泡会发光,这个现象是怎样产生的?"获得变压器的工作原理,是后者的例子。

3.开放性原则

开放的教学内涵有两个层次的含义:第一,在广度上的开放,教学要面向全体学生。不同学生解决问题的不同状态,包括正确的、错误的信息都有生成的可能,使它们可以成为学生交流讨论的共享资源。第二,在深度上的开放,教学要面向学生的认识过程。也就是说,教学更重要的是展现学生认识从错误到正确、思维从混沌到清晰的真实过程。总而言之,就是教学要以不同学生的真实认识为基础,并以此为资源进行生生、师生互动,促使其认识不断地从错误到正确、从低级到高级的转变。或者说,教学要面向真实的学生,面对学生真实的思维状态,让学生把自己对问题的真实想法表达出来。不管是正确的还是错误的,并以此为教学资源,组织师生和生生间的对话,推动教学的不断深入。

对开放性教学的理解存在一种偏差,那就是以为以开放性问题为教学内容的教学就是开放性教学。显然,开放性问题相对于封闭性问题来说,在打开学生思维广度和深度的通道方面有着一定的优势。我们应尽可能地把封闭性的问题转化为开放性的问题来进行教学。但是,把开放性问题作为教学内容来进行教学,也未必就一定能形成开放的教学。如果开放性问题的教学只是关注部分学生,呈现的仅仅是问题解决的正确答案,尽管个别学生解决问题的方案有可能很丰富多彩,得到的结论有可能不唯一且多元,也还是那种封闭的控制式教学。因此,开放性问题不过是教学的内容而已,不能简单地与开放复杂多变的教学过程画等号。教学是否开放的关键在于教师在进行教学设计时是否有"具体学生"的思考,是否对学生课堂状态的"可能性"有所预见,是否有为促进每个学生的发展而教学的意识。

例 多普勒效应的教学

创设情境:把一蜂鸣器牢固地拴在约1 m长左右的绳端,手抡动绳子使蜂鸣器做圆周运动,学生将听到:当波源向着自己运动时,听到的音调变高,表明接收到的频率变大;当波源远离自己运动时,听到的音调变低,表明接收到的频率变小。

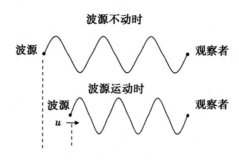

图 4-11

提出问题:大家仔细观察会发现,当波源向着你运动时,你听到的声音频率升高了;当波源远离你运动时,你听到的声音频率降低了。这种现象是怎样产生的? 大家先来思考前一种现象。

开放探索:鼓励所有学生提出自己的想法。当有学生提出自己的想法时,教师先不要评论,也不要马上跟着追问,而是记下或写下这个学生的观点,然后让其他学生继续提出自己的解释。课堂上学生提出的解释主要有如下几种。

①波速增加了。

②是空气阻力造成的现象。

③由于波源向着观察者运动,"波在运动方向压紧了"。另有学生明确地说明,波源向着观察者运动,波与观察者之间的波长被压短了。

④波源向着观察者运动,距离变小,观察者接收时间变短,所以接收到的频率变大。

⑤波源运动时振动频率变大了。

这里的所有观点都是教学的资源。从观点①③④讨论下去都能解决问题(如图4-11),只有破除了观点②⑤,才能接受真正正确的观点。

4.预设可能性原则

在以往封闭的课堂教学中,教师心目中的学生是"抽象学生",上课也是按照教案设想执行教案的过程。既然是为完成教案而教学,设计时自然也就无须考虑学生在课堂中的可能状态,教学时也就更不会顾及学生在课堂中的即时状态。开放的教学较之封闭的教学来说,留给了学生较多的时间和空间,课堂也因此生成太多的不确定性和可变化的因素。面对开放的课堂和学生不同的思维状态,有的教师束手无策、不知所措;有的教师应对无暇、力不从心;有的教师情不自禁地赶紧把学生拉回到事先确定的"行进路线"。说到底,开放的课堂教学向教师提出了更高的要求和严峻的挑战,无论是在心态上还是在教学能力方面,许多教师还不太适应这种要求和挑战,更缺乏应对挑战的教学智慧。

从理想的角度讲,提倡让学生面对真实问题,提倡课堂的互动与生成,提倡开放的教学过程,教师应该具有深厚的学科底蕴、高超的教学技能和博大的教学智慧,并能即时恰当地应对课堂上的所有生成。但这样的老师是不可能存在的,因为教师也只是人类中的一员,他不可能具有高于人类的智慧。

切实可行的做法是,教师应该从"确定性"设计向"可能性"设计转换。既要预设学生在课堂中的各种可能性,还要预设应对各种可能的教学策略。具体地说,对于一个知识点,要考虑学生可能有哪些疑问? 会产生哪些错误? 可能存在哪些困难? 对于一个问题,要考虑学生可能有哪些理解? 哪些见解? 哪些典型的解决方法? 解决问题时会产生哪些典型的错误? 当学生出现错误时,教师该如何读懂其中的困难与障碍所在? 如何引导学生在思维的碰撞中形成正确的认识? 当学生形成了新的方案或结论时,教师应如何使其背后的思维过程得以展现? 如何概括和提炼出方案或结论形成的路径并体现其深刻和丰富的教育价值?

教师对教学过程做多维的预设,并留给学生足够的弹性空间,容纳学生的差异性和创造性,既体现了真正以人为本的教学理念,也增强了教师应对课堂复杂性和多样性的能力。因为尽管教师在预设时不可能穷尽学生在课堂上的各种可能性,但对一些基本情况的把握,会使得教师有精力对付课堂上产生的出人意料的情况。

教师对学生"可能状态"的正确估计,来自于对人的认知规律的把握,也来自于教学经验的积累,还来自于对自身认识的反思。

例　滑动摩擦力大小教学的预设

在日常生活中,学生对于滑动摩擦力大小的相关因素,有自己的各种经验。这些经验有些是正确的,有些是错误的。教师需要了解这些经验,并预设好应对策略,在课堂上才能引导学生转化错误经验达到正确认识。对于滑动摩擦力的大小的相关因素,学生中可能存在以下生活经验。

(1)用橡皮擦擦除纸上的字迹,压力大擦除字迹的效果好,可见压力大摩擦力大。

(2)表面越粗糙,摩擦力越大。

(3)拉动地面上的物体,物体越重,需要的拉力越大。所以,重力越大摩擦力越大。

(4)数纸的张数时,手指弄湿能更快地完成工作,可见物体表面越潮湿摩擦力越大。

(5)人推着物体在水平地面上移动,速度越大,人感觉到越"吃力",可见物体运动的速度越大摩擦力越大。

(6)被子摊放在床上较难拉动,而折叠起来后就较易拉动,可见接触面积越大摩擦力越大。

需要强调说明的是,教师除了要在课前预设开放教学中可能出现的各种情况以外,还要有积极和开放的心态,变被动消极地应对为主动积极地发现。努力发现设计中预见的"可能性"以外的可能性的存在,期待学生生成更多的意料之外。这是我们的课堂教学需要给予学生的更深层次的关注。

5.预设模块原则

在教学过程的设计中,教师还需要注意由统一的硬性要求向弹性的设计转换。把弹性因素的思考引入到教学过程的设计中,可以改变教学中的"一刀切"现象,使教学有可能更贴近学生的实际需要,更顾及学生之间的差异。就教学的具体设计而言,就是将线性教学设计改为模块设计。其主要特征是教师将教学过程设计成几个相互联系的模块,这几个模块的连接就是教学的大致方向。每个模块都没有规定详细的硬性的教学流程,只是规定了师生活动的主题。对整堂课的教学而言,每个模块就是一个功能块,他们组装成一体就完成了整堂课的教学目标。

模块设计,一方面可以给学生提供更大的学习空间和主动选择的余地。班级学生在共同的基本要求下,不同的学生可以根据自己的情况,以不同的速度进行学习,思考对自己有意义的问题,从而使所有学生各有所获。基于学生自主学习和自主决策的模块设计,有利于学生形成根据自己的需要做出判断与选择的意识,有利于形成学生主动把握自己寻求发展的意识,这也正是当代社会中人的发展所需要的重要特质。另一方面可以使教师摆脱僵硬和机械的教学程序,从教学设计起就有如何应对教学中的可变因素和不确定性,并做出相应调整处理的思考,以增强教师在教学过程中的信息敏感和把握时机促进教学过程生成的能力。也正是在这种充满弹性变化和不确定性的教学过程中,教师才会有提升处理"活情境"的教育智慧的需要与可能。

例 "匀速圆周运动"教学模块设计

本节课的教学内容有:匀速圆周运动;描述匀速圆周运动快慢的物理量;描述匀速圆周运动快慢的物理量之间的关系;相关联的两个匀速圆周运动物理量之间的关系。

本节课的教学可以采用"任务驱动"的教学方法。教学过程的模块设计如图 4-12。

真实任务 → 学生自学 → 疑难讨论 → 解决方案 → 知识整理

图 4-12

(1)布置真实性任务

展示图 4-13 所示的自行车。以一定的速度摇动脚踏板(约 1 转/秒),后轮以很快的速度转动。要求学生在自学本节内容之后,设计一个方案,测量出自行车后轮边缘上点的速度。

图 4-13

(2)学生自学

学生自学课文,完成课后练习(其中有一个题可以为设计测量方案提供思路),记下疑难问题。

(3)疑难问题讨论

学生提出学习中的疑难问题,教师组织全班学生讨论解决这些问题。在一次教学中,学生提出的问题有。

①在以前,速度定义为物体的位移与时间的比值。而本节中,对匀速圆周运动速度的大小定义为物体通过的弧长与所用时间的比值,这里有无矛盾?

②匀速圆周运动是匀速运动吗?

③如何推导描述匀速圆周运动快慢各物理量之间的关系?

④角速度是矢量吗?

⑤频率和转速有什么关系?

(4)讨论测量方案

叫几个学生汇报自己的设计方案,讨论。

参考方案:测量出大齿轮的半径 r_1、小齿轮的半径 r_2、后轮的半径 r_3。测出脚踏板转动 30 圈用的时间 t。求得后轮边缘的速度 $v = \dfrac{60\pi r_1 r_3}{r_2}$。

(5)知识整理

学生学习教师下发的知识提纲,获得对本节知识的系统认识。

第五节　内核探究课堂的一般模式

平时朋友间的漫谈闲聊无拘无束、气氛轻松,且没有主导者。谈话主题可能不时地变化,不追求通过交谈达成某种一致的认识。与朋友间的漫谈闲聊不同,内核探究课堂中的讨论围绕一个知识整体的核心问题。小组或班级成员开展积极紧张的思维活动,提出解决问题的猜测、思路,通过不同观点的交流、交锋、相互启发,最后在与学科理解一致的程度上解决问题。在课堂讨论中,教师起着特殊的作用,他是讨论的激发者、组织者、推动者、指导者、对话者,使课堂讨论充满张力,并始终沿着达成问题解决的方向前进。

内核探究课堂的基本模式如图 4-14。

图 4-14

1.创设情境,激活思维

内核问题一般要蕴含在问题情境中,学生通过与问题情境的接触,产生各种相互关联的问题。在对这些问题的比较和思考中,逐渐明确问题的核心,然后集中力量予以突破,建立起适用于此类问题情境的知识。

当然,内核问题也可以由学生在学习中基于知识的逻辑或对了解事物变化的因果性的追求而直接提出,这时学习过程本身就是产生内核问题的情境。如果教学能结合学生提出的问题展开,将能极大地激发学生的学习热情,提高学生自主学习的能力。

一个好的问题解决情境应该具备下列条件。

(1)能激起学生的兴趣,学生能从中提出与教学任务相关的问题。

(2)问题情境应足够复杂,能使学生提出多个问题,或对问题的解决提出多种观点。

(3)问题的解决要得益于(而不是受阻于)集体的努力。

(4)学生要能提出可验证或可进一步论证的假设。

(5)所需的实验设备相对简易,或者学生在教师的指导下能做进一步的论证。

例 "超重和失重"教学的情境导入

教师出示并介绍如图 4-15 装置,约 2 m 高的支架上固定两个定滑轮,一根细线跨过两个定滑轮,细线两端各连一个圆筒测力计。然后在右边测力计下挂 3 个 50 g 的钩码,左边测力计下挂 2 个 50 g 的钩码。用手捏住细线使系统静止。

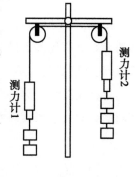

图 4-15

然后,教师要学生预测,放开手让钩码运动,与静止时相比测力计 1 的读数将如何变化?

有说减小,有说不变,有说增大的。教师分别叫持这三种观点的学生阐述自己的理由。

预测测力计的读数减小的学生认为:左边的两个钩码加速上升,受到一个向上的合力作用,所以测力计的读数减小。

预测测力计的读数不变的学生认为:钩码受到的重力没有变化,所以读数不会变化。

预测测力计的读数增大的学生认为：左边的钩码要产生向上的加速度，所以测力计的拉力应该增加。

演示。先读出测力计1的读数（圆筒伸出的红、白颜色的格数）；然后放开细线，能观察到左边钩码加速上升时测力计1的读数增大。

每个学生自己预测测力计2的读数变化（不进行讨论），然后进行演示，能观察到测力计2的读数减小。

接着从理论上分析测力计读数变化的原因，得到超重和失重的一般性规律。

这个案例中的情境设置符合上述5个条件，也为下面"全面开放，生成观点"提供了示例。

2. 全面开放，生成观点

教师创设的问题情境要向全体学生开放，使每一个学生都有可能在自己的基础上，从自己的角度用自己的方式，提出问题或问题解决的方法、思路、猜测等。由于个体差异，不同学生会提出不同的问题和观点，而这些不同的问题和观点，正是师生进一步互动的基础资源。如果没有学生的积极参与和多样性见解作为前提，课堂上就不可能出现师生之间的有效互动。

为了使学生的不同观点得以生成，呈现问题情境或提出问题后要给学生留出足够的思考时间；为了使学生不成熟的观点得以表达，教师和学生要有足够的耐心倾听他人不流利、不明晰的表述；为了及时捕捉学生生成的各种有用资源，教师既要有目标意识，又要有开放的心态。要明确教学的目标，以保持对与目标相关的资源有高度敏感的心向，同时又要以开放的心态接纳对整个课程学习和对学生发展有利的课堂生成。

为了使学生生成的各种资源得以充分地利用，教师要尽可能"并列式"地呈现不同学生对问题的各种见解和观点。因为"串列式"呈现存在如下一些弊端：逐个讨论学生观点用的时间较之"并列式"的交流时间要长；"串列式"呈现和讨论的是零散的学生观点，让人不容易从整体上比较和把握不同观点的联系；"串列式"的教学节奏往往比较松散，不太容易形成生生、师生之间的互动，而"并列式"呈现不同的观点，即由于不同观点的差异具有的启发性和激发性，使学生或者会提出新的观点,或者会修改自己的观点。支持不同观点的学生会自发地展开交流讨论,教师与学生还可以对同时呈现的观点进行比较鉴别、辨析错误并提炼出更深层的问题和观点。

需要特别指出,学生提出的正确答案、精彩见解、独特解题思路容易引起教师的极大关注。而学生在学习过程中出现的错误和认识的障碍则容易被教师忽视。其实,学生学习过程中的错误也是重要的教学资源。学生的错误是教学中必须解决的问题,它应该被确定为课堂教学的内容,并且正确的认识是在与错误的斗争中确立的。对一些基本而重要的概念,只有破除错误的认识,才能树立起正确的理解。

3.整合观点,明确方向

学生提出了不同的问题或观点,这绝对不意味着教师可以放任学生自由探讨。课堂教学过程不可能只依靠学生的积极性就可以自发地推进,没有教师的组织,课堂马上就会失去思维的张力,变成一盘散沙,学生可能只会生成一些表面的、肤浅的、无意义的认识。教师的主要职责之一在于要及时判断、筛选、提炼、重组互动中产生的各种资源,及时地确定随后的探究方向,使课堂互动充满活力,并始终沿着达成教学目标、促进学生发展的方向前进。

对学生提出的各种观点,教师要利用自己在学科上比学生站在更高的位置上的优势,解读学生各种观点背后的真实意图。然后根据当前的教学目标和有利于学生发展的育人目标,引导学生对各种观点进行价值判断,做出分类处理。对于与课堂学习毫无直接关联的观点,要尽可能给以积极回应,再指出与本课的学习无关;对于与学习内容只有次要联系的观点,教师可以直接给予回应或回答;对于与学习内容有关但远超出当下学习水平的问题,教师要简要指出它在科学上的价值,然后答应与提问的学生课后交流或指导他如何寻找有关资料进行进一步学习;对于与当下的课程无关但与后续的课程有关的观点,教师要指出以后在何处的课程中将会讨论这个观点;对于与探讨的主题有本质联系但表述较粗糙的观点,教师要从中提炼出对探讨的问题有价值的观点;对于对探讨的问题有价值的不同观点,教师要通过重组、整合,确定具有典型性和关键性的观点,并作为进一步探究的过程性问题。

例如,对于本节前面的案例,在学生提出了对测力计读数变化的三种猜测和解释,并进行了实验观察之后,教师基于对本节教学目标和知识核心的理解,可以把探讨为什么测力计1的读数是增加的作为随后探讨的内核问题。

4.协作互动,突破内核

形成了进一步探究的过程性问题之后,教师要集中全体学生的思维指向,使他们投入到对这一过程性问题的探讨之中,并产生多种观点。教师应汇集各种观点,组织学生一起做讨论、比较、评价、互补、修正,形成对问题的解决更为深入、更高层次的过程性问题。如此反复,直至达到内核问题。

对内核问题的探究是课堂探究的高潮。在这一阶段,教师要保证学生足够的思考时间,使学生亲历探索、懵懂、感悟的全过程。教师要运用提问、质疑、追问等手段,营造一个适度紧张的探究氛围,使班集体(包括老师)成为一个以攻克内核问题为目标的探究共同体。共同体的所有成员因面对共同的问题而相互关联,在班级形成了相互支持、相互激发、相互理解的氛围,形成了一种有积极情感支持的思维场。在此,所有成员全身心投入而忘我,已有的经验得到激活和提升,思维紧张而活跃,班级中所有的个体大脑"联网"形成了功能更为高级的"集体脑"。某个成员的关键性发现,会使全体成员顿悟,并进而被论证和完善,从而使知识内核在全班范围内突破。

在课堂的多元互动中,作为"组织者""促进者"和"对话者",教师的主要责任是通过自己的适当干预,使探究共同体保持较大的思维张力和正确的探究方向。当个别学生资源对全班学生有价值时,要提醒全班学生进行思考和体验;当个别学生对知识有所体悟,并产生个性化和创造性的见解时,尽管这种见解有时还比较稚嫩,教师都需要及时地进行梳理并加以提炼和提升;当课堂中有学生出现说不清道不明的情况时,教师要给予恰当的点拨,使学生能明确自己的真实意图,并用清晰的语言表达出来;当有学生提出包含有正确成分的观点时,教师应该通过质疑、追问使学生进行更全面的思考;当全体学生思维受阻时,需要教师进行适当的启发,或者重新表达问题,或者降低问题的难度,以使学生找到继续前进的方向。

5.总结反思,拓展延伸

突破了内核问题、建构了要学习的知识,课堂教学并没有结束。作为课堂教学的重要环节之一,还需要引导学生对学习内容和学习过程进行反思总结。

在真实的课堂中,就总结的主体而言,大多数情况是教师对教学内容进行总结,偶尔也会让几个学生面对班级同学进行总结,但都很少考虑到师生、生生之间的互动在总结中的作用。就总结的内容来看,通常是对学习的知识进行梳理,并提炼出若干个要点以帮助学生记忆和把握,使总结局限于应该掌握的知识上,既没有涉及学生当下的学习状态,也没有涉及学生要继续学习的未来。

为了充分发挥总结的教学价值,应该创新总结形式,拓展总结的范围。

就总结的形式而言,不能只是教师进行总结,而应该要求每个学生进行总结,并且在学生自我总结的基础上开展互动。例如,让几个学生在黑板上写出知识小结,其他学生对此进行评议,使学生在交流中进一步提高对知识的理解。

就总结的内容而言,不但要对知识进行总结,还可以对学习中的重要方法进行总结;不但要对已经掌握的东西进行总结,还应该反思自己没有掌握的问题,并在老师和同学的帮助下获得解决;不但要总结对所学知识当前的理解,还要对所学知识进行提炼提升。

教师还要引导学生对学习的内容进行拓展延伸性的思考:当下的学习内容与以前所学的知识有什么联系?新学知识的适用条件和适用范围是什么?对课堂探究的结果,还有哪些问题需要进一步研究?通过多维、多视角的拓展,形成后续学习的新问题,还可能为下一个整体性的教学过程提供新的方向性问题与目标。通过拓展延伸性的思考,可以把学生课堂的学习延伸到课后的思考和探索,可以使学生从当前的学习内容联想到对以前学习内容的重新思考。从这个意义上说,拓展延伸不仅起着承上启下的作用,更重要的是以形成学生的问题意识为目的,以此来培养学生主动的猜想或联想的意识和能力,形成学生主动学习的心态和学习的习惯。

例 "人造卫星"的教学

Ⅰ.创设情境,激发思维

简介人造卫星,给出两组数据。

原苏联发射的第一个人造卫星,质量 83.6 kg,距地面的平均高度为384 km,速度为 7.68 km/s,绕地球一周时间为 92 分钟。

我国 2005 年发射的神舟六号飞船,质量约 8 吨,在距地面高度为 343 km 的圆形轨道上飞行,速度为 7.820185 km/s,绕地球一周时间为 90 分钟。

Ⅱ.全面开放,资源生成

师:卫星的发射和运行,要综合地用到多个学科的知识和技术。那么,单从力学原理的角度,对于卫星的运行,请你提出一些问题。可以是自己头脑中原来存在的问题,可以是你认为需要研究的问题,还可以根据上面所给的两颗卫星的有关数据提出问题。

例如:牛顿提出万有引力定律时,有人提出,月球受到地球对它的引力,它为什么不掉下来?前苏联发射第一颗人造卫星时,又有人提出,卫星受到地球引力的作用,为什么不掉下来?

学生提出的问题有:

(1)卫星在轨道上运行要不要动力?

(2)在轨道上运行的卫星速度可快可慢吗?神舟六号飞船在距地面高度为 343 km 的轨道上运动,速度只能是 7.820185 km/s 吗?

(3)卫星的速度 v 与轨道半径 r 有什么关系?(据此,教师进行扩展,再提出:卫星的速度 v 与卫星质量 m 有什么关系?卫星的运动周期 T 与轨道半径 r 和质量 m 分别有什么关系?)

(4)卫星相对于地面如何运动?(教师通过适当讲解,提出一个相关的问题:能发射一个相对于地球表面静止的卫星吗?)

(5)卫星在运动时,还会受到月球、太阳等对它的引力作用,这对卫星的运动有影响吗?(教师当时回答:有影响,会使卫星偏离原来的轨道。所以过一段时间,就需要开动卫星上的发动机,重新调整它的姿态。)

(6)卫星在运动中碰到太空垃圾,对它的运动有影响吗?(当时解答。)

(7)怎么做到把卫星的速度测量得这么准?(简要介绍通过地球表面上的多个测量基站进行测量,指导有兴趣的学生课外到网络上查找相关的内容进行学习。)

Ⅲ.整合资源,明确方向

资源整合:问题(1)(2)是一有关人造卫星的原理,它们实际上是同一个问题的不同方面。(3)是做圆周运动卫星的速率和周期。问题(4)(5)(6)(7)教师当时做简要解答,不作为课堂研究重点。

教学方案：以人造卫星的运行原理为课堂探究的内核问题，弄清了人造卫星的运行原理，卫星的速度和周期就能很快推出。

Ⅳ.协作互动，突破内核

师：你们认为月球受地球的引力作用为什么不掉下来？

无人能回答。

师引导：这个问题牛顿在 300 多年前就已经解决了。针对别人提出的苹果受引力作用要落地，而月球为什么不落下的疑问，牛顿回答说，苹果下落与月球不下落都是符合力学规律的。设想有一座陡峭的高山，当从山顶把物体静止释放，物体做自由落体运动；把物体以一定的初速度水平抛出，物体做平抛运动，速度一次比一次大，落地点也一次比一次离山脚远。如果没有空气阻力，当速度等于某一个值时，物体将绕地球做匀速圆周运动，且永远不会落到地面上来，如图 4-16。

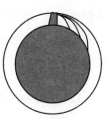

师：现在，你们知道卫星不会落下的原因是什么吗？

生 1：是惯性。

生 2：有初速度。

师：（为了统一两种观点）如果把物体竖直向下抛出，物体也有初速度，为什么不会做圆周运动？

图 4-16

生：这时的惯性是向下的，不是水平的。

教师纠正：惯性是没有方向的，它是保持原来速度的性质。初速度水平，惯性的表现是想保持原来的水平运动，初速度竖直向下……

师：水平速度小一些为什么不能做圆周运动？

生：速度小，惯性不够大。

师：质量相同的物体速度大惯性就大吗？

生：？

生（过一会儿）：反正惯性的作用与引力的作用相抵消时，物体就既不出去也不进来。

师：我理解你的意思。你是说，只有惯性的作用，物体将从 A 点运动到 A_1 点，而同时由于受引力作用，物体将被拉到 B_1 点，当 $OB_1 = OA$，物体就做圆周运动。而初速较小，在相同时间内惯性作用只能从 A 点运动到 A_2 点，引力作

用将把它拉到 B_2 点，$A_1B_1 = A_2B_2$，就有 $OB_2 < OA$，物体将落向地面。

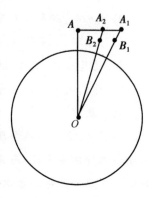

教师进一步提升：由于惯性，卫星想做直线运动远离地球而去，而万有引力则力图把卫星拉向地球。当两个因素势均力敌，也即万有引力等于需要的向心力时，卫星就保持跟地球的距离不变，做匀速圆周运动。在这里，我们看到，卫星的运动并不像飞机的飞行需要动力。月球一直绕地球运转，它并没有一个动力装置。（解决了问题1和问题2。）

图 4-17

根据万有引力提供向心力，推导出卫星速度公式和周期公式。

Ⅴ.反思总结，拓展延伸

学生阅读必修2第六章"万有引力与航天"第5节"宇宙航行"，并反思本节课的学习，提出自己想进一步弄清的问题。学生提出的问题有。

(1)绕地球做圆周运动的卫星，越高速度越小，是否越高的卫星发射越容易？

(2)如果物体在距地心为 r 处，发射速度 $v > \sqrt{\dfrac{GM}{r}}$，物体将怎样运动？

(3)第二宇宙速度与第三宇宙速度是如何计算出来的？

第五章　内核探究中的课堂讨论

对于内核问题,学生无法凭个人的力量在较短的时间内予以解决,需要与同伴或教师进行协商合作。在课堂教学中,合作探究的主要方式是讨论,围绕内核问题的讨论就是合作探究。我国的中学教师习惯于通过自己条分缕析的讲解向学生传授知识,学生习惯于通过听讲接受现成的知识。他们都对课堂讨论固有的无序性、偶然性和创造性感到不适甚至害怕。所以,要在课堂上开展讨论,首先,师生要充分认识讨论对于课堂探究的促进作用,消除开展课堂讨论的思想顾虑。其次,讨论有赖于学生的主动参与,教师要创建适于讨论的民主、和谐、多元、包容的课堂氛围。最后,讨论是与他人的面对面交往。对于教师和学生,都需要培养对话需要的良好的心理品质和交往技能。

授受式课堂的教学过程,是教师按课前设计依序展开的过程;而内核探究的课堂,教学过程是各种因素相互作用不断推进的。它需要教师不断捕捉、判断、重组课堂教学中从学生那里涌现出来的各种各类信息,推进教学过程在具体情境中的动态生成。

第一节　探究共同体中的讨论

面对富有挑战性、意义重大的内核问题,通过交流、质疑、答辩、反驳、评论等活动,以及不同学生(包括教师)相互作用相互影响,形成一个探究系统——探究共同体。在这个探究共同体中,不同成员的不同观点和见解得以共享,形成更加宽广的信息资源背景;不同成员的智慧"联网"产生了更加高级的智慧,从而能解决个体无法独立解决的更高级的问题,建构起涵盖更广泛经验的、理解更深刻的、为共同体成员所共享的知识。

学生通过讨论把自己置身于探究共同体之中,也即置身于更宽广的信息背景和更高级的智力背景之下。在此,每个学生的思维品质和思维能力得到了很大的提高,达到在个体单独探究时达不到的智力水平。在共同体中,学生的观察力变得更为敏锐,洞察力变得更为敏感,思维变得更为灵活开放,更容易接纳他人的观点并对其进行分析批判,更容易受到启发产生新的思想。

1. 讨论能产生多种观点

任何个人的观点总是受自身的知识经验、生活经历、兴趣爱好和思维方式的局限,很难做到是全面的。讨论时,不同人从不同的角度提出自己的观点,对同一问题就会出现不同的观点。每个人在他人观点的激发下,会修正自己的观点或产生新的观点。在讨论之前,根本无法预计会涌现出多少不同的观点,会冒出多少意想不到的问题。多种观点产生思维碰撞,推动探究不断深入。使用讨论法群策群力,相互激发,几乎可以揭示出任何一个复杂问题下所隐藏的众多不同看法。对于一些复杂的问题,要使学生形成全面、正确的理解,可以让学生认真阅读有关的文本资料,让学生做大量练习以覆盖所有情况,也可以通过教师系统进行详尽的讲解。但相比而言,让学生投入讨论将更具有参与性和切身性。

例　学生对"光电效应"知识的疑问

完成了光电效应这一节课的教学后还有几分钟,教师要学生提出自己的疑难问题。学生提出了如下一些问题。

(1)光电子是光子与电子组成的吗? 如果是这样,光子也可以以小于光速的速度运动了;如果光电子是电子,那么光子哪里去了?

(2)光照射金属表面,光子向里面冲击电子,电子怎么会飞出金属表面?

(3)金属受光照射的背面有少量光电子逸出吗?(经询问知道,学生的本意是:由于衍射光子能到达金属的背面,但感觉这些光子应更加没有力量一些,它还能使电子逸出金属表面吗?)

(4)金属中的电子能吸收多个光子从而逸出吗? 如果这样就没有了极限频率。

(5)随着光电子的逸出,金属带正电越来越多,带负电的电子要逸出金属表面就更困难了,金属的逸出功会随着光电子的逸出而增大吗?

(6)即使光的频率小于金属的极限频率,如果光照射足够长的时间,金属温度升高,自由电子无规则运动加快,电子也会逸出金属表面。如果这是真的,就无所谓极限频率了。

这些问题涉及光电效应的不同方面。凭一个人的思考,不太可能同时想到这些问题。而且其中的有些问题,就是有多年教学经验的教师也没有想到。而在一定程度上讨论、解决这些问题,能使我们较为全面深入地理解光电效应现象。

2.讨论能吸引我们投入探究

无论是学生还是教师,当看到针对某个问题有许多不同的、深刻的见解出现时,会觉得这个问题已经变得鲜活起来了,会自然地被吸引到对问题的思考中去。共同体成员会思考别人观点的意义是什么?是否有道理?不同观点的矛盾在哪里?别人观点与自己观点的关系是怎样的?参照别人的观点,自己的观点是否需要修改?如何指出他人观点的问题所在或如何从另一角度支持他人的观点?等等。并且,课堂讨论中引发的思考经常会延续到课外。

静听得到的知识很容易忘记,单纯阅读得到的知识也往往是字面的,容易淡忘。在讨论过程中,参与者的注意力高度集中,激发的感情体验广泛而深刻,所以对获得的认识记忆更加牢固。讨论中,不同的观点经过了比较、争论,最后得到的结论与原有知识的联系更为丰富、更为本质,从而对它的理解也更为深刻。通过讨论得到的结论,更具有生命力,能更好地应用到相关的情境中去。

3.讨论能激发我们的创造力

在共同体的探究中,学生个体能打破个人经验的局限。教师、同学和书本的不同观点,都能以动态的方式纳入视野。学生对不同的甚至是相互矛盾的证据、观点加以分析、批判、改造、评价,这就容易找到进一步深入的突破口。在共同体内部紧张的互动对话中,参与者的思维被高度激活,受到某些可感知或不可感知的因素的触发,容易产生新的观点。讨论中,参与者之间互相激发,互相启发,通过他人观点的支撑,讨论者能达到新的思维高度。

例 相互作用力同时性的讨论

牛顿第三定律指出,作用力和反作用力总是同时出现同时消失的。而很多学生的头脑中却存在这样的问题：在有些相互作用中，力有主动和被动之分，对于这些相互作用，好像应该是主动的力先出现，随后才产生被动的反作用力。教科书对此没有进行讨论，教师对此也做不出有说服力的论证，于是决定尝试在班级中讨论这个问题。

师：我们仔细观察一个演示实验。如图5-1所示，弹簧秤B固定在铁架台上，另一个弹簧秤A"主动"去拉它，两个弹簧秤的伸长和读数变化有什么关系？

反复演示几遍后教师指出：我们能大致地观察到两个弹簧秤同时伸长、同时缩短。那么它们真的是同时变化吗？也许有个微小的时间差，只是我们观察不到。请谈谈你的观点和理由。

生1：应该是"主动"的弹簧秤A先伸长，对B有作用力，把B拉长后B再对A产生作用力（几个学生的回答都是这种意思，可以肯定有好多学生心中都是这么想的）。

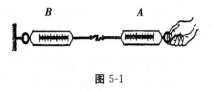

图 5-1

生2：认为A"主动"，那是把B看作不动的缘故。我们也可以以A为参照物，就是B"主动"拉A了。

这是一个新观点，它是把"主动""被动"的意义创造性地与相对运动相联系而得到的。

师：很有道理，以A为参照物，就是B在主动拉它。

生3：以相拉的钩为参照物，是两个弹簧秤"主动"地向两边拉（在学生2观点激发下产生的新观点）。

师：既然谁主动是相对的，相互作用的两个力应该是同时产生的。还有不同观点吗？

生4：认为A先伸长是不对的。A的伸长一定是B拉动的。

学生4提出的观点与学生2、3的观点在思路上是截然不同的，因而更具创新性。虽然学生4的观点在内容上与学生2、3的观点没有直接联系，但它是在学生2、3发表见解从而创造的激励性情感氛围中诞生的。

师：这是一种全新的观点。确实，如果只有手使弹簧秤A向右运动，B不拉A，A就不会伸长（教师边说边演示）。让我们把这个同学的观点明确化（板书图 5-2 所示的推理）。可见 A 对 B 的作用力与 B 对 A 的作用力是互为条件的。所以，它们一定是同时产生同时消失的。

图 5-2

这样，每个学生从自己的最初理解出发，通过相互间的交流、质疑、启发，不断地修正自己的观点，直至在更高的层次上达到具有更广泛基础的共同认识，即作用力和反作用力是同时产生同时消失的。

4.讨论能使学生的真实想法得到探究

在共同体的探究中，参与者之间的交流、讨论、对话，以各成员的自主探究为前提。面对探究的问题，学生基于自己的知识经验，提出自己的想法、假设。不管这些想法、假设是正确的还是错误的，都是课堂中进一步分析、辩论、加工的合法话题。对于错误的观点，进一步的讨论会分析错误的原因，并由此找到走向正确的道路；对于正确的观点，将被揭示成立条件和内含的逻辑关系，在充分讨论、深入探究的基础上使问题得到更为彻底地解决。总之，学生真正参与的探究，必将从学生的初始观点出发，依靠学生互动的力量，不断修改原来的观点，或否定原来的观点产生新的观点，直至解决问题建构要学习的知识。在教师控制的"探究"活动中，学生的真实想法没机会发表而较难被触及，学生只是按教师设定的过程"探究"，顺利地得出结论。这正如坐别人开的车可以很熟练地从出发点到目的地，自己独自开车时仍然很容易进入歧途。

例　一个电磁感应问题的教学效果为什么这么差

在高中物理的电磁感应部分，有这样一个典型的题目：如图 5-3，在水平地面上方 MN，PQ 之间有垂直纸面向里的匀强磁场。两个材料相同、粗细不同、边长相同的正方形导线框，从距 MN 相同高度处静止开始下落，线框下落过程中不计空气阻力，线框平面始终与磁场垂直。问哪一个线框先落地？

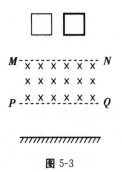

图 5-3

（1）教师"引导"下的探究

教师引导学生分析线框刚进入磁场时的受力，再由

法拉第电磁感应定律、安培力公式和牛顿第二定律,推导出线框刚进入磁场时的加速度为

$$a = g - \frac{B^2 v}{16\rho d}$$

式中 B 为磁感应强度, v 为线框速度, ρ 和 d 分别为线框材料的电阻率和密度。由于加速度 a 与线框的横截面积 s 无关,推知粗细不同的线框同时落地。

(2)基于学生真实想法的探究

哪个线框先落地? 学生提出了三种观点。

观点 1:粗的线框受的重力大,所以先落地。

观点 2:粗的线框电阻小,感应电流大,受到向上的安培力也大,所以后落地。

当教师问"还有不同的看法吗"一个学生提出了一个出人意料的观点 3:线框进入磁场,突然受到一个向上的安培力,线框会被向上弹起,再落下,再弹起,所以不会落地。

当观点 1 和观点 2 同时出现在学生面前时,学生明白了线框下落的快慢既与重力即材料的密度有关,也与电阻率有关。哪个因素起主要作用,要通过计算才能知道。对于观点 3,开展了如下的对话。

师:线框为什么会弹起?

生 3:因为线框进入磁场时突然受到一个向上的安培力作用。

生 4:不对,线框还受到向下的重力作用。

生 3:但是它受到一个突然向上的力作用,所以能反向运动。正如脚对篮球施加一个突然的作用力,篮球会反向运动。

至此,教师已经明白,这个学生是把"突然作用的力"与"突然作用的很大的力"相混淆了。

师:那如果突然向上作用的安培力小于线框的重力,情况会怎么样?

这样,全班学生都明白了问题所在。然后对线框的边长、横截面积、密度、电阻率和线框刚进入磁场时的速度做出假设,让学生推出前述加速度的表达式,最后得到两个线框同时落地的结论。

两种探究教学的效果显而易见。在日后通过相似问题的测试也表明,采用第一种方法教学,学生产生的错误仍然很多,采用第二种方法教学,学生产

生的错误就相对较少了。

5.讨论使探究活动具有批判性

批判性是指善于质疑辨析、基于理性事实、富于敏锐智慧的思维特征。在探究中,不能墨守成规,而要主动寻找各种可能性。观点的提出不能只停留于笼统的、模糊的直觉,对观点的坚持或质疑也不能依靠感觉或感情上的武断,而要摆事实、讲道理。所以,批判性是探究活动的本质特征。

在探究未知问题的讨论中,为实现问题的解决,学生和教师一定以摆事实讲道理的方式开展对话。讨论参与者必须持有批判的心态,尽可能多地听取别人的想法和观点,并加以询问和思考。必须以一种开放的心态来反复斟酌有价值的观点,使这些观点经受怀疑、争辩、反驳和修正等一系列过程。当听到有说服力的、理由充足的反对意见时,能够及时更改自己的意见;当反对意见理由不足时,能够对自己的想法坚信不疑。

在共同体的讨论中,教师和学生要坚持各自的观点和想法,而不用顾及所谓的权威思想。批判的标准是证据的可靠性,逻辑的严密性。当没有足够的证据或有力的推理对几个不同的假设做出判断时,应先允许它们同时存在,再靠进一步的探究来辨别它们的正误,或证明它们是一致的。

有效的讨论一定是富于批判性的,各说各话的争吵将使讨论流于形式,毫无成效。

6.讨论能增强探究的情感体验

共同体面对具有挑战性的问题开展的讨论,另一个重要的特点是它的有趣和激动人心。由于讨论具有不可预测性和冒险性,因此将它用于教学就像攀登高山或漂流于危险急流一样具有挑战性。由于我们无法确定在爬向峰顶的过程或在下一个弯道转弯时会遇到的情况,所以我们必须保持高度的注意力和变通性。对不可预知的事情保持一种开放的心态,以使我们感觉自己是参与其中的、充满活力的。更深刻的体验来自于探险过程中的急剧变化,每过一个弯道,我们常被眼前的全新景色或危急情势所震惊。在良好的讨论中,新观点诞生时所带来的情感冲击,同样是震撼人心、影响深远的。它不但使我们对讨论之事物印象深刻,还吸引着我们再次进行智力探险。

例 关于参照物的对话

在初中课堂中学习了参照物之后,教师为了说明参照物对于描述物体运动的必要性,要学生思考"假想你在太空中,四周没有任何星体和物体你能说自己在运动或没有运动吗?"这个问题,学生的回答和接下来的对话如下。

生:我能肯定自己在运动,因为我的手脚都在运动。

师:你怎么知道自己的手脚在运动?

生:手一会儿在身体前面,一会儿在身体后面,脚也一样。

师:也就是说手、脚相对于躯干的位置在不断变化。这里说的是手、脚相对人体本身的运动。那么怎样能判断人作为一个整体,在太空中有没有运动?

生:运动了。我知道自己向前运动了一段距离。(出人意料!)

师:你怎么知道自己在运动?

生:在我的想象中,我知道自己从一个地方运动到另一个地方了。

教师期望学生回答没有参照物就无法确定物体是否在运动,但学生的回答大大出乎教师的期望,使教师大为震惊。学生的回答并非表明学生不知道参照物的概念,而是证明了他们不是以教师想象的方式牢固地掌握了参照物的概念。

第二节 消除开展课堂讨论的思想顾虑

大部分老师都承认开展课堂探究和讨论的重要性,但是在课堂中经常组织讨论的老师并不多,主要原因是很多老师对开展课堂讨论还存在一些顾虑。

1.学生不会投入讨论

一些教师尝试开展课堂讨论,但由于最初的几节课中,学生并不积极投入讨论,而又退回到传统的授受式教学。这些教师反映,学生不主动发言;学生讲话不连贯、声音轻;学生的发言往往表意不清,讲不到点子上。

讨论时学生不主动发言有几种可能的原因:一是问题太难或思考时间不够,学生没有形成自己的想法。二是学生没有当众表达自己观点的勇气,怕说错了被同学和老师嘲笑。只要教师设置的问题在学生的最近发展区内,并给学生足够的时间思考,学生在讨论时才有话可说。任何个体都是在与他人交往中成长的,都具有与人交谈的基本能力。教师着力创设自由、平等、民主、安全的讨论环境,让学生感受到自己的发言被老师和同学重视而产生自信,就会逐渐培养起学生当众发言的勇气。当然,作为课堂文化,这种讨论环境的形成需要教师小心地、耐心地去营造。

学生讲话声音轻,较大的可能是他们的讲话风格所导致,也可能是他们还没有形成自认为正确的想法。对于前者,教师可以转述学生的发言;对于后者,教师可以让学生继续自己的思考。学生讲话不连贯,可能是学生表达能力不够好,也可能是学生还没有把问题思考彻底。如果学生不连贯的表述中有合理的成分,教师应该用明白的语言向全班表述。无论如何,学生不能响亮地、有条理地表达自己的观点,不是教师拒绝开展课堂讨论的理由,因为培养学生的表达能力也是重要的教学目标之一。

学生发言时讲不到点子上是正常的,如果对讨论的问题,学生一开始就能回答得很好,那么这个问题也就用不着通过讨论来解决。课堂讨论就是要使学生从讲不到点子上到最后能讲到点子上。在讨论中,学生从自己的知识经验出发,用自己的方式构建解释,用自己的语言表达思想,这种表达与概念化后的精炼赋予了确切意义的学科语言往往是不一致的。教师往往会认为学生这样的表达表意不清、表意不准。在科学的发展历史上,在知识建构的社会协商阶段,不同科学家对同一概念或规律的表述同样存在着某种混乱。直至达到在较大范围较大程度的一致理解之后,对概念、规律的意义表达和名称才固定下来。所以在讨论中,学生表意不清和表意不准是正常的、必然的现象。事实上,真正的讨论参与者,即使对方表达不准确,也知道对方在说什么。在课堂讨论中,当学生的理解达到了一致,并与学科的意义相接近时,教师再引入学科专门的名称和严密的表述,这样的学习才是顺理成章的。

例　关于物体做曲线运动的条件的讨论

学习了曲线运动的速度方向沿切线方向后,进一步讨论物体做曲线运动的条件。

师:从受力的角度看,你认为物体做曲线运动的条件是什么?

生1:力与物体的速度方向不相同。

师:力的方向与速度方向相反,物体也能做曲线运动?

生 1：噢，力的方向要与速度方向不在一条直线上。

师：为什么力的方向与速度方向不在一条直线上，物体就做曲线运动？

生 1：……（说不上来）

生 2：力的方向与速度方向不在一条直线上时，力会把速度的方向不断地扳过来。

这里，学生 2 用"扳过来"描述力对物体速度变化的作用效果。这不是物理中的语言，但这种描述是很贴切的，教师不能认为是表意不清。

2. 课堂讨论较难驾驭

这是教师对采用探究讨论进行教学的最大顾虑。

在课堂讨论中，班级中会不时产生教师没有预料到的观点、问题和状态，需要教师即时感知、判断，并采取合理有效的应对方法，使讨论沿着促使问题解决的方向前进。这对教师的学科水平、教学技巧和课堂应变能力提出了很高的要求。

教师还要冒这样的风险，即自己的观点被学生超越、质疑。因为受自身思维的限制，我们不可能把自己的想法构想得十分完美，也会遭到别人的挑战、辩驳乃至否定。他人的挑战会对我们的思维带来压力，但我们还是应该期望有学生针对我们在讨论中的发言提出质疑，欢迎学生提出更好的观点。因为这表明学生投入了学习，同时也是我们教学成果的体现。当学生误解了我们表达的意思时，我们应该用不同的语言再解释一遍自己的观点；当学生想知道是什么论据支撑我们的观点以及观点背后的假设是什么时，我们应该做出进一步的说明；当学生指出我们观点中的纰漏甚至错误时，我们不能急于辩解，在确证之后再虚心接受；当学生提出比我们更高明的观点时，我们应该面对全班分析学生观点的过人之处。

在完全预设导向的课堂中，教学最易操作，教师最安全。教师只要按课前设计好的程序展开，按自己熟悉的方式讲授，就不会遇到意外和危险。但是，正如上一节第 2 点提到的，学生只有通过讨论、探究，才能得到真正的、植根于自身认知结构的、能灵活应用的知识。所以要做一个优秀教师，必须要学会讨论式教学。

一个新教师第一次走进课堂讲课，心中一定是忐忑不安的，因为课堂中教师的讲话与日常生活中的讲话毕竟不同。但大多数新教师都会克服刚开始时的不适,并逐渐形成自己风格的讲课方式。同样,大胆地去进行实际的探究式教学,你也会适应这种更富变化、更激动人心的教学方法。

课堂探究讨论并没有把教师置于全新的领域,它只是围绕特定学科主题的互动探讨。教师比学生先掌握了教学内容,且课前可以进行充分的准备,这些都是教师驾驭课堂讨论的有利条件。另外,每个人都是在与他人的互动交流中成长的,都具有感知和应对变化的观点的基本能力。作为教师,还具有基于专业知识的学科敏感性,在与学生进行围绕学科问题的对话中,有能力应对一般的学生问题。

当然,为了尽快地适应探究讨论的课堂,我们可以找到一些能灵活驾驭课堂讨论的教师,观摩他们的课堂,学习课堂讨论中处理"危急"情况的方法和技巧。当教师在课堂中遇到自己不能理解的学生观点或不能回答的学生提问时,有两种常用的处理方法:一种方法是把球踢回给学生,班级中经常会有学生提出有启发性、有价值的想法。另一种方法是承认自己的无知,我们可以对学生说:"你的问题很好,我以前没有想过。我在课外研究后,下节课再与大家讨论。"任何人都不可能解决自己专业范围内的所有问题,教师承认自己的无知,不会降低你在学生中的威信,反而会产生一些积极的效果。提问的学生会因为自己的问题难倒老师而增强了学习的自信,很多学生会在课外努力攻克这个难题;教师的言行还为民主讨论中的平等对话做出了表率;学生会因为教师坦诚的态度、钻研的精神而更加敬佩老师;教师也会因为面对学生挑战,不断解决来自学生的问题,极大地提高自身的学科水平。

3.讨论难于与其他教学方法相结合

作为教学方法,讨论具有互动性、生成性和不确定性等特征。相比较而言,在授受、自学、演示实验等教学方法中,学生主要是集中注意力从单一信息源获取较为确定的信息。这样,似乎探究、讨论是现代的、先进的,其他教学方法是传统的、落后的。提倡课堂探究讨论是否就排斥其他教学方法呢?如果需要将讨论法与其他教学方法相结合,如何实现呢?

课堂讨论只是众多教学方法中的一种。任何一种教学方法都有其自身的功能、特点和优势,也都有自己的适用条件。并非只有某一种方法是最好的,其他方法都是不好的。例如,讲授法的优点是,能在较短时间内动态地呈现大量系统的知识。如果要在短时间内让学生了解认知层次较低的系统知识,尤其是一些较复杂较难的知识(复杂和难的知识要求的认知层次不一定高),例如当向学生介绍以扩大知识面为目的而不要求学生对其有深刻理解的知识时,采用讲授法是合适的。当学生对有关的现象没有清晰的感知,就需要通过学生实验或演示实验,让他们获得必要的感性认识。如果学生对有关的现象是熟悉的,教学需要从这些现象的基础上得到理性认识,这时就不一定要通过实验来重现现象,也可以通过教师的讲解唤起学生对这些现象的认识和表象。学习较容易的、学生单靠自己的力量就能接受消化的知识,采用自学法是高效的(这时自学所花的时间比听老师讲解所花的时间要少)。如果要学习重要的概念和规律,当学生靠自身的力量很难达到全面而深刻的理解时,就需要采用集体探究、讨论的方法。

在真实的教学中,教师不会单独采用某种方法进行教学,一般都要综合利用多种教学方法,设计出最优化的教学方案,以达到最好的教学效果。例如,在进行演示实验时,为了使学生能更好地观察现象,教师一般都是边演示边同步地讲解。学习新的物理现象和规律,要在实验的基础上进行探究,而探究中的猜想或结论,要用演示实验或学生实验去验证。对于较简单的学习内容,我们经常在学生自学后组织讨论,解决学生自学中的疑难问题。对问题进行讨论后,教师经常通过讲授进行总结,使学生对知识形成系统化、结构化的认识。有时,教师可以先通过讲授向学生介绍、传授相关知识,然后在此基础上探讨核心问题。因为突破了核心问题后获得的感悟性认识,能反过来组织、提升原来通过授受得到的准备性知识。

4.讨论较难在理科课堂中展开

有人认为文科学科对一个问题往往有多种理解,适合于讨论的进行;而理科学科,要学习的知识都是很确定的,问题的答案正确与否也是确定的,不适合于开展讨论。

这种认识是不正确的。

首先,需要明确开展讨论的条件是观点的多样性,而不是观点正确与否的确定性。需要区分两个概念:这就是对问题解释的多样性与对问题的解释正确与否的确定性,这两者是不同的。文科学科尤其是人文学科,对观点的评判往往与价值观和世界观有关。对某一个观点,不同人从不同角度评判会有不同的结果。这样,对同一个问题的不同解释,甚至是相互矛盾的解释,可能都有成立的理由,并不存在绝对的正确与错误。而理科学科中的观点,正确与否的评判标准,是看它是否与实践(或实验)的结果相符合。所以,一个观点的正确与否是确定的。对于部分正确部分错误的观点,我们也能判断出其中哪部分是正确的,哪部分是错误的。但是,对理科学科中的问题,同样能提出多种解释,既有多种正确的解释,更有多种错误的解释。对问题能提出多种观点是开展讨论的前提,人们对文科和理科的问题都能提出多种的观点,所以文科和理科学科的教学都适于开展讨论。从某个角度讲,对理科的学科问题,答案正确与否是确定的,课堂讨论更容易组织和开展。

其次,知识以产生的方式学习最有效,理科知识也是前人通过协商、协作和争论建构起来的。自然,互动讨论也是学习理科知识的有效途径。例如,只通过教科书的学习或只通过教师的讲解,学生对电阻概念和欧姆定律产生了这样的疑问:导体的电阻定义为加在它两端的电压与通过它的电流的比值,即 $R=\dfrac{U}{I}$,而欧姆定律的内容是,通过导体的电流与电压成正比,与电阻成反比,即 $I=\dfrac{U}{R}$,似乎欧姆定律只是电阻定义的变形。如果真是这样,为什么物理中还需要欧姆定律? 通过讨论知道:(1)实验发现,对同一个导体来讲,电压与电流的比值等于一个常数,这个常数反映了导体对电流通过的阻碍作用,物理中才把它定义为电阻。可见电阻的定义确实反映了导体通电的规律,这就是电阻定义式能变形为欧姆定律的原因。(2)欧姆定律并不等同于电阻的定义式,因为电阻的定义式是只对某一个确定的导体而言的,而欧姆定律中"电流与电阻成反比"是对于不同的导体而言的。

概念、规律、定理和一些经典的方法,包含着丰富的内涵,凭一人之力很难获得全面的、深刻的理解。例如,库仑在做研究两个点电荷之间静电力大小的扭秤实验时,物体带电的多少还没有量化。库仑为了解决这个问题,巧妙地采取了如下的方法:设一个金属小球所带的电荷量为 Q,则另一个不带电的相同金属小球与它接触,每个小球的电荷量都为 $Q/2$;同理可以获得 $Q/4$,$Q/8$……的电荷量。人们往往惊叹这种方法的巧妙,而没有去进一步探讨这种方法背后的假设。事实上,认为不带电的金属小球与相同的但带电为 Q 的金属小球接触,电荷量平均分,至少以两个假设为前提:电荷守恒;电荷是可以无限细分的连续体。第一个假设是显然的,如果在电荷的传导过程中,电荷的总量增加或减小了,每个金属小球的电荷量就不是 $Q/2$;第二个假设要这样理解,假如电荷是有最小单元的,当小球的带电为奇数个单元时,电荷量就不能做到严格地平均分。在电荷有最小单元时,小球所带的电荷量必须远大于电荷的最小单元,电荷才能近似地看作可以任意地分割。当通过讨论认识到库仑"等分电荷"方法背后的假设时,我们对这种方法的认识也加深了。

再次,知识之间的联系是多维的。对同一个理科问题,学习者从不同角度出发,同样可以提出多种解释。判断这些解释正确与否,寻找对同一问题的不同正确解释的逻辑一致性,是理科学习的重要途径。例如,对如下问题:斜面 A 静止在粗糙水平面上,物体 B 在斜面上

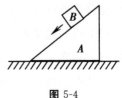

图 5-4

匀速下滑(如图 5-4),试判断水平面对 A 有无摩擦力? 如果有,判断摩擦力的方向。通常就有 4 种学生观点:(1)B 有向左的速度,由于"反冲",A 有向右运动的趋势,所以水平面对 A 有向左的摩擦力;(2)以 B 为研究对象,由于它匀速运动,判断出 A 对 B 的摩擦力和弹力的合力竖直向上,由牛顿第三定律知道,B 对 A 的摩擦力和弹力的合力方向向下,A 没有水平方向的运动趋势,水平面对 A 没有摩擦力;(3)对 A、B 整体而言,水平方向没有加速度,所以水平地面对 A 没有摩擦力;(4)对 A、B 组成的系统而言,水平方向的动量不变(守恒),水平方向一定不受外力作用,推知水平地面对 A 没有摩擦力。通过讨论,判断出第(1)种观点错误,第(2)(3)(4)种观点正确,寻找出后三种观点的一致性,能加深对牛顿运动定律和分析力学问题的基本方法的理解。

5.积极开展课堂讨论

作为有责任心和事业心的教师,不应该只满足于轻松地、安全地完成每一天的教学工作,不应该只满足于所教的学生在当下的考试中取得好的成绩,而应该以使每一个学生得到充分的发展,以为社会培养具有一定文化素质和创造力的人才为己任。我们不能只基于学生的记忆功能和重复产生熟练的特性,单一地进行授受加训练的教学,还必须基于学生的生命性、创造性和社会

性,实施自主探究合作的教学方式。不但使学生在当下的考试中取得好成绩,更为学生的终身发展打下必要的基础。

事实上,开展探究式教学之所以困难,一个重要的原因是我们习惯于授受式教学,在根深蒂固的授受、控制的潜意识作用下开展形式上的探究式教学。只要我们真正认识人的探究本质和探究规律,为学生的课堂探究创造适宜的条件,那么哪怕是理科的学习,学生也会像科学家那样投入探究。作为老师的我们也不难采用多种教学方法包括适时的引导,使学生投身于真正的自主合作探究之中。

只要我们大胆地开展探究教学,并不断地从中总结经验,就会逐渐学会如何开展探究教学。当我们能引导学生进行探究性学习时,我们就会发现自己已经进入了一个全新的世界,一个激动人心的世界。在这个世界中,学生思维是如此的活跃,如此的富有创造性,课堂中的观点是如此的丰富;我们在简单重复教学中产生的职业倦怠将一扫而空,我们在课堂中将越来越有激情;我们会时时感受到学生潜能的迸发和生命的成长,感受到自身知识水平和教学能力的提高,从而能切身体会教学工作的意义和价值。

第三节　创建适于讨论的课堂环境

为实现从单一的授受式课堂向探究式、讨论式课堂的转变,在师生的角色意识、课堂互动的风格、学生的学习状态、课堂的教学资源等方面都需要有重大的改变。

1.树立正确的师生角色意识

师生的角色意识决定了师生的课堂行为,进而决定了课堂中的师生交往模式,所以实现课堂讨论的前提是师生角色的转变。

传统的授受式课堂,教师讲学生听,教师讲什么学生听什么,教师讲多少学生听多少。教师根据自己对教学内容和对学生的理解,以及自己的教学经验,精心安排知识的结构和输出的方式,力图使学生高效、准确地接受教学内容;而学生则通过认真听讲、专心记笔记、及时练习来接受、消化和巩固教师授受的知识。在这种教学方式中,教师的角色是课程的实施者、知识的传授者、学生学习的监督者;学生的角色是知识的接受者、课堂的倾听者、作业的完成者。

在探究式、讨论式的课堂中,学生和教师围绕与教学内容相关的开放性问题,在独立思考、自主学习的基础上,开展同学、教师之间地位平等的互动对话,并在此基础上实现知识的自主建构。在这样的课堂中,教师是课堂探究的组织者、指导者、促进者和合作者,学生是探究者、对话者、合作者和建构者。

教师只有转变角色,明确自身在课堂教学中的真正身份,并充分尊重学生的主体地位和重视讨论对学生学习的重大意义,才能处理好教学活动中的各种关系。教师要从过去作为知识传授者这一核心角色中解放出来,创设富有吸引力、富有挑战性的问题情境,激发学生主动探究,组织引导学生进行有序有效地交流讨论,使课堂成为充满活力的共同探讨的场所。同时,教师要重视培养学生学习的主动性和独立性,使学生从知识的被动接受者的角色中解放出来,主动参与、乐于探究、勤于思考、善于交流,在与外界的积极互动中构建知识。

2. 创建民主和谐的教学氛围

热烈的讨论有赖于各方的积极参与,建立民主和谐的课堂氛围是班级成员参与互动的条件。只有这样,各方才能敞开心扉、畅所欲言。

教学民主的本质是参与者(包括教师和所有学生)的主体性和平等性的和谐统一。主体性表现为每个参与者都应该自由独立地思考,都有权力发表自己的观点,同时也尊重他人发表观点的权力。平等性表现为相互尊重,即教师尊重学生的人格、感情、思想、个性、差异、创造力……同时学生也要尊重他人。

建立课堂上人人平等的人际关系,教师不能只在课堂上虚情假意的"营造",而应依靠教师心底真正的平等意识在与学生课内课外的所有交往中自然流露出来。与学生在课外相遇,教师可以主动地跟学生打招呼;面对学生的问好,教师也应真诚地问学生好;课内提问学生,应叫出学生的姓名;学生请教问题时应耐心细致地解答;课余,教师和学生不妨一起嬉戏娱乐……这都自然而然地体现出师生尊严上的平等,由此建立起来的师生相亲相近的情感联系是课堂中形成民主和谐气氛的基础。

在课堂讨论中,参与者对他人要尊重和热情,要语言亲切、态度和蔼,从而形成相互之间有活力的、紧密的联系。要奉行真理面前人人平等的准则,谁的观点符合事实、符合逻辑、有有力的论据支持,谁就是真理的持有者。要以开阔的胸怀、开放的心态接纳最为广泛和多样的观点。当对他人的观点有不同看法时,要在尊重他人的前提下有理有据地提出自己的看法。当自己的观点在辩论中被证明不对时,要坦诚地承认自己的错误并虚心接受正确观点。要营造这种包容的、开放的、坦诚的讨论氛围,教师在各方面应该做出表率,并且通过一定的课堂讨论规则使学生形成平等开放的交往习惯。

教师因为自身的特殊地位,在创建人人平等的课堂人际关系方面负有特别重大的责任。首先,教师要平等地对待每一个学生,不因学生家庭的文化、经济、地位等背景以及学生自身智力、成绩、性格、情趣等方面的差异而有所不同。其次,教师要时刻提醒自己,对于教学内容,学生是初学者,自己是经过了中学、大学阶段的学习并且是专门教这一学科的"专家",学生的学习需要自己的帮助。很多时候,学生的想法看起来非常"可笑、幼稚",甚至是"错误"的,但那却是学生自己的思考成果,是学生认识发展必须经过的阶段。教师要避免以成人的眼光看待学生的观点而表露出哪怕是一丁点的不耐烦和不屑,要站在学生的立场理解学生的观点,帮助学生认识自身观点的矛盾和局限性,主动去建构正确的理解。要以欣赏的眼光去评判学生的劳动成果,因为任何的轻视和讽刺都可能造成学生心灵的封闭,不再与老师真诚地交流。最后,教师还要警惕少数学优生和特别喜欢发言的学生霸占了课堂。教师提出问题后,有学生积极发言,这是教师乐意见到的场面。但稍加观察就会发现,很多时候,班级里总是那几个人发言,其他学生则处于听讲的地位。为了使讨论在更广的范围内进行,教师可以要求特别喜欢发言的学生思考得再成熟一些,而把发言的机会让给那些一般不主动发言的同学。当讨论进入更高的水平时,再让这些学生发表自己的见解。

当讨论中出现不同的意见时,教师要通过自己的示范或调节,使学生明白,各种观点对我们的学习都是有价值的。正确的观点固然重要,不正确的观点同样可能给予我们更大的智力挑战,克服了错误认识得到的观点才是真正被理解的观点。

3. 保证学生的自主学习

在课堂教学中,学生要成为互动主体,必须以自主探索和独立思考为前提。学生在学习中遇到了问题或有了自己的见解,才会产生交流和发表的需要。

教师在教学中起主导作用,学生的自主学习需要教师去激发和保证。教师的教学设计、对整个教学要素的控制、对学生学习过程的干预,应以激发和发挥学生的自主性为基本要求。

首先,要允许和激发学生思考。在向学生提出合适的具有挑战性的问题之后,要给学生足够的思考时间。课堂中的实际情况是,教师提出问题后,往往过不了几秒钟,就要求学生回答。学生反映,他们往往刚进入思考,就被教师提问或催促,继而无法再思考下去。留给学生的思考时间是否足够,与问题的难度有关。有经验的教师应该能够从学生的表情中看出他们思考的是否有眉目了。当有较多的学生都露出了有话要说的表情,才可以进行集体讨论。

其次,要允许和激发学生思考自己的问题。为学生布置的学习任务应该有弹性,向学生提的问题应该较为宽泛,使每个学生都能花时间于适合自己的问题。例如:请自学教科书第×至第×自然段,提出你的疑难问题;请对这道题目的已知条件或待求解的物理量做适当变化,看能变成一个怎样的新题目,并求解你自己编的新题目;重力势能是矢量还是标量,说出你的判断理由等。向全班学生提出统一的毫无弹性的学习任务,将会使那些对问题感觉到很容易的学生没有兴趣投入学习,使那些对问题感觉很难的学生无法投入学习。

再次,要允许和激发学生以自己的方式思考问题。不同学生有不同的认知结构和思维方式,学生只有以自己的方式思考才是有成效的。例如,对于运动学问题,有的学生习惯于以公式推导为主进行分析,有些学生习惯于用图像进行分析。教师要为学生以自己的方式思考、为学生中不同理解的交流提供机会。如果教师只以自己的理解来设想学生的学习,并且力图把学生的学习引向自己设定的轨道,这会限制学生思维的展开。

最后,要允许和激励学生表达自己的观点。学生由于没有把问题想得很透彻,往往不能流利、清晰地表达自己的观点。教师要有耐心,要允许学生用他们自己适当的方式表达,如语言表达、书面表达、作图等。课外作业的问题,可以让学生课前把自己的想法、解法写到黑板上；课堂上表达不清时，可以让他们举例说明，或者到教室前在黑板上作图说明。

4. 容纳、商讨多种观点

共同商讨多种观点应该成为课堂讨论的一种文化。它有两层含义，一是商讨，即课堂中出现的所有观点都要经历怀疑及反驳的过程，辩驳中要用证据、数据以及逻辑作为支撑，并且要敢于坚持自己的观点直到有足够的理由将其推翻为止。换句话说，就是课堂上的讨论应当是充满辩论气息的，表述出的不同意见尽管谦逊但必须是有力的。这些不同意见要么是被论证后认为是正确的被接受，要么是由于强有力的证据而被摒弃。

共同商讨多种观点的第二层含义是容纳，在讨论某个话题或问题时，要尽可能地充分和全面，以便班级（或小组）中的所有不同意见都有表述和辩驳的机会。这样才能使得到的结论有最大的可靠性和全面性。

在理想的讨论氛围中，所有参与讨论的人都能平等地阐述自己的观点，教师要对所有要辩论的观点都给予充分、平等的考虑，使每一位参与者都有足够的时间来针对表述过的观点提问、批判，以求问题在充分讨论之后得到圆满的解决。尤其是要鼓励习惯于沉默的学生发表自己的看法，因为他们心中往往有一些很好的观点，只是不说出来而已。当然，要这些性格内向的学生发言需要注意方式和分寸，不能把他们置于难堪的境地。

在讨论中确立了正确的观点，还要能驳倒不正确的观点。在一些课堂上，人们只重视正确的观点，轻视甚至忽视不正确的观点。当一种正确的观点一出现，会很快得到教师的支持，一些缺乏批判精神的学生也附和这种观点，致使持有不同观点的学生往往就没有勇气提出自己的观点。课堂上，正确的观点似乎已被全体成员所接受。但是，这只是掩盖了错误的观点，并不是真正解决了错误的观点。在以后各种不同但有关的情况下，这些错误会顽固地以各种形式表现出来。从另一方面说，如果一种所谓正确的观点不能驳倒错误的观点，不能与其他表达形式不同但也是正确的观点建立本质的等价性的联系，那么这种正确观点的正确性还是不够牢固的。一个观点的正确性要在与其他观点的交锋和争论中得以不断地确立。所以，在课堂上，教师不能一听见符合预期的正确观点，就急于肯定，从而排挤了不同观点的发表。教师应该引导其他学生以批判的眼光审视这一观点,鼓励他们发表不同的观点,做到在不同观点的交锋中,驳倒错误观点,树立正确观点。

容纳多种观点不但表现在讨论的过程中,还表现在讨论的结果上。在多数情况下我们都希望不同的意见能达成一致,但这并不是必然的,也不是必要的。讨论的结果也可能是多种意见都是正确的,但通过讨论我们明确了这些不同意见的联系和区别,明确了它们的合理性和适用条件。这同样应该是值得我们欢迎的讨论结果,并且可能是更激动人心的讨论结果。例如,历史上关于物质运动的量度到底是动量 mv 还是动能 $\frac{1}{2}mv^2$ 的争论,最后发现它们都是运动的量度,只是它们的意义和适用范围不同。我们还应该容忍讨论最后没有得出确定结论的结果,因为这也许表明这个问题对我们的学习意义更加重大,需要我们进一步探究。

5.丰富课堂探究的资源

要在课堂中进行有效的、活跃的互动,必须要激起学生的兴趣,启发学生的思维,提供丰富的思维加工材料,而这一切有赖于多样的、合适的教学资源。

一切能用于教学、能为学生提供有用的信息、能促进学生知识建构的所有符号的和非符号的、有形的和无形的东西,都是教学资源。除了现成的教材、教学参考书、教辅材料、图片、影像资料、教具和实验仪器等是教学资源外,学生原有的知识经验、生活体验和课堂讨论中提出的问题、见解、学生的学习状态等都是教学资源。

教学资源具价值潜在性,需要教师有意识地去寻找、发现和积累。在平时的生活和学习中,要发现并积累与教学有关的材料、资料。如网络、报纸、杂志中的有关内容,日常所见所闻的一些事件、现象,市场上的有些商品和玩具等。教师要做个有心人,平时多积累,教学设计时才有丰富的材料可供选用。

例 "流体压强与流速的关系"的教学资源

在流体中,速度小的地方压强大,速度大的地方压强小。这一规律能解释自然界中的很多现象,在我们的生活和生产中也有广泛的应用。教学设计合理选用平时积累的一些内容有趣、新奇的教学资源,能有效提高"流体压强与流速的关系"教学的趣味性和探究性。

（1）资料性资源。例如犬鼠洞穴的物理原理。非洲草原犬鼠洞穴的截面示意图如图5-5所示，洞穴有两个出口，一个是平的，另一个则是隆起的土堆。生物学家不是很清楚其中的原因，他们猜想：草原犬鼠把其中的一个洞口堆成土包状，是为了建一处视野开阔的瞭望台。但是如果这一假设成立的话，它为什么不在两个洞口都堆上土包呢？那样不

图 5-5

是有两个瞭望台了吗？实际上两个洞口形状不同，决定了洞穴中空气的流动情况。吹过平坦表面的风流动速度小，压强大；吹过隆起表面的风流速大，压强小。因此，地面上的风吹进了犬鼠的洞穴，给犬鼠带去了新鲜的空气。

（2）器具性资源。例如，喷雾器的物理原理。出示喷雾器并喷雾，拆开装置让学生观察结构，要学生说明喷雾原理（如图5-6甲、乙所示）。

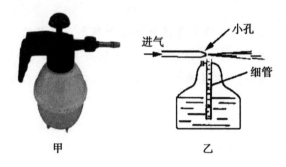

图 5-6

（3）实验性资源。例如"冲不走的乒乓球"。平时我们见到物体在水中会被冲向下游。而如图5-7所示，用手把乒乓球按在倒置的漏斗的顶部，从储水罐中向下放水冲击乒乓球。放手后，乒乓球并不会被水冲下，而是会悬留在漏斗顶部。

图 5-7

新课程十分重视课堂互动中即时生成的动态资源。因为课堂中的自主合作探究，要求探究共同体成员在独立思考的基础上发表自己的观点，并思考、分析、评判他人的观点再提出自己的看法，然后通过如此的相互作用推动共同体的认识不断深入。由此可见，课堂互动生成的资源是合作探究课堂的基础性资源，是教学中最直接、最鲜活的

资源,其他资源在教学中的运用要以这种基础性资源的需要为依据。尤其是教师,更有责任敏锐捕捉、合理利用课堂讨论产生的即时资源,努力依靠共同体自身的动力促进探究的深入。

例 牛顿第二定律的推导

高中物理教学中,通过实验研究发现,质量 m 不变时物体的加速度 a 与作用力 F 成正比,即

$$a \propto F \tag{1}$$

作用力 F 不变时,物体的加速度 a 与质量 m 成反比,即

$$a \propto \frac{1}{m} \tag{2}$$

综合(1)(2)两式得到

$$a \propto \frac{F}{m} \tag{3}$$

这就是牛顿第二定律。教科书是这样推导牛顿第二定律的,教师在以前各届的教学中也一直这样推导,从没有学生提出过异议。在 2004 年的教学中,教师同样做如上推导,一个学生提出了疑问:从(1)和(2)怎么能得到(3)? 教师要学生说出自己的疑问。

学生说,(1)式的成立条件是 m 不变,(2)式的成立条件 F 不变,这样得出(3)式,不就要求 m 和 F 都不变了?

这真是一个问题,教师在此前从没有想过。既然学生提出了,如果不解决,学生就无法理解牛顿第二定律,所以教师决定当堂讨论这个问题。

课堂上鸦雀无声,学生处于紧张的思考状态。

学生一时之间没有想出合理的方法,教师联想到从气体实验定律到理想气体状态方程的推导方法,提出了如下的解释。

设质量为 m_0 的物体受到力为 F_0 的作用,加速度为 a_0,那么质量为 m_0 的物体受到力 $k_1 F_0$ 的作用,加速度为 $k_1 a_0$(质量不变);质量为 $k_2 m_0$ 的物体受到力 $k_1 F_0$ 作用,加速度为 $\frac{k_1}{k_2} a_0$(作用力不变),由此得到 $a \propto \frac{F}{m}$。

由于问题是学生自己提出的,他们解决问题心切。虽然最后问题是教师解决的,但显然,学生的思维得到了锻炼,学生对结论的理解也将更为深刻。像这样抓住并利用课堂互动中生成的资源,使课堂讨论主题或过程符合学生

实际,对于提高学生的探究热情和探究效果都有极大的作用。

最后,需要特别说明,教科书虽然是主要的教学资源,但不是唯一的资源。教师不必局限于教材内容的教学,只要有利于学生的发展,教材外的内容也可以成为教学内容。教科书也不是神圣不可侵犯的"法定"文件,它只是师生教学活动的文本。作为教学资源,它是教学过程中被师生加工和重新创造的对象,教师和学生可以根据教与学的实际情况,对教材进行重组、整合、删除、添加或修改。

第四节　培养讨论需要的心理品质

课堂讨论是一种社会互动,一种人际交往。为了使互动有效,交往顺畅,讨论参与者应具备一些良好的心理素质和思想品质。教师不但自己要培养起这些良好的心理素质和思想品质,还应该通过自己的示范,通过适时和适当方式的指导,使学生形成这些良好的心理素质和思想品质。

1. 自信

自信就是相信自己的实力和能力。有自信是学生参与学习和集体讨论的重要心理基础。学生如果缺乏自信,就会意志消沉、思维迟钝,对完成学习不抱希望;与人交流时,认为他人都比自己聪明,就会深深地被自卑感所击倒。如果学生充满自信,就会思维活跃,反应敏捷,学习效率高。在班级互动中,有自信的同学相信自己的问题和观点对班级是有价值的,乐于发表。

学生需要自信,教师也需要自信。很多教师不愿意开展课堂互动,是因为担心自己应对不了开放课堂中可能提出的意想不到的问题和新颖的观点。

树立自信的最有效方法是经历成功,体验自身的能力。教师如果能解答学生学习中提出的大多数问题,那就拥有了应对课堂互动中可能产生的新问题和新观点的专业基础。只要有与学生平等探讨的心态,就一定能驾驭开放的课堂。教师为了帮助学生树立自信,在学生刚学习物理课程时,应适当降低难度,提高学生的成绩。对学生在课堂上的发言,要以恰当的方式给以积极的回应。学生发言如果表意不清,教师不应苛求,而应该用清晰的语言转述学生的表述。对于性格内向,上课不主动发言的同学,可以让他们在课外研究课堂中将要讨论的有些问题,在课前书写到黑板上,或投影到屏幕上,这样他们就能在毫无压力的情况下充分思考,也能对问题给出更成熟的回答,增加获得教师和同学认同的可能。当学生的发言在学科方面找不到可以肯定的东西时,应从考虑问题的思路上或者学习态度上,或者他所暴露出的

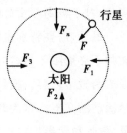

图 5-8

问题对于教学的价值上给予肯定。例如,在学习万有引力时,有同学提出:"如图 5-8 所示,太阳产生的引力是四面八方的,行星受太阳的吸引而绕太阳转动,那么除了行星受到的那个引力,太阳的其他引力起什么作用?"虽然这个同学对引力的概念没有很好认识,把引力当作一种"实在"了。但教师仍从鼓励的角度做出这样的回应:"可能很多同学对力都有这样不正确的认识,你提出这个问题使我们有机会澄清这种有一定普遍性的问题。"然后再解释学生观点的错误所在。

2. 批判意识

讨论中的"讨"字,有索取、讨要的含义,"论"有论证、辩论的含义。讨论就是若干人在一起,对某一个问题,寻求观点并进行分析论证。讨论要能真正进行,参与者必须要具有批判的意识,并对有价值的观点反复斟酌,使这些观点经受怀疑、争辩、反驳和修正等一系列过程。

具有批判意识的参与者,不盲目地接受或武断地否定他人的观点,而是基于事实、基于已经被确认的论据、基于逻辑对他人的观点进行分析、考察、推断,然后做出判断。如果认为他人的观点是正确的,要知道支持的论据和论据与观点的关系;如果认为他人的观点错误,要能指出反面的论据或逻辑漏洞;如果认为他人观点部分正确部分错误,或者只在一定的条件下成立,要能进行有理有据的分析。

具有批判意识的参与者不固执己见,能以开放的心态进行讨论。当听到有说服力的、理由充足的反对意见时,要能够及时更改甚至放弃自己的观点。当反对意见理由不足时,要能够对自己的想法坚信不疑。

3.严肃与责任

首先,它要求所有成员都要尽可能地发表自己的看法,为共同体的探究提供观点、贡献力量。其次,每一位参与者都要对各自提出的观点负责,因为观点应该是经过认真思考而提出的,应该要有证据、依据,应该指向目标。当然这里不是指必须要有确证观点正确的充分证据,如果这样就不会出现研讨、商讨。当你提出猜测性的见解时,如果别人询问,应能说出自己做出这一猜测的依据。最后,每一位参与者都要接纳、尊重他人的观点,对他人的观点认真对待,细加审查,而不是不屑一顾并忽略。成员应该有纪律、有秩序、尊重他人的参与与讨论,而不是自由散漫、轻松随意、漫无目的、插科打诨地参与讨论。成员的每次发言都应该尽力有助于问题的解决。参与讨论很重要的一点就是要对他人表现出尊重与热情,这样才能形成相互之间有活力的、紧密的联系。

4.谦逊

谦逊是指一个人愿意承认自己的知识和能力是有限的和不完整的,并且行为举止也与这种态度相符。这就意味着承认其他同学的发言,可能会给我们带来新的信息或是改变我们对某些重要事情的看法。具有这种品质的人愿意把班级中的所有同学都作为自己潜在的老师来看待。

承认自己的知识和能力是有限的或有局限的,是寻找真理途中的第一步,因为谦逊使我们懂得学习是一个不确定的、不容易的探寻过程。如果我们承认自己知识和观点的局限性,我们就会更加深刻地理解其他成员的观点。

有的人对问题一有了自己的想法,就听不进别人的发言甚至不屑听别人发言。要知道,由于个体之间的差异性,他人看问题的角度可能与我们不同。如果我们的观点是正确的,他人不同的观点也不一定就是错误的,相反,他人的观点往往能扩大我们的视野,开阔我们的视角。

在讨论中,教师要做到谦逊更为重要也更为困难。教师先掌握了教学内容,讨论的问题对老师来说很多都是知道答案的,所以在讨论中很容易扮演权威的角色。事实上,只要我们把发言的机会让给学生,就会发现学生的很多想法都比我们自以为很重要并要求学生掌握的东西有新意,也来得实用(对学生来说)。如果教师在讨论中做到谦逊,能降低讨论发言的门槛,将有利于学生发表自己不成熟的看法。而且教师的言行更是在讨论中做到谦逊的表率。

"如果对话双方(或一方)缺乏谦逊,对话就会破裂。如果我总是注意别人的无知而从不意识到自己的无知,那么我怎么能对话?"在探究共同体中,如果有几个人(可能包括教师)认为自己是真理和知识的拥有者,认为别人的观点一文不值,就会破坏讨论的气氛,使得讨论失去生气甚至无法开展。在对话情境中,既没有完全的无知者,也没有完美的圣贤,有的只是一群共同努力,以比现在懂得更多的人。([巴西]保罗·弗莱雷著,顾建新等译:《被压迫者教与学》,第39~41页,华东师范大学出版社,2001.)

最后,还必须指出,在合作体成员乐于谦逊地让自己的发言经历质疑和反驳的过程的同时,还要坚持自己的观点直到有足够的理由将其推翻为止。实际上,如果没有人坚持自己的观点并为此极力辩护的话,真正的讨论也就不存在了。

5.互助

互助是指我们要像关心自我进步一样关心他人的进步,关心集体讨论的进展。这要求每个参与者都要尊重班集体的讨论主题,尊重同学的想法和学习需要。当自己有了见解或想法,能促进对讨论主题探讨的深入,能使其他同学受益,就应该及时发表;当自己在认识上有问题时,也应该坦诚地向班级提出。

尤其要强调,学优生应该树立乐于助人的思想。因为帮助他人的同时也提高了自身。而且解答他人的问题,需要调动、重组甚至改变原有的有关知识,这个过程提高了自己对知识的理解。

当我们具有了互助的思想后,我们就懂得了个人的发展在很大程度上是依赖于整个集体发展的。用这样的想法对待他人和集体,不仅可以使人际关系友善和睦,而且能加深人们之间的信任感。有了这样的相互信任感,人们就敢坦率地讲话,并处处以诚相待。当我们愿意把自己所知道的与他人共享时,就会形成一种开诚布公的氛围,以利于我们的学习。学生之间的相互信任感会逐渐扩散到师生之间,学生将不再是被动地接受教师所教的内容,而是在传授者与学习者两种角色之间转换。有时是自己讲解和传授一些知识,有时则是能动地吸取其他成员所讲的内容。

只有当教师和学生、学生和学生真正做到相互依赖、相互帮助时,才能真正改变以前师生间的单向关系,使师生关系变得融洽、和睦。在合作学习的班级中,教和学的责任都是同样重要的。而且那样的氛围根本不会减少教师帮助学生的责任。相反,还会使班级中的每一个人都承担起互相帮助的责任来。当我们能把别人视作教师和学生的双重身份并给予尊重时,我们就会觉得别人更能如此对待我们。

第五节　课堂讨论需要的交往技能

讨论的开展,同样需要讨论参与者具有必要的交往技能。教师不但自己要培养这些必要的交往技能,还应该通过自己的示范、通过适时和适当方式的指导,使学生在讨论中形成这些必要的交往技能。

1.积极参与

在课堂互动中,只有当大多数学生参与其中,当他们各自的发言增加了班级观点的丰富性,增进讨论的深度和准确性,当很多学生的发言引起了参与者的思考时,这样的讨论才是有活力的。

课堂讨论的持续进行,需要不断地有学生提出观点,并对他人的观点进行质疑,为自己的观点进行辩护。理想的情况是每个成员都积极主动地为讨论提供观点,同时又在讨论中获取营养,形成自身理解。

如果有成员只是消极地静听他人的讨论,那么他的学习效果将与阅读或听老师讲授的效果无异。只有积极参与课堂讨论,才能使自己的思维更活跃,在与他人观点的不断碰撞中才能产生更好的学习效果。

课堂互动需要很多学生发言,但由于课堂时间的限制,不可能在每节课的讨论中让每个学生都有机会发言。关键是每一位学生都应该跟随课堂讨论,对他人的观点进行思考。回应的方式可以是发言,也可以先把自己的观点和想法记下来,在课后与发言者或教师交流,把对集体探讨的参与从课内延伸到课外。

鼓励学生参与、吸引学生参与讨论的最好方法,就是要重视学生的发言。

当发言者所讲的观点被轻易地忽略或是不经任何冲突就搁置起来的话,往往会降低学生参与讨论的积极性。当发言者的观点被认真对待,被他人讨论,发言者会由此感觉到被尊重,也会使他们在与他人的讨论中体会到自身的收获,参与讨论的积极性会极大地提高。课堂中的每一个人,特别是老师都要以最大的热情参与到讨论中去,并认真思考大家的发言而不是敷衍了事。为此,有时要追问一些问题,有时为了将不同发言者的观点有机联系起来,以表明两者间的关系是如此清晰、必要时,往往需要重述一遍发言者的观点。

作为课堂讨论中平等的一员,教师应热情地参与到班级讨论中去。但教师又是平等中的首席,是讨论的组织者和主导者,不能热情过度,更不能在具体问题上知无不言、言无不尽、一吐为快,挤占了学生的参与空间。教师在互动的课堂中,可以提出问题,可以提供观点。但教师参与的目的,主要不是在学术上贡献自己的想法,而是在于激发学生思考、促进学生参与、鼓励学生讨论。如果大多数学生已经投入讨论,教师就应该小心选择自己的介入时机、介入方式和介入深度,以保护学生的参与热情。

2.高度注意

课堂讨论需要每个参与的同学给予班级和同学高度的注意。高度注意能唤醒我们智力和情感上的敏感性,从而增加思维的创造性和交流的有效性。

对他人给予高度的注意这种有礼貌的做法,可以使人不再以自我为中心,而是被他人所讲的内容深深地吸引,自身才能在与他人的思想碰撞中受启发。

高度注意就是要对整个讨论热切关注,包括讨论中有哪些观点?支持这些观点的论据是什么?各个观点之间的关系如何?你对这些观点如何评价?当前班级探讨的主要问题是什么?为了推动问题的解决,你有什么观点或问题可以贡献?

高度注意包括注意同伴的发言情况,哪些人已经发言过了?哪些人没有发言过?当自己正想发言而别人也正想发言时,要把发言的机会让给极少发言的人。当别人还在发言而自己有了一个独到的想法时,不能打断别人的讲话,要等别人讲完后再发言。

教师特别容易在讲课时只顾自己想讲的而不去照顾学生的整体需要以及讨论中发言学生的个别需求。之所以会出现这种现象,一部分原因是教师以为向学生讲授是自己的职责,还有一部分原因就是教师总是觉得自己的观点要比学生的观点正确、高明。

3.热情倾听

课堂互动进行的一个最基本条件,是参与者要倾听他人的发言。如果很多学生都不认真、不愿意、没耐心倾听他人的发言,那就无法了解他人的观点,无法进行深入的交流。

从学生个体角度讲,只有通过倾听了解课堂讨论的主题,了解当前班级探讨的问题和他人的观点,自己才能投入对当前班级探讨的问题的思考中去,才可能产生并发表有助于推进互动的问题和观点。

倾听还需要表现出极大的热情,参与者热情地倾听他人的发言,才能营造相互尊重、相互支持、相互激励的探讨气氛。只有热情地倾听他人的发言,才能使发言者感到自己是受人欢迎的。令人身心愉悦、意气相投的氛围,会鼓励参与者更加大胆、更加自信地发言,并坚定地维护自己的观点。当发言者看到他人在自己发言时,没有专心倾听,或在做其他不相关的事情,就会在发言的同时想着自己讲话的内容是不是不重要,或有什么错误。这样,发言就会变得不流利、没有吸引力。

让人能感觉到你在热情地倾听需要一定的行为技巧。在他人发言时专注于倾听,不做其他事情,更不与相邻的同学讨论其他话题,用友善和欣赏的目光注视发言者。认为他人观点错误时,不能立刻打断,应该耐心等待他人发言完毕自己再发言。当他人发言不流利、表达不清晰时,不能表现出不耐烦,而应该以更高的注意力努力听清发言背后的真实意图。如果你赞同发言者的观点,可以点头示意。

在教室中,教师应当是一个热情倾听者的榜样。教师要全力倾听学生的发言,可以走近发言者倾听,或者用身体语言、点头示意、目光接触、转述发言者的观点甚至重复发言者的话、附和发言人的观点等行为,表示你对发言者的尊重,对他的观点的重视。

4.清晰表达

倾听是接收,表达是发出。清晰、准确地表达自己的思想,同样是课堂互动的基本条件。

语言是课堂交往中最主要的媒体,而且观点和情感的交流主要靠语言传达。因此用语言清晰表达自己的思想,是课堂交往的基本技能。

首先,发言前要控制好自己的情绪,做到不激动,不慌乱,不害怕;要认识到自己的发言是为他人提供问题或思想,他们只是自己的听众,应该耐心地使他们理解自己的思想。其次,要控制好语速,尤其不能太快;还要控制好音量,尤其不能太小,以使所有听众都能听清为宜。再次,也是最重要的,要使自己的表达有条理,合逻辑。当自己有一点想法时,不要立刻要求发言,以免说不出头绪使自己陷于尴尬境地。应先整理一下自己的思绪,明白自己真实的想法是什么,理由是什么,然后再向小组或班级发表自己的观点。发言时,一般应该先亮明自己的观点,再阐述理由。例如,对于作用力与反作用力谁先出现的问题,甲、乙两同学可以这样表达自己的看法。甲:"我认为是作用力先出现。例如人用手推墙壁,是人的头脑和肌肉先'发动',墙壁再抵抗手的推动。"乙:"我认为你的说法不正确。有墙壁先在那里,你才能去推它,你的推动是以墙壁的存在为前提的。这样手的推动以墙壁为前提,墙壁的抵抗以手推动为前提,两者互为条件,所以墙壁与手之间的相互作用力应该是同时出现的。"先亮明自己的观点能引起听众的注意,吸引他们认真听取自己的阐述的理由。

当自己表达的观点在形式上较复杂,涉及算式、方程或图形,较难口头传达时,可以向老师提出要求,到教室前在黑板上配合列式、画图进行讲述。

5.正面评价

正面评价是讨论所包含的众多情感因素之一。正面评价使得被评价者自信增强,使得同学之间更加亲密,并加深了彼此间的信任感。更为重要的是,开诚布公地评价他人可以使相互间感到合作愉快,而合作愉快是最有战斗力和最为民主的团体才具有的特征。

一个成员,只要他积极参与了集体讨论,不管他的贡献大小,都应该得到老师和同学的肯定。当某参与者提出的问题能把讨论推向深入,或者把讨论导向正确的方向,提出的观点拨开了我们眼前的迷雾,使我们认清了事物的本质时,老师和同学都应该及时给予正面回应,使其认识到自己观点的价值。当学生的观点表现出很大的创造性、极强的洞察力或深远的观察力时,老师更应该及时给予正面评价,使观点提出者和全班同学都受到鼓舞。

老师们都知道正面评价对于调动学生情绪的重要性。于是,在公开课中,"太好了""你真聪明""你真棒""同学们回答得都很好"等赞扬之声不绝于耳。但这样的表扬又使人感到是那样的表面、廉价甚至是虚伪、肉麻。那么怎样进行正面评价,才能化表扬为无形,又能使被评价者得到愉悦的体验呢? 或者让其他同学能感受到问题或观点的价值,从而把全体学生导向于对探究过程体验的追求,而不是对外部奖励的追求呢? 有效的做法是,正面评价应与学生所提的问题或观点本身紧密结合,指出问题或观点创新性所在以及对于我们所进行探究的价值。

除了老师应该给学生正面的评价外,老师还应该教会学生适时地给同学以正面的评价。比如,说出自己的想法是如何受他人观点的启发而得到的,便是一种对同学观点评价的合适的方式(教师也可以采取这种方式)。最初,学生直接评价自己同学的观点会觉得有些夸张、情绪化甚至做作。但这样做了之后,那些无形中存在的阻碍交流的门槛就会自然而然降低,使得几乎所有的评论都变得让人易于接受,相互之间就会熟得像在聊天一样轻松悠闲。

正确评价他人,既是对他人的尊重,又能使自己变得谦虚。

例　"动量守恒定律"教学中的正面评价

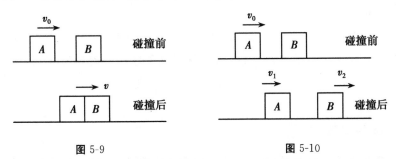

图 5-9　　　　　　　　　图 5-10

在动量守恒定律的教学中,实验研究了如图 5-9 所示的情况,滑块 A 与静止的滑块 B 碰撞后粘在一起运动,发现有 $m_A v_0 = (m_A + m_B) v$;接着实验研究如图 5-10 所示的情况,滑块 A 与静止的滑块 B 碰撞后,以不同的速度向右运动,发现有 $m_A v_0 = m_A v_1 + m_B v_2$。从而得出结论,一个物体与另一个静止的物体碰撞,碰撞之前物体的质量与速度的乘积,等于碰撞之后两个物体质量与速度的乘积之和。李明同学提出,A 与静止的 B 碰撞,A 会不会反弹? 如果会反弹,上述结论是否还正确? 教师意识到李明的问题,是试图把原有的结论推广到更广阔的范围,于是随即回应:"这是一个新问题,通过对它的研究,有助于我们认识结论的适用范围。"

对李明同学提出的问题进行实验研究后,林辛夷同学又提出这样的问题:"李明同学的问题使我想到,两个物体迎面相碰,碰后分别反弹,这样的情况会不会出现? 如果能,我们的结论是否还适用?"这样她既提出了问题,同时又对李明同学进行了肯定。

第六节 课堂讨论的生成性过程

总体而言,传统的授受式课堂的教学过程,是事先完全预设的、确定的。教师在课前设计好环环相扣的教学程序,在课堂上依序逐步展开,使整个教学过程像是演出"教案剧"一样。而内核探究的讨论式课堂,教学过程不是课前完全设定的,而是学生与学生、学生与教师之间互动生成的。由于讨论中观点产生的多样性、不确定性和创造性,因而教学过程具有不确定性。虽然探究式课堂的教学过程具有不确定性,但是,它不是随意的,而是目标导向的。在整个探究过程中,成员之间的互动是动力,教师的引导保证讨论沿着突破内核问题的方向前进。

下面从教学目标、推进动力、教师作用和过程生成四个方面对单一授受式教学与内核探究式教学进行比较,以使我们能更好地了解和适应探究式教学过程。

1. 教学目标

课堂教学是一种有目的、有组织、有计划的活动,不管是预设导向的课堂还是互动生成的课堂,都是目标指引的,只是在这两种课堂中教学目标发挥作用的方式并不相同。在授受式教学中,教学目标主要在教师课前的教学设计中起作用,教师明确本节课的教学目标,然后努力设计能达成教学目标的教学方案,课堂中的主要任务就是按课前的设计完成教学过程。而在探究式教学中,课前的设计尤其是内核问题的确定,需要在明确教学目标的前提下进行。在课堂探究中,由于过程的生成性,随时需要教师根据教学目标对教室中的讨论进行恰当的引导,使其沿达成目标的方向前进。

　　在单一授受式教学与探究式教学中,教学目标对教学过程的影响,还在下面三个方面表现出不同。首先是目标对教学过程的控制程度不同。预设导向的课堂,教学目标决定了教学设计,教学设计决定了教学过程;互动生成的课堂,可能生成并非达成本节课教学目标需要的资源,这时教师要综合考虑本节教学目标、单元教学目标乃至整个物理学科的教学目标和育人目标,来确定对这一资源的处理方式。其次是目标的灵活性不同。预设导向的教学目标是固定的,如果实际教学没有完成或提前完成了教学任务,都被认为是教学的失败或者缺憾;互动生成的教学,如果实际教学不能完成或者提前完成教学任务,基于教学的弹性设计,可以适时适当地对教学目标和教学内容做出调整。由于实际课堂的生成性,达成的教学成果往往会比预设的目标更丰富。再次,目标的全面性不同。预设导向的教学目标不可能是全面的,因为教学没有学生的真正参与,所以不管有没有预设"过程与方法"和"情感态度价值观"的目标条目,学生在这两方面都不可能得到有效的发展;而在互动生成的课堂中,学生通过自己的探究活动完成学习任务,在知识与技能、过程与方法和情感态度及价值观方面都会得到相应的发展。

2.推进动力

　　预设导向的课堂的推进动力,在于要完成课前的教学设计,外在于教学活动本身。而互动生成课堂的推进动力,来自于课堂互动的内部矛盾运动,它内在于教学活动本身。总体而言,互动生成课堂的推进动力,来自解决问题的驱动,来自于师生、生生交流的需要;就教师和学生个体来说,参与课堂的动力,来自于人的探究本性,来自于自己观点得以发表的快意,来自于思维碰撞中突然产生新观点的激动,来自于获知不同观点的满足。

例　滑轮教学中的学生问题

　　在初中"滑轮"一节的教学中,教师要求学生用图 5-11 甲、乙所示的装置研究拉力与被提起的物体重力的关系。对于甲图所示的定滑轮,班级各个小组得到的结论比较一致:拉力等于物体的重力。对于乙图所示的动滑轮,前两个小组汇报的结论是,拉力等于钩码和滑轮总重力的一半;第三个小组的实验结果是:钩码和滑轮总重力为 1.2 N,拉力等于 0.7 N。

师:实验测量一般会有误差,所以应该多做几次实验再得出结论。

生:我们做的三次实验,都是拉力大于钩码和滑轮总重力的一半。当钩码和滑轮总重力为 2.2 N 时……

师:你们实验是怎么做的,让我看一下。

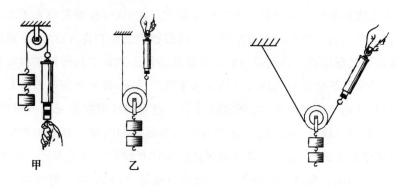

图 5-11   图 5-12

教师发现学生是按图 5-12 所示的情况进行实验的,于是说:动滑轮能省力一半的结论是对于拉力竖直向上的情况而言的。

接着教师把定滑轮看作等臂杠杆,得到用定滑轮提升物体时,拉力等于物体重力的结论;再把动滑轮看作杠杆,如图 5-13 甲所示,分析了支点、阻力臂和动力臂,用杠杆平衡条件得到动滑轮能省力一半的结论。

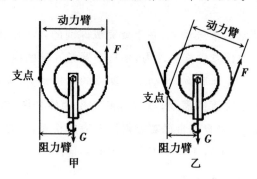

图 5-13

这时,原来得到动滑轮提物体时,拉力大于物体和滑轮总重力的一半的小组中的一个学生提出:用动滑轮提升物体,当测力计斜着拉时,拉力大于 $G/2$。有没有可能大到 G,这样就不会省力了?

师:这个问题你们可以课外去研究。

这里可以看出,对课堂互动中产生的问题,学生是念念不忘、极想探究的。教师应该理解学生的探究需要,巧妙运用这种探究动力服务于教学,使我们的课堂充满生命的活力。试想,在学生提出问题后,教师如果能按图 5-13 乙所示引导学生对测力计斜拉的情况做出分析,那将使学生更好地理解并掌握教科书中要求的"动滑轮能省力一半"的结论,还将使他们的求知欲得到满足,探究能力得到锻炼。

3. 教师作用

预设导向的课堂上,教师或靠自己讲解,或靠对学生思维的"诱导"(实则是控制,学生只能在教师设定的很小的范围内思考和回答),保证教学沿课前设定的路线前进。如果课堂上出现与课前设定不同的情况,那会被看作是教学的意外,是对正常教学的干扰。教师或将其忽略,或巧妙或生硬地将其拉回到设定的轨道上去。

互动生成的课堂上,需要教师激发学生积极思考,主动对话;更需要教师及时调控课堂互动的话题,保证课堂探究聚焦于对教学有意义的问题上。如果没有教师的及时调控,课堂互动将很快失去张力,迷失方向。为此教师要不断捕捉、判断、重组课堂教学中从学生那里涌现出来的各种各样的信息,并结合教学目标和其他条件,即时地确定随后的教学活动和方向,推进教学在具体情境中朝着达成目标的方向前进。可见,在动态生成的课堂中,教师在更高的水平上发挥着不可替代的作用。因为教师不仅是知识的"呈现者"、学习的"指导者"、学业的"评价者"、纪律的"管理者",更是互动的"提问者""对话者"、信息的"重组者"、动态生成的"推进者"。

4. 过程生成

预设导向的课堂过程,是课前设计好的,固定的。同一个教师用同一个教案对不同班级上课,教学的展开情况基本相同。其实,教师教学设计的主要依据是知识之间的逻辑联系。不同教师的教学设计,往往只体现在引入方法、选用的资料例题、设计的实验等方面的不同。所以,不同教师在不同班级上同一内容的课,教学的展开情况也经常雷同。

互动生成课堂的教学过程,由课堂互动即时生成。课堂上任何时候教学的前进方向（随后的讨论话题、教学活动和教学方法等），由当时学生的观点、学生的思维状态、学生的知识经验、可利用的物质条件（如实验设备、直观教具等），以及本节课的教学目标、单元教学目标乃至物理学科的教学目标和育人目标共同决定。由于互动生成的不确定性，同一个教师用同一个教案对不同班级上课，教学的展开情况往往会有很大的不同。

预设导向的课堂好比人们坐汽车、火车和飞机等交通工具，从起点到目标地点，行进路线是固定的；互动生成课堂好比探险家从起点到目标地点的探险活动，行进路径不是在出发前完全设定了的，需要在途中根据具体情况及时地确定或调整行进方向。

例　一个运动学题目的课堂讨论

题目：甲物体在 A 点自由下落高度 m 后，A 点下方竖直距离 n 处的乙物体开始自由下落，甲、乙两物体同时落到水平地面，求 A 点离水平地面的高度。

一个学生在课前提出了自己的困难：设 A 点离地面的高度为 h，甲物体下落 m 的时间为 t_1，接着运动到地面的时间为 t_2，可以列出如下两个方程

$$h = \frac{1}{2}g(t_1 + t_2)^2$$

$$h - n = \frac{1}{2}g t_2^2$$

由这两个方程解不出 h。

上课时，教师抛出了这个学生的问题，很快有一些学生指出，还有一个方程，这就是

$$m = \frac{1}{2}g t_1^2$$

由上面的三个方程就能解出 h。

（教师可能不解，学生怎么会出现这样的问题呢？但这就是学生的真实情况，教师要承认这一事实，并从这里出发引导学生思考。）

教师做出图 5-14 说明甲、乙的运动情况，并指出可以列出下面的方程直接求解

$$\sqrt{\frac{2h}{g}} = \sqrt{\frac{2m}{g}} + \sqrt{\frac{2(h-n)}{g}}$$

（教师作为课堂互动中与学生平等的一员，可以提出自己的观点与学生

分享。)

生1:以乙为参照物,甲做匀速运动,考虑起来可能会更简单。

(教师在课前没有想过从相对运动角度求解这个题目,但想到这应该是一条可行的思路,也想到用相对运动知识解决问题在高中是不要求的。但学生提出这一思路是一个创见,进一步讨论这一解法,是对这一学生的承认和鼓励,并且方法来自于学生,更能激起其他同学的思维热情,所以决定沿这一学生的思路继续讨论下去。)

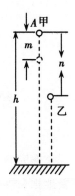

图 5-14

师:对,甲相对乙做匀速运动,速度为 $v=\sqrt{2gm}$。

教师一下想不出怎样从相对运动角度求解这个问题,只是说出自己已知的东西。这一班学生基础较差,有学生问这一速度值是怎样得到的,教师做了解释。

师:接下来怎么办?

这时全班学生高度投入,他们的思维都处于"激发态"。

生2:这样就可以求出甲在后一段的运动时间为

$$t_2=\frac{n-m}{v}=\frac{n-m}{\sqrt{2mg}}$$

生3:这是怎么求出的?

生1:甲从下落 m 起到落地,甲相对乙的位移为 $n-m$。

教师这时想到,甲下落的总高度为

$$h=\frac{1}{2}g(\sqrt{\frac{2m}{g}}+\frac{n-m}{\sqrt{2mg}})^2$$

生4:也可以这样求 h,甲后阶段的运动时间与乙的运动时间相同,即

$$\frac{n-m}{\sqrt{2mg}}=\sqrt{\frac{2(h-n)}{g}}$$

在这里,整个解决问题的过程是由教师与学生、学生与学生的互动不断生成的。

第六章　内核探究中的教师调节

课堂探究的深入、讨论的持续，需要教师的调节。正像一堆篝火，需要人们不断地把余烬拢到一处，不断地添加柴薪，才能一直燃烧。但是教师的调节，很容易成为对课堂探究的控制，因为这之间的界限十分模糊。在我国，授受式教学的影响根深蒂固，教师对于课堂的调节往往在不知不觉中成了对学生思维的替代、限制和控制，甚至是强制。教师通过调节促进课堂探究有效进行，首先要认识控制课堂的各种具体现象及其背后的深层次原因，将自己的言行置于意识控制之下，成为基于分析、判断和选择，服务于学生创造探究的理性行为。其次，要研究创造哪些方面的条件才有利于学生的课堂探究，为课堂调节提供基本方向。再次，要构建、发展适应于探究课堂对话情境下的教师技能，那就是倾听、提问、回应。在授受式课堂中，教师的中心任务是向学生传授学习内容。教师主要通过讲授传递知识，通过提问了解学生的接受情况并促进学生理解；在探究式课堂中，教师的中心任务是促进学生通过探究建构要学习的知识。作为组织者、指导者和促进者的教师，需要通过倾听了解学生的真实想法，通过提问厘清学生思想、拓展学习成果、指导探究方向，通过回应使讨论在较强的思维张力下沿着正确的方向不断深入。

第一节　常见的教师对学生探究的控制

虽然现在提倡师生平等、教学民主，但教师在课堂中仍有特殊的地位，是平等中的首席。教师在教学中仍然起着不可替代的主导作用，很容易主宰课堂的走向，也很容易以自己的思维控制学生的思维。教师对学生探究的严密控制往往是不自觉的、以较为隐蔽的方式进行的。搞清教师对学生探究进行控制的具体表现，以及不自觉地进行这种控制的原因，有利于教师进行反思性的教学调节,以促进学生在课堂上开展真正的自主合作探究。

1. 常见的教师控制学生探究的方式

(1)教师的思维代替学生的思维

完全由教师讲、学生听的教学方式早就不被认可,并且是受到批评的。当下的探究式课堂,强调的是在教师的指导下,学生通过自己的活动得到结论。但很多教师由于不知道探究过程的内核突破规律,不知道解决问题的关键步骤是什么,不知道这一关键步骤是应该让学生通过自己的艰苦探索去突破的,往往把解决问题的关键步骤直接告知了学生。学生的探究活动只是做测量、验证、推导等技术性的工作,而不是真正的创造性工作。在这种情况下,教师的指导在解决问题的关键之处代替了学生的探究,实际上是剥夺了学生进行真正探究的机会。这种现象在教学中大量存在,是造成课堂探究失真的主要原因之一。

例 楞次定律的教学

楞次定律的探究教学一直是高中物理教师研究的热点。但纵观近年来在各种教学杂志上发表的楞次定律的教学设计,大体上都是按如下的思路进行教学:学生利用图 6-1 所示装置进行实验,在表 1 的第一行中记录磁铁的 N 极或 S 极向下或向上运动时,线圈中的感应电流方向;在表中依次填上原磁场方向、磁通量的变化情况、感应电流的磁场方向和感应电流的磁场方向与原磁场方向的关系;通过观察和归纳即可得到"感应

图 6-1

电流的磁场方向,总要阻碍引起感应电流的磁通量的变化"这一规律。

在这样的教学中,实验是学生自己动手做的,表是学生自己填的,结论是学生自己得到的,似乎整个过程都是学生通过自己的活动完成的。但最大的问题是,怎么想到要分析 $B_{感}$ 的方向?怎么想到要用 $B_{感}$ 的方向与 $B_{原}$ 的方向和 Φ 的变化情况的关系来间接地表达判断感应电流方向的规律?这正是发现楞次定律的关键步骤,却被老师直接告诉了学生。

表 6-1

现象	![N↓]	![N↑]	![S↓]	![S↑]
$B_{原}$ 的方向				
Φ 的变化				
$B_{感}$ 的方向				
$B_{感}$ 与 $B_{原}$ 方向的关系				

在一次教学中,学生通过实验得到表 6-1 中第一行的四种情况后,教师就要他们分析这四种情况,看能否找到有关感应电流方向的规律(没有向学生呈现表 1 中的后面三行)。学生提出如下一些"规律",却都没有想到要分析感应电流的磁场方向。

①N 极向下插时,感应电流流向磁场强的地方。N 极向上拔时,感应电流流向磁场弱的地方。

②N 极向下插与 S 极向上拔的感应电流方向相同。

③磁铁插向线圈时,它们之间相斥;磁铁拔出线圈时,它们之间相吸。

④画成平面图,磁场向里的情况下,当磁通量增加时,感应电流是逆时针的;磁通量减小时,感应电流是顺时针的(如图 6-2 所示)。磁场向外的情况下,当磁通量增加时,感应电流是顺时针的;磁通量减小时,感应电流是逆时针的。

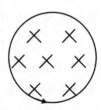

图 6-2

学生虽然没有得到普遍适用的楞次定律,但是这些"规律"并非毫无价值,它们在一些特殊情况下是适用的。通过进一步分析这些初级的"规律",就能得到适用范围越来越大甚至普遍适用的判断感应电流方向的规律。即使最后学生得不到楞次定律也是值得的,因为学生以自己发现的"规律"为基础,就能更好地与作为探究中的竞争观点的楞次定律(虽然是教科书提供的权威观点)发生联系,从而能更深刻地理解楞次定律。我们不能指望学生通过课内短时间的探究,就能发现历史上科学家通过长时间探索建立起来的规律。重要的是,学生在课内进行了探究并有所发现,而且基于这种发现有助于学生真正理解所学的知识。

教师对学生思维的替代,还普遍地发生在课堂讨论中。当学生提出一种观点时,教师往往立即做出"正确"或"错误"的评判,从而剥夺了学生分析、评价和内化的机会。当学生提出质疑或问题时,教师往往立即做出反驳或给出解答,剥夺了学生思考和探究的机会。

(2)教师的思维控制学生的思维

问答式的课堂在现在是较普遍的。教师在课前"巧妙"地预设教学路线,使课堂严格按照预设的路线推进。预设的教学路线安排了一些对学生的提问,让学生有一定的参与机会。这种设计的"巧妙"就在于向学生提的问题足够小,足够简单,学生很容易回答,并且一定能给出教师期望的答案。在这种学生回答的背后,是教师对学生思维的控制。很多时候,教师把一个较大的问题分解为一系列小问题,教师不断地提问,学生不断地回答,使问题逐步得到解决。这样,表面上是学生通过思考解决了问题,但问题的关键是,连接已知到未知的一系列小问题是教师设计的,所以真正起作用的仍然是教师的思维。在得出问题的答案之后,学生回想起来仍然不知道问题是怎样解决的。这种问答式的课堂,看似学生在积极思考并发言,实质上是教师借学生的嘴说出自己要说的话。

例 "浮力的应用"教学片断

在"浮力的应用"一节的教学中,通过实验和讨论,得到了物体在液体中的四种状态:漂浮、上浮、悬浮和下沉,以及这四种状态下物体受到的浮力 $F_浮$ 与重力 G 的大小关系。

师:可见,物体在液体中处于哪种状态,是由物体全部浸入液体时受到的浮力 $F_浮$ 与重力 G 的大小关系决定的。大家回忆一下,浮力公式是什么?

生:$F_浮 = \rho_液 V_排 g$。(教师板书此式)

师:物体的重力与它的密度和体积的公式是怎样的?

生:$G = \rho_物 V_物 g$。(教师板书此式)

师:要控制物体在液体中的沉与浮,就是要控制 G 与 $F_浮$ 的大小关系。在物体重力 G 不变的情况下,有什么办法控制物体的沉与浮?

生1:改变 $F_浮$,即改变 $\rho_液$ 或 $V_排$。[板书:方法一,G 一定,改变 $F_浮$(改变

$\rho_{液}$ 或 $V_{排}$)]

师：那么在浮力 $F_{浮}$ 一定的情况下,如何控制物体的沉与浮?

生2:改变重力 G,即改变 $\rho_{物}$ 或 $V_{物}$。[板书:方法二,$F_{浮}$ 一定,改变 G(改变 $\rho_{物}$ 或 $V_{物}$)]

师:学习知识是为了应用。下面我们用刚才学习的两种方法来分析几个实际问题。

用"方法一"分析了如何使鸡蛋在水中悬浮和轮船从河中行驶到大海中是上浮一些还是下沉一些。

接着分析潜水艇下沉与上浮的调节方法。教师先介绍图 6-3 所示的模型。学生动手操作,推拉注射器的活塞,观察"潜水艇"的沉浮。

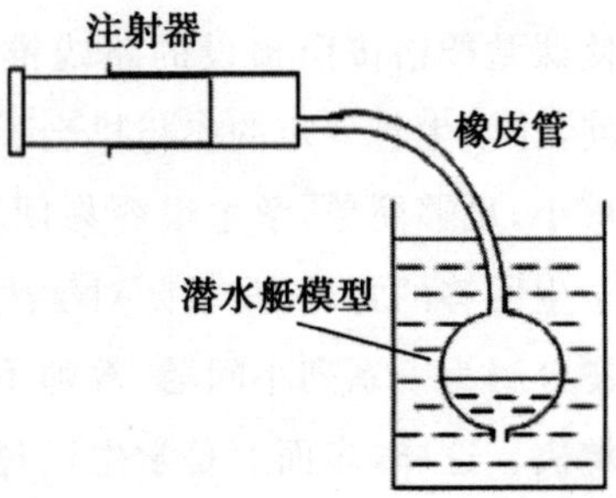

师:潜水艇在水中排开水的体积是不变的,从而浮力不变。向水箱中充气,潜水艇受到的重力如何变化?

生:变小。

师:这时潜水艇是上浮还是下沉?

生:上浮。

师:这里用到了哪种控制方法?

生:方法二。

图 6-3

在这个教学片段中,教师通过设定好的一连串小问题,控制着学生的思维,顺利地得到控制物体沉浮的两种方法。教师对学生思维的控制,不限于得出结论的过程,还通过僵化的结论控制着学生的后续思维。如果教师不控制学生得出较为僵化的方法一和方法二,只让学生理解物体的沉浮是由它受到的浮力和重力的关系决定的,控制物体的沉浮可从改变浮力或改变重力两个方面考虑,那么学生分析实际问题时将会更加灵活。对于潜水艇水箱充气上浮,学生做如下理解更为自然:潜水艇本身的重力不变,由于排开水的体积增加,浮力增大,所以上浮。

(3)教师的思维限制学生的思维

在实际教学中,也会有学生参与程度很高的课堂。教师提的问题较开放,让学生有充分的思考空间和时间,但教师对学生思考结果的处理却是封闭的。当学生的回答符合教师的预设时,教师给予表扬并在此基础上进行下一步的教学;当学生的回答不符合教师的预设时,教师就有意曲解学生的想法,把学生的思想重新拉回教师预设的轨道上,或者直接否定学生的观点,或者忽略学生的观点。通过这些手段,教师不断地限制着学生的思维,以保证探究运行在"正确"的轨道上。

例　"牛顿第一定律"教学片断

在一次课堂中,通过讲解、演示实验和师生讨论,教师给出了牛顿第一定律的表述:"一切物体总保持匀速直线运动状态或静止状态,直到有外力迫使它改变这种状态为止。"然后教师向学生提了一个开放性问题:请大家默读牛顿第一定律一到两遍,然后思考在牛顿第一定律的表述中有哪些关键词有助于我们理解牛顿第一定律。

学生思考约半分钟。

生1:我觉得"直到有外力迫使它改变这种状态为止"这句话,不是"只要有外力运动状态就改变"。

师:他提出了"直到有外力迫使它改变这种状态为止"这句话。那么对这句话该怎么理解呢? 这句话挺有意思的,到底说了哪些内容? 你赞同他的观点吗?

(学生1的观点一定是教师课前没有想到过的,教师的回应很慌乱也很混乱。在教师的回应中,"这句话"到底指哪句话?)

生2:刚才他已经说了,不是物体受力就能改变运动状态,也可以是受到很多的力,但是合力为零的话,物体处于平衡状态,它的运动状态也不会改变。

师:很好,很好! 这位同学对刚才那位同学提出的关键词做了正确而且充分的解释。

(学生1也许认为,有时物体受外力运动状态也不一定改变,也许是其他意思。教师没有叫学生1进一步阐明自己的观点,就认定学生2对学生1的观点做了"正确而且充分的解释",这有搪塞过关之嫌,也有故意曲解学生观点之嫌。)

师:这一个关键词告诉我们,力的作用效果是改变物体的运动状态。

师:这也告诉我们,牛顿第一定律的成立是有条件的,这个条件是什么?

学生无人回答。

师：它的成立条件，就是物体不受外力作用，或者所受外力的合力等于零。

（教师的观点是错误的。不受外力作用，或者所受外力的合力等于零，是物体做匀速直线运动或保持静止状态的条件，而不是牛顿第一定律的成立条件。）

师：还有什么关键词？

生3：“保持匀速直线运动状态或静止状态”。

师：这是不受力物体的运动规律。还有吗？如果没有，请坐下。其他同学有补充吗？

（学生3的回答显然不是教师期望的，被教师所轻视。难道运动规律就不能是关键词？对生3来说，也许这是理解的关键。）

生4："一切"。

师：很好！"一切"物体指的是固体、液体和气体，这说的是牛顿第一定律的研究对象。

（期待已久的回答出现，被教师大声、热情地表扬。教师借机迅速说出自己要讲解的内容。需要指出，教师进一步提出的观点并不是很妥当。"一切"物体不只指固体、液体和气体，等离子体、光等其他一切物质也是满足牛顿第一定律。）

师：还有吗？

一些学生小声回答："总"字。

师：对啦！"总"就是永远、一直的意思。

（同样，教师很快说出自己的理解。这里教师的理解也并非是最恰当的，因为把"总"理解为任何时候、任何情况可能更合适。）

这个案例中，问题是开放的，学生的回答也是开放的，但教师的回应是封闭的。教师用自己的理解和期望评价学生的回答，限制着学生的进一步思考。

（4）教师的思维强制学生的思维

教师思维对学生思维的替代、控制和限制，都是在学生有认识的需要，并且已经开展了探究活动，教师在对学生的探究进行指导的过程中发生的。在学生的探究过程中，教师直接给出需要探究的重要思想，这是教师思维对学生思维的替代；教师通过提问等手段设定学生的探究空间、诱导学生的思维，使学生的认识活动沿着教师设定的路线开展,这是教师思维对学生思维的控制;教师通过表扬、否定、曲解、忽略学生的观点等方法,使学生的探究沿教师期望的方向发展,这是教师思维对学生思维的限制。还有这样两种情况:一种是学生还没有认识需要,但教师认为某种观点或方法很重要,对学生有价值,于是就通过讲解、提问等手段,促使学生思考、理解、接受这种观点或方法;另一种是教学时间不够、学生的原有经验缺乏、能力不足或教师的教学方法不对路,造成学生无法建构起对知识的理解,教师就直接给出结论并要学生记住。这是教师思维对学生思维的强制。

例　电路定性分析的"简便方法"

如图 6-4 所示的电路,当变阻器 R_3 的滑动触头向下移动时,各个电表的读数如何变化?

一位老师在课堂上组织学生通过讨论解决这个问题。在一位学生分析的基础上,另几位学生做了补充,得到了如下的推理和结果。

P 向下移动,R_3 向下移动→$R_总$ 向下移动→I 向上移动,U_2 向下移动 →U_1 向上移动→$U_3(U_3=U_2-U_1)$ 向下移动→I_2 向下移动→$I_3(I_3=I-I_2)$ 向上移动

这是从电路原理出发得出的最一般的推理,但这位教师在课堂上还向学生传授了如下"简便方法"。

师:让我们来看看,分析这种问题还有什么简便的方法。P 向下移动,R_3 减小,与它串联的电流表 A_3 读数增大,与 R_3 的变化情况相反。电流表 A_2 处于与 R_3 并联的支路上,它的读数

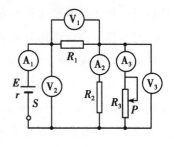

图 6-4

减小,与 R_3 的变化情况相同。电流表 A_1 与 R_2,R_3 相并联的电路串联,A_1 读数的变化情况与 R_2,R_3 并联电阻的变化情况相反。所以对电流表读数的变化来说,遵循"串反并同"的规律。

接着,教师继续分析电压表读数的变化也遵循"串反并同"的规律,还举出其他电路变化的例子,说明"串反并同"的规律是普遍适用的。

在学生已经得出了分析电路参量变化问题的一般方法之后,教师为什么还要传授给学生"串反并同"的方法呢? 当然是教师认为这种方法很有用,能迅速地对这类问题做出判断。但问题是,这种所谓的简便方法并不切合学生

的认知需要。学生从自己的认知状态出发能提出一般的分析方法，对学生来说，他们能用自己的方法熟练地解决这类问题，并不需要学习其他所谓的简便方法。教师强迫学生接受这种方法，但学生往往过后即忘。

2.教师不自觉地控制学生探究的原因

(1)教师的潜意识中存在着权威知识观

很多教师认为作为教学内容的学科知识，或者教科书中的知识、教师自己掌握的学科知识是法定的、权威的。教学一定要让学生得到这种权威的知识和理解。当然，这些教师往往也承认知识是通过社会互动建构起来的，他们在课堂中也会组织探究和讨论。但是，他们的权威知识观必然会对课堂讨论产生如下两种影响：一是着重于自己与学生之间的互动，倾向于通过自己的解释、诱导，使学生尽快接受学科知识；二是在讨论中如果遇到一时无法解决的问题，就会很快退回然后直接告诉学生结论。这两种影响都会导致教师思维对学生思维的控制、限制和强制。

一般来说，教学确实应该让学生获得公认的学科知识，但是，我们又必须认识到学科知识不是预先存在的等待我们发现的绝对的东西，它们是前人通过广泛的社会协商建构起来的。我们只有真正认识知识的社会建构性，并切实依靠合作探究，教学才能取得良好的效果。

作为社会协商结果的学科知识，总是蕴含着大量的个体经验。个体学习学科知识，就是要获得能涵盖、解释和统一大量个体经验的学科理解，即获得具有这一学科知识的普遍承认的理解。社会化的结果必须通过社会化的过程实现。人们只有在与他人的交流讨论中，才能把自己的观点与他人的观点相联系，才能判断自己的观点与他人的观点是否一致，才能产生超越了众多个体经验并被大家共同接受的新观点。只有通过这样的途径获得的、与自己原有的经验和社会化过程相联系的学科理解，才是学生自己的理解。

所以，在课堂讨论中，教师的组织和促进作用，应该尽量表现在让不同的学生参与讨论，让不同的观点发生碰撞，还要尽力避免由于教师的权威或专制而排挤和剥夺学生的交流与讨论。

(2)教师不理解探究过程的生成性

当下，大部分教师都承认知识是学习者自己建构的，教学应该让学生经历一个必要的探究过程。但正是在这里,很多教师在理解和实践上又出现了偏差。教师不理解真实探究过程的生成性,对学生的探究过程做了严密的设定,期望学生经历教师为他们设定的探究过程而得到要学习的知识。受教师自身已经知道了问题的答案这一现实和想让学生尽快得到结果的潜意识的影响,教师设计的路线往往抹平了真实探究应有的曲折,丢失了真实探究固有的多种可能性和选择性,忽视了真实探究是连接已知与未知的一条通途、一条捷径。更有甚者,一些教师设计的探究过程并不是连接学生真实的认识起点与应该达到的认知结果之间的通道,而是达到认识结果之内不同知识之间的逻辑通道。例如,前述关于带电粒子垂直射入匀强磁场的运动问题,学生的认识起点是,带电粒子是如何运动的? 为什么这样运动? 运动轨迹是怎样的? 认识的结果应该是:因为洛伦兹力始终与速度垂直,对带电粒子不做功,带电粒子的速度和受到的洛伦兹力大小都不变,从而运动轨迹的弯曲程度不变,是一个圆。并且由洛伦兹力提供向心力能求出圆轨迹的半径。上课时教师组织的探究,先演示了带电粒子的圆周运动,接着通过提问明确洛伦兹力提供向心力,最后根据洛伦兹力提供向心力求出轨迹半径。整个所谓的探究过程只是应该达到的认识结果范围内的一条逻辑通道而已。

总之,教师作为一个已知道问题答案的人,从自身的立场出发设计的探究过程往往不符合学生的探究真实性。让学生按教师设定的过程探究,很容易造成教师思维对学生思维的替代、控制、限制甚至强制。真正的探究应该面对多种可能性,需要寻找、选择、尝试、验证。也就是说,整个探究过程也应该是学生在探究的过程中生成的,而不是预先设定的。只有探究的过程是生成的,最后的结果才会是学生自己建构的。

(3)教师传统教育的经历和自身的非批判性知识

有研究表明,教师的教学观念和教学方式在很大程度上受自己接受教育的方式影响。一位教师自己在中学和大学阶段,接受的是授受式的教育,那么他在课堂上的教学方式,一般也会是授受式的,他要学习、采用讨论互动的教学方式将更为困难。在我国,教师讲、学生听的教学方式是传统的教学方式,根深蒂固,要改变这种教学方式十分困难。很多教师也积极响应新课程标准对于课堂教学的提倡,努力尝试探究式教学,但在他们组织的表面开放的学生探究的背后,是教师对探究过程的严格控制。

如果教师本身是以接受的方式获得知识的,那么他的知识往往是结论性的而非批判性的,知识之间的联系更多的是字面上的,较为表面,不能在对话中灵活改变以应对挑战。这样的教师对于教学过程的预设,会不自觉地倾向于采用对他来说较为安全的教学策略,设计的学生活动和为学生创造的思维空间,一般也限于自己熟悉的范围内。这样,教师在课前设计的环节,就已经框定了学生的思维活动空间。由于教师头脑中的学科世界是固定的、封闭的,教师与学生互动时,无法了解学生非学科观点的真实思想,无法认识学生的非学科观点与学科观点的联系,更无法组织学生通过讨论和反思完成非学科观点向学科观点的转化。这样,教师对课堂探究的引导,必然是对学生思维的替代与限制。

(4)教师混淆了自己的角色责任与角色行为

教师的基本职责是使学生通过自己的教学获得知识和技能。这是教师角色所决定的教师责任,也是社会、家长、学校和学生对教师的期望。于是,教师在与学生互动时,就努力展示自己的专门知识和技能,以便学生模仿和学会这些专门的知识和技能,并表现出过分的"好心"使学生少走弯路、不犯错误,以便尽快得出结论。

教师的责任与承担这一责任需要的行为方式是不同的。在建构主义的知识观和学习观下,教师应该学习助产士的行为方式。教师不能把自己看作班级的知识库,而应该创造出批判性讨论的氛围促使学生共同探讨需要学习的主题。教师的作用在于促进学生参与探究,促进学生与他人交流讨论。教师的智慧与技能表现为正确把握班集体探究的状态与节律,并施加适当的引导,促进学生建构自己的理解,形成自己的思想。

(5)教师低估了学生

教师经常会低估自己的学生,认为学生缺乏必要的准备知识,不能掌握学科方法,不会批判性地思考,不能理解抽象的内容,没有能力解决比较难的问题等。在这种假设下,教师对学生无微不至地关照,比如课堂讲授过多过细,向学生提的问题过于容易,学生处于必要的思考状态就判定他们无法完成任务,对学生的启发过于直白。这就必然导致教师导向和控制的说教或讨论。

这些关于学生的假定有着严重的误导。首先,学生并不是空着头脑进教室的。学生生活在家庭、学校和社会中,已经积累了丰富的学习学科知识所需要的知识经验。尤其在信息高度发达的当代社会,学生可能已经通过多种渠道听过或看过一些将要学习的学科知识,只是不系统而已。其次,即使学生基础薄弱、能力不足,他们更为需要的也是主动获取知识、锻炼学科能力的机会,如果教师试图替他们思考或讲授得太多,就会剥夺他们的这些机会。最后,由于人的创造性和社会性本质,当学生在一起探索一个复杂问题时,就会展示出令人惊讶的集体智慧,而且远远超过他们作为个体的能力,也超过作为学科专家的教师的能力和才干。

我们必须假定学生具有学习学科知识的必要经验基础和能力水平,否则我们就没有理由开设这一门课程。在此前提下,我们需要考虑的是如何让学生从原有的知识经验出发,利用自身的学习能力,积极主动地获取学科知识。

(6)教师高估了自己观点的价值

教师长期浸淫于自己的专业领域,对知识形成了较为深刻的见解,而且总结出了解决各类问题的简便方法。教师常认为,自己的见解十分重要,学生接受了这种见解,对学科知识的理解水平就能迅速地达到一个较高的层次;自己总结的解题方法十分有效,学生学会了这种方法,就能快速地解决问题。教师高估自己的观点和方法,就不易耐心地等待学生思考,不易虚心地看待学生的观点,还容易导致对学生思维的替代、控制和强制。

其实,教师积累起来的大量的理解和方法,是与教师的认知结构和学习经历相联系的。这些理解和方法对教师有效,但移植到学生的头脑中往往会失效。这是教学实践反复证明的事实。教师应该具有丰富的知识和方法才能胜任教学,并不等于说教师的知识能无条件地传授给学生。只有教师的理解和方法与学生的知识经验相匹配,符合学生的认知需要时,教师的知识理解和方法才能作为学生学习的外部信息作用于学生。

(7)教师为了炫耀自己

也存在这样一些教师,在与学生的互动中为了炫耀自己而不自觉地替代、控制、强制学生的思维。

不可否认,教师拥有学生需要学习的知识,拥有用学科知识解决问题的技能,这是教师之所以成为教师的基本条件,同时也是教师相对于学生的优势。任何人在与他人的交往中,都有发挥自己优势的倾向。这样,教师在与学生的交往中具有的知识优势就很容易转化为优越感。由于这种优越感,教师在与学生关于学科知识的对话中,就会不自觉地炫耀自己,以能回答学生的各种问题来表现自己的博学,以能快速回答学生的问题来体现自己的机敏。尤其是当教师觉得自己对知识有独到理解、对问题有独到解法时,就会忍不住向学生头头是道地讲述,并由此体验到极大的满足感。但教师在表现自己的同时,必然剥夺了学生的思考机会,打击了学生的自信。

教师的知识技能优势并不必然导致炫耀或滥用,关键在于如何运用它。教师的知识优势,有时候可以用来创设情境,提升学生对于讨论主题的兴趣;有时候可以用来解读学生观点,寻找有效的应对方法,促进学生深入思考、积极讨论;有时候可以用来启发学生,帮助学生形成自己的见解,找到自己的话语。由此我们应该认识到,具有较丰富的学科知识,只是我们成为教师的基本条件,而不是我们得以炫耀的资本。教师不能借自己的知识优势来炫耀,而应该借此创造一个围绕共同问题彼此协作、协商对话的探究共同体。教师不应以快速回答学生的各种问题来体验优越感,而应该在利用自己深厚的学科知识、高度的学科敏感性和高超的调节技能组织引导学生的课堂探究这一更高级的活动中体验自己的成功感。

3.努力解除教师对学生思维的替代、控制、限制和强制

教师在课堂上替代、控制、限制和强制学生思维的现象普遍地存在。例如,直接评判学生观点、直接给出问题答案;直接、快速回答学生的质疑和提问;学生提出自己期望得到的观点,就如获至宝、大力表扬,甚至不顾其他学生是否认同,是否还有不同见解,就迅速进入下一个教学环节;以一问一答的形式,让学生依次解决一连串设定好的小问题;对学生进行十分直白的启发;忽视学生提出的自己认为没有价值或无法应对的问题和观点;向学生灌输自己认为重要的观点和方法等。

正如上面分析的那样,教师在课堂上对学生思维的替代、控制、限制和强制,是由教师持有的知识观、学生观、学习观、教学观和教师观,教师本身的非批判性知识和喜欢炫耀的性格特征等较为深层的、稳定的因素决定的。所以,这种替代、控制、限制和强制往往是无意识的、不知不觉的、自然而然的,是没有经过深入反思和仔细审查的。也正因为如此,教师要改变自己这种不良的课堂行为方式是十分困难的。

不过,如果教师承认应该给学生机会让他们通过自主探究、交流合作建构自己的知识,那么教师就必须不断地反思、改变自己的课堂行为和教学追求,使自己的课堂行为成为基于分析、判断和选择而进行的理性行动,努力为学生的自主探究创造条件。

首先,要真正转变教学观念。观念是行动的灵魂,教学观念对教学起着指导和统率的作用。只有真正确立起现代的知识观、学习观、教学观、学生观、教师观和教学质量观,才能改变自己的行为方式以适应探究式教学。其次,要明确自己的职责。在探究式教学中,教师的职责不是直接向学生传授要学习的知识,不是炫耀自己的博学和机敏,而是为学生的探究创造条件、提供支持。第三,要提高自己对学科知识的理解,使自己掌握的知识能经受质疑和批判,形成本质的非字面的理解,能改变形式适应各种情境。第四,需要发展新的互动技能。我们不只需要授受情境中的讲授、提问技能,还必须发展对话情境中需要的讲授、提问、倾听、回应等技能。

第二节　为学生的自主合作探究创造条件

学生在课堂中开展自主合作探究的条件主要包括三方面:探究的机会、探究的空间和探究的时间。这三方面的条件都需要教师通过合理的设计和安排去创造。

1. 探究机会

对于一节课或一个单元的教学,并不是所有的知识都是需要学生探究的。但是有些知识必须要让学生进行充分深入的探究,才能使学生深刻理解需要学习的整个知识体系。教师应该全面分析教学内容,明确内核知识,深入了解学生的知识经验和能力基础,设定合理的教学目标,确定哪些知识可以用授受的方法让学生获取,哪些知识应该让学生通过探究去建构,从而为学生创造探究的机会。

例　"力的合成"教学中的探究点

高中物理必修 1 中"力的合成"一节,包括如下教学内容:力作用的等效替代现象,合力和分力,力的合成,力合成的平行四边形定则,共点力,平行四边形定则的巩固性应用。力合成的平行四边形定则是本节的核心内容,需要学生通过实验探究去掌握。对于其他内容,学生都有足够的生活经验或知识基础,可以较容易地通过理解接受的方式去学习。而通过实验探究发现共点力合成的平行四边形定则,又需要设计实验方案进行测量和记录,做出合力与分力的图示,由合力与分力的图示去寻找它们的关系。本节课最重要的教学目标是让学生通过探究发现并理解力合成的平行四边形定则,所以由实验得到的数据寻找合力与分力的关系是核心。为此,前提是要准确地测量、记录实验数据,尽可能恰当而准确地画出力的图示,这就需要就如何准确测量、记录实验数据,如何恰当而准确地画出力的图示展开讨论,以提高学生的认识,掌握实验要点。至于设计实验方案则不必让学生探究,只要让学生由合力与分力的概念理解实验原理即可。

据此分析可知,本节课两个相互联系的探究点是:讨论如何准确测量、记录实验数据,如何准确恰当地画出力的图示;由实验得到的合力与分力的图示寻找合力与分力的关系。它们就是本节课教师应该为学生创造的两个探究机会。

2.探究空间

探究空间就是学生可以探索的思维范围。从第一章第一节"超重和失重"教学实录中的两个片断,我们可以认识课堂上教师为学生创造的探究空间及其对学生探究的影响。

片段一

师:那么我们在乘电梯时的这种感觉,是不是表明我们受到的重力发生了变化?

生:是。(大部分学生)

师:是吗?

课堂沉默片刻,开始议论。

生1:这种感觉好像就是我们变重或变轻了,应该就是人的重力发生了变化。

生2:我觉得不是重力变了,而是人对地板的压力变化了。

生3：我感觉什么都没有变，是我们的错觉。

……

片段二

师：你的分析给大家澄清了生活中一种想当然的错误认识。既然不是重力变了，那这种感觉又是如何产生的？是人对地板的压力变了，还是我们的错觉？我们用什么方法来验证哪个猜想正确？

生：做实验。

在片段一中，教师一句反问："是吗？"为学生创造了新的思维空间：人乘电梯的这种感觉是不是由重力发生变化引起的呢？如果不是，那又是什么引起的？从而导致了学生在思考后提出了三种观点。在片段二中，教师问"用什么方法来验证哪个猜想正确"把学生的探究空间限定在一个很小的范围内。因为在中学生的理解中，"验证"往往就是实验验证，所以学生立即回答"做实验"。试想，如果教师这样问："重力没有发生变化，那么人乘电梯的感觉到底是人对地板的压力变了，还是我们的错觉？我们应该如何进一步研究？"那么学生既可能想到要实测一下压力有没有变化，也可能去论证是不是错觉。

学生只有在足够大的探究空间中才能充分地发挥自主性，创造探究空间的最基本方法就是提出开放性问题。

所谓开放性问题，就是对于学生而言答案未知、不确定的问题。回答这样的问题学生需要思索而不是回忆。开放性问题与封闭性问题的区别就是前者的答案是不确定的，后者的答案是确定的。有一种观点认为开放性问题的答案是不唯一的，而封闭性问题的答案是唯一的。实际上，即使一个问题有几个答案，但如果这几个答案可以通过回忆得到或者可以用已知的方法推出，这样的问题仍然是封闭性的；虽然问题最后只有一个答案，但在解决这个问题时答案是不确定的，需要探索和论证，这样的问题也是开放性的。例如，在奥斯特发现电流的磁效应后，法拉第提出了"磁能否产生电？如果能，是在什么条件下？"的问题，这个问题最后的答案可以说是唯一的：磁能产生电，当穿过闭合电路的磁通量发生变化时，电路中就会产生感应电流。但在法拉第得出结论前的十年探索过程中，答案是不确定的，要不断地去猜想验证，所以这是一个开放性问题。可见，区分开放性问题和封闭性问题的标准是看问题的答案是不确定的还是确定的，问题的解决是需要探索的还是只需要回忆重复的，而不是看答案是不唯一的还是唯一的。由此可知,问题是开放性的还是封闭性的,不是由问题本身决定的,而是根据问题与问题解决者原有知识经验的关系所产生的解决问题的方式决定的。同样一个问题,对于已知答案的人,是封闭性问题;对于不知道答案需要探索解决的人,就是一个开放性问题。

开放性的问题,特别是那些用"怎么样"和"为什么"提出的问题,很可能激起学生深入思考和解决问题的欲望,并充分挖掘讨论在拓展学生思维和情感方面的潜力。

开放性问题的答案是不确定的,并不是说对它而言任何答案都是可接受的。当人们根据一定的线索得出一个答案,我们仍然可以根据问题的标准、逻辑和已有的知识经验去论证这个答案是否正确,或用实验去检验这个答案是否正确。课堂上提出开放性问题,就需要老师有开放的心态,接纳学生提出的各种可能正确的答案,并对其进行论证、检验。

例 合力与分力关系的开放性探究

在本节上一例中,各个小组通过实验测量,按比例做出合力与分力的图示,得到了图 6-5 所示的各种各样的合力与分力关系图。接着要从这些合力与分力的关系图中,寻找合力与分力关系的一般规律。

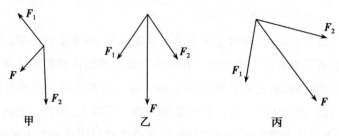

甲　　　　　乙　　　　　丙

图 6-5

很多教师对学生提出这样的探究要求:寻找合力与分力的关系就是寻找代表合力和分力的这三个有向线段之间的关系。要寻找线段之间的关系,数学中常用的方法是作辅助线,例如把这些线段的端点连起来,看看是什么图形。同学们实际做一下,看能找到什么关系?

这样,学生探究的空间就极小了。他们所要做的,只是把通过实验得到的代表合力和分力的三个线段的端点连起来,看看得到的图形是什么。

如果我们这样向学生提出探究要求:同学们都至少得到了一组合力与分

力的图示,请反复观察自己的图示,还可以与邻近的小组交换,多观察几个小组的图示,看能不能发现合力与分力之间关系的规律。这时,学生完成任务的途径是未知的、不确定的,这就需要学生去探索、去发现。在认真观察的基础上,有的学生会发现把三个端点连起来好像是一个平行四边形,有的学生会发现移动 F_1 使它的起点与 F_2 的端点重合,三条线段几乎组成一个闭合的三角形。

3. 探究时间

学生思考问题需要时间。在课堂探究和讨论中,学生思考的时间往往由教师掌控的等候时间控制。所谓等候时间,就是教师或学生提出问题和教师或学生发表观点之后,教师留给学生思考的时间。

等候时间的把握与提出问题和发表观点本身可能是同样重要的。等候时间太长,可能使班级的探究失去了张力,也会浪费宝贵的课堂时间;等候时间太短,则直接剥夺了学生的思考机会。合适的等候时间由问题的难度和观点的复杂程度决定。对于较难的问题和较复杂的观点,需要更长的等候时间;对于较容易的问题和简单的观点,需要的等候时间则较短。

美国人加里·D.鲍里奇的著作《有效教学方法》中,把等候时间分成两类。第一类等候时间指的是,提出一个问题之后让学生思考的时间。第二类等候时间指的是,学生或教师回答问题(或发表看法)之后,直到教师或其他学生做出回应之间的时间间隔。对我国的中小学教师来说,虽说还有一些人知道提出问题之后应该给学生一段思考时间,但很少有教师注意到,当学生和自己回答问题或发表看法之后,同样需要留给学生一段思考、评判和修正的时间,即第二类等候时间。

适当增加等候时间,对学生的回答会有以下影响:学生会做出更详细更充分的回答;学生会提出更多的可能性;有更多的学生愿意回答问题;学生对他们的回答会更自信一些;学生会更愿意给出猜测性的回答;有更多的学生会提出自己的质疑等。

关于第一类等候时间,对于封闭性问题,等候时间至少应有 3 秒钟;对于开放性问题,一般来说,15 秒钟的等候时间是恰当的;对于一些难度较大的开放性问题,等候时间可以长达几分钟。关于第二类等候时间,一般以 3～5 秒钟为宜。教师由于已知了答案,会认为学生不需要这么长时间思考;另外,在等待学生思考问题的过程中,教师会感觉到时间过得特别慢,真实的 10 秒钟,教师可能感觉到有 1 分钟了。再有,在与学生的对话中,学生提出问题和观点之后教师停几秒钟再回应,这似乎是十分困难的。

与等候时间紧密联系的是课堂中的沉默。人们常错误地认为,最好的讨论就是几乎所有的时间都有人发言,没有一刻沉默。其实,深入思考时的沉默和积极踊跃地发言都是好的讨论所不可分割的组成部分。学生或教师在讨论中如果对一个问题无法直接回答,这样说话应该是很自然的:"我需要思考一下再来回答。"然后在这段时间内,刚才的发言者在思考,其他人也在思考,班级处于沉默状态。我们应当知道,讨论中的沉默并不意味着冷场,反而具有一种不同的但同样重要的作用,并会使讨论的话题显得更为紧凑,课堂更有张力。

对于给予学生充分的探究时间,教师们最大的顾虑是完不成教学任务。解决这一问题的关键是教师要区分哪些内容是不必探究的,哪些内容是必须探究的。对于不必探究的内容,可以采用授受或阅读等方法以较快的速度完成教学,从而为核心内容的探究腾出足够的时间。例如,在"力的合成"的教学中,合力和分力的概念,共点力的概念,探究合力与分力关系的实验方案的设计,都没有必要让学生探究,可以完全用授受的方式教学。一节课中什么都探究,结果什么都探究不彻底,教学效果和效率可能比完全的授受式教学还差。

第三节　教师调节技能之一——倾听

为解决内核问题的自主合作探究是民主的、开放的,是建立在参与者不同观点和解释的基础之上的。其中的观点往往不可预测、出人意料,令人大开眼界。

尽管好的课堂合作探究令人向往、激动人心,但并不是只要讨论一开始,就能自然而热烈地进行下去。探究的主题太难或太容易,都不能激起学生积极参与的热情。即使探究有一个好的开端,看起来似乎充满无限生机,也有可能被多变的环境因素所干扰,使班级讨论处于暂时停止状态,令学生失去热情、教师心生不快。有时老师或一两名学生在讨论中太抢风头,有时讨论的节奏太慢,有时教师对探究的问题准备不够充分,不能及时为讨论过程注入活力,都会使学生对讨论失去兴趣。

使探究不断地进行下去并充满活力,主要是教师的责任。教师要时刻在场,感知课堂中的互动情况,了解学生的真实观点,并适时地施以合适的调节,使探究充满张力并保持在有效的轨道上。教师的每一次调节都由两个基本环节组成,那就是感知探究状态,做出适当的回应。感知探究状态的最主要方法是倾听。在教师对探究过程的调节中,提问是常用的方法。有时提问是为了了解学生的真实想法,有时提问是作为回应的手段。所以倾听、提问和回应,是教师对探究过程进行调节的三大技能。本节课重点介绍倾听的技能,下两节介绍提问和回应的技能。

关于讨论互动,持续倾听是最容易被忽视,最不易引起人们注意的一环。这是哪怕反复强调其重要性仍然最难做到的事情。好的老师应当是机敏的倾听者,在学生发言时老师不应当只是沉默,不能自我放松甚至走神。相反,老师不仅要听出学生发言中的确切含义,还要听出言下之意。要努力理解学生见解中的关键点,并对他所表达的内容有多大的合理性或假定性做出判断。教师只有仔细倾听,才能判断学生的理解是否正确,才能确定学生发言与主题的相关程度,才能了解不同学生观点的关联性,为紧接着的调节提供依据。

在课堂讨论中,学生与教师都有责任专心倾听,并至少记住部分发言,但教师更有义务使每个人的发言都完整地保留下来。老师应当在适当的时候回忆出学生的发言,并站在班级的立场上,用前面发言者的观点启发后面的发言,确保讨论的延续性。这样做还可以为班级营造一个紧密联系的氛围,使班级中不同的想法相互关联,使每个参与者通过理解他人的发言扩大自己的认识,通过超越他人的观点提高自己的认识。

1. 听出学生的观点

教师倾听的第一个要点是,把倾听的目标定位于了解学生的观点,了解学生对讨论主题的认识现状,而不是评判学生观点、评价学生现状,是认识学生观点,而不是改变学生观点。一方面,人的对话能力是先天的,对话技能是在与他人的交往中自然形成的。另一方面,人们之间的对话往往是面对面的,需要对话主体及时做出反应,所以较少有人对自己的对话行为进行反思和训练。

很多人与他人的对话,都是以习惯的不自觉的方式进行的。对话主体对他人的观点做出反应的过程由三个环节组成:倾听、评判、反馈。其中,倾听最为基础,但其重要性常常被忽视。在对话中,人们往往还没有完全听清对方的真实想法,就匆忙地做出了反应。评价他人观点与倾听他人观点相伴而生,但是必须在搞清他人观点的含义之后,与自己对讨论主题的认识相比较,才能做出评价。对话中的回应,最终目的在于肯定对方观点、改变对方观点或让对方了解自己的观点。只有在搞清对方观点的确切含义之后,才能确定恰当的回应方式。所以,教师对学生发言的倾听,首先是接纳而不是评价,更不能带有先见。

2. 倾力倾情地听

倾听的第二个要点是教师要倾尽全力地听,倾情地听。倾尽全力地听就是要集中全部的注意力、调动全部的智力去听。倾情地去听,就是要对学生的发言抱着感激之情,真诚地、热忱地听。学生冒着自己的观点可能错误而在教师和同学面前出丑的危险发言,这是对教师教学的支持,教师自应感激。当学生发言不流利、表达不清晰时,只要学生还在说,教师就要耐心地听,绝不能表现出不耐烦、不重视。否则,发言者就会思考如何尽快结束自己的发言,或者猜测并改说老师希望听到的话。投入地听,还要求教师作为学生表达的帮助者,在了解学生不清晰、不恰当表达的真意后,可以用准确的、规范的、清晰的语言转译学生的话语,并在得到学生的认同后示意学生继续说下去。当然,也可能出现这样的情况,教师找不到学生的发言与讨论主题的关联,而学生又没有结束发言的意思,教师应真诚地说:"你说的一定有自己的道理,但我一下明白不了。你看这样好不好? 我课后再与你交流,弄清你的真实意思后,下节课再与同学分享。"

3. 站在学生的立场上听

倾听的第三个要点是,教师在倾听时要站在学生的立场上,或站在中立的立场上,绝不能站在与学生对立的立场上。在课堂师生互动中,教师的一个通病是,一听到不是自己期望的观点就立即叫停、指正或批驳,一听到学生对自己观点的质疑就立即反驳,且咄咄逼人。这几乎成了一些教师的条件反射,这样做的潜意识是为了捍卫自己的权威,或为了表现自己的高明。但教师这样做,就把学生的思想封堵了,从而使教学失去了最鲜活的资源。教师要通过较长时间的自我修炼,克服这种本能。对学生错误的观点是要辨析的,但教师不应该立即批驳。最好的做法是,让学生说出支持自己观点的理由。在说的过程中,学生自己就会认识到错误所在,也可能是其他学生发现错误或漏洞所在,这样就把发现错误、修正错误的机会留给学生。如果全班学生认同这种错误观点或发现不了错误所在,教师更不能只阐释自己认为正确的解答,而应该深入分析学生错误的根源,揭示错误观点与相关知识的矛盾,然后师生通力合作解决矛盾,建立正确的观点。当有学生对教师的观点提出质疑时,要平心静气地让学生说出自己的理由,也许学生的质疑是有道理的,也许学生的质疑是错误的。但不管是哪种情况,都是一个提高的机会。

例　"我是花了很大的劲才想出来的"

在一堂初一第二学期的自然科学课中,教师要学生解决这样的问题:在图6-6甲、乙中画出合适的光学仪器,使光路发生如图所示的变化。

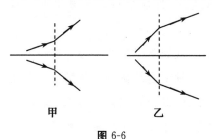

图 6-6

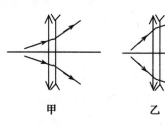

图 6-7

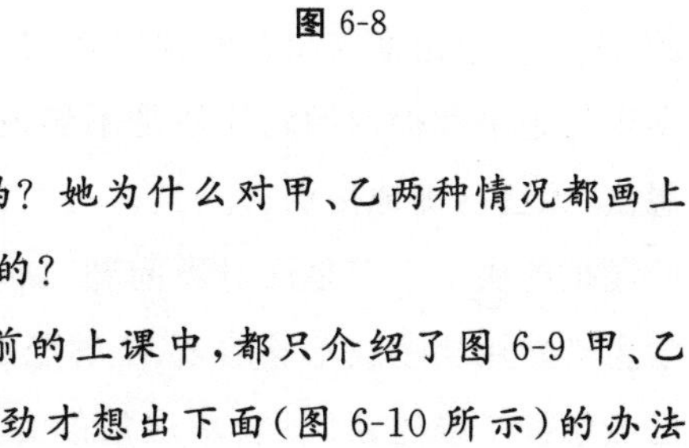

教师叫林辛夷同学把自己的答案画到黑板上。林辛夷对甲、乙两种情况都画上了靠在一起的凸透镜和凹透镜,如图 6-7 所示。而教师根据凹透镜有发散作用,凸透镜有会聚作用,认为正确答案应该是图 6-8 所示,从而立刻判定

图 6-8

林辛夷的答案是错误的。

那么,林辛夷的答案真的是错误的吗?她为什么对甲、乙两种情况都画上一个凸透镜和一个凹透镜?她是怎么想的?

据林辛夷说,教科书以及老师在以前的上课中,都只介绍了图 6-9 甲、乙所示的两种光路图。"我是花了很大的劲才想出下面(图 6-10 所示)的办法

的。"在图 6-10 中,如果凹透镜的发散程度大于凸透镜的会聚程度,光线总的传播效果就是图 6-6 甲的情况;如果凹透镜的发散程度小于凸透镜的会聚程度,光线总的传播效果就是图 6-6 乙的情况。我们必须承认,在只有掌握图 6-9 所示两种光路的情况下,想出这种方法是一个创造。

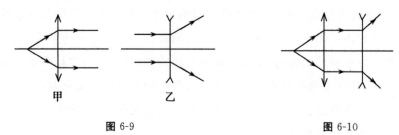

甲　　　　乙

图 6-9　　　　　　　　　　　　　　　　　图 6-10

教师由于没有站在学生的立场上理解学生的观点,不加分析地否定了学生的观点,造成的后果是严重的。首先是排除了一个正确的且具创造性的答案;其次是不尊重学生的劳动,打击了学生思考的积极性;更重要的是,教师如果经常这样评判学生经过自己思考得到的观点,将使学生的学习走向机械记忆。

要做到倾听,教师必须非常谦虚,使学生一直处于讨论的中心。有一个教育家对于倾听曾写过这样的话:"专心倾听是一件不容易做到的事情——它在某种程度上耗费着我们的心智,令我们身心疲惫,也令我们大为震惊。但当我们克制住自己进行权威判断的冲动时,这件事情也就变得容易做到了。一旦我克服住内心想要说的话,只要一小会儿,我就可以全心接受外部的讨论了。"

4. 学科敏感性

课堂讨论中学生的发言,经常是不完整、不规范、表达不清晰的。这有三方面的原因。一是在课堂对话的情境下,参与者都是跟随着讨论的进程思考的,有一点想法就需要及时说出,没有时间对自己的想法进行认真组织。二是学生的想法和提的问题往往是不够成熟的,可能只是一点朦胧的或者直觉的想法,无法准确地用语言表达。有时候,当学生搞清了自己的问题所在,他的问题也解决了。三是面对新问题、新现象,原有的知识经验不能完全同化时,学生必然用比喻或不够清晰、不够稳定的意象等来建构对新问题的解释,但对已经掌握了描述新问题、新现象的专门术语的老师来说,学生的表述是不准确、不到位的。

在课堂讨论中,教师有更大的责任听懂学生没有清晰表达的真实意图。一方面,教师可以运用提问等技术让学生更清楚地说明自己的意思,另一方面,教师要不断加深自己对学科知识的理解,增强学科敏感性,以便能从学生的只言片语中了解学生的真实想法。

例　"如果没有惯性,物体的运动就乱了"

初中物理中,牛顿第一定律的表述是:一切物体在没有受到外力作用时,总保持静止状态或匀速直线运动状态。由牛顿第一定律知道,一切物体都具有保持原有的速度大小和方向不变的性质,这种性质叫作惯性。为了让学生理解惯性是物体的固有性质,物体在任何时候都有惯性,教师要学生思考如下问题:汽车刹车之后做减速运动的过程有没有惯性?

生:有惯性。

师:你怎么知道有惯性?

生:因为惯性是物体的固有属性。

师:但这时汽车没有保持速度不变呀,它的速度在减小。

生:那是因为汽车受到阻力的作用。

师:那你们怎么看出汽车受阻力减速时,它也有保持原有速度不变的性质?

学生不能回答。

师:如果汽车没有惯性,当它受到阻力作用会是什么情况?(教师希望通过此提问使学生想到,如果没有惯性,汽车一受到阻力作用速度将瞬间变到零或变为反向,进而让学生明白阻力要使汽车减速,而汽车的惯性想保持原有的速度不变,于是速度只能逐渐减小,惯性表现为外力无法使汽车的速度突然发生变化。)

学生无法回答。

师:如果没有惯性,原来静止的汽车一受到牵引力作用,会出现什么情况?

学生突然回答:那就乱了。

你知道学生说的"那就乱了"是什么意思吗? 那是学生用自己的语言表达了自己对物体受力时惯性的表现的理解。它与用科学的语言表达的理解是一致的。如果教师能凭自己的学科敏感性理解学生的真实思想,将其转译为科学的表达并得到学生的认同,那么学生对惯性的理解也就达到了教师期望的水平。

<h1>第四节　教师调节技能之二——提问</h1>

本节讨论的提问,是指教师为使已经开展的合作探究热烈有效而进行调节的提问,而不是提出作为探究主题的内核问题,后者在第三章第二节和第四章第三节已经做过详细分析。教师为使合作探究持续进行的调节性提问,是吸引学生的注意力,激发学生新的参与热情,启发学生思维,调控讨论方向的最常用方法。

按问题在调节中所起的作用,教师为使合作探究持续进行的提问可以分成如下五种:启发性提问、询问性提问、挑战性提问、拓展性提问、定向性提问。

1.启发性提问

当讨论的问题较难,班级大部分学生无法进入思考时,或者大部分学生都持一种错误观点时,教师或改变问题形式,或降低问题难度,或从另一个角度提出问题,或者提出学生较熟悉的类比性问题,使问题适合于学生的实际水平,这样的提问叫作启发性提问。前面已经强调过,对学生的提问应该有一定的难度,不能用一串足够简单的小问题去控制学生的思维。但是,课堂探究又不同于真实的科学探究,问题的难度要受课堂学习的限制。要学生思考的问题,基本上要求学生能即时投入思考。所以,当问题较难时,教师有责任通过启发性提问加以引导。

2.询问性提问

当一个学生的发言表意不清,老师和其他同学听不清他讲话的真实意思时,老师可以要求他进一步澄清自己的观点。当学生表述的观点似乎与前面的发言无关,或与讨论的主题无关,或班级中的其他人认为他的观点是错误的、未经证实或不合理的时候,教师可以要求学生讲出支持自己观点的更多证据。询问性提问仅仅要求学生讲出更多的信息,而不是挑战发言者的观点。

例如,当学生提出一个观点后,教师做如下提问:你是怎么知道的?你这么认为的依据是什么?你能换种说法吗?你能举个恰当的例子吗?你能对你的观点做出另外的解释吗?等等。

3.挑战性提问

讨论过程中的挑战性提问是指教师对学生的观点提出挑战,主要以对学生观点进行质疑的方式进行。

对学生观点提出质疑,能促使学生进一步思考自己的观点,或从不同甚至相反的角度重新考虑自己的观点。这能促使学生反思自己观点的确切意义、支持自己观点的证据、自己观点的适用条件以及在其他条件下结论应该做何种变化等,使学生观点从当前初级的、粗糙的形式向高级的、结构化的形式发展。

教师对学生的观点提出质疑,尤其要注意语气和态度,要持询问的语气,提问持学术讨论的态度。如果教师讲话持责问的语气,提问持居高临下的态度,学生必将中断自己的思考。

4.拓展性提问

在得到一个至少是部分正确的或是表现出一定程度的理解的回答之后,可以通过拓展性提问把学生的回答推向一个更全面、更复杂的层次。这种拓展性提问是把以前的回答作为阶梯,引发更复杂的回答,并将理解提高到更高的水平。这就意味着把不完整的回答当作下一步更高层次回答的一部分,而不是当作错误的回答。拓展性提问的关键是,你的后续问题只能是当前学生回答的小小拓展。否则,一步跨得太大,看起来像个全新的问题,会使学生望而却步。

拓展性提问的一种方法是,让学生把自己的观点与先前发言的同学的观点相联系或相比较。例如,你所讲的内容与小李刚才所讲的有何联系?你的观点是否补充了刚才我们所得到的结论?由小林的观点,你们能提出什么新的看法?课堂探究很容易退步到只是把各个独立的头脑聚集在一起,每个学生都只回答教师提出的问题。让学生把自己的观点与同学的观点相联系,有助于促进学生与学生之间的互动,并使学生明白讨论是需要合作来完成的,而且每个学生的才智和经验对整个讨论来讲都是具有重要意义的。

提出假设性的问题是拓展性提问的另一种常用方法。得到了事物的一种规律性认识后,让学生思考事物假如不遵循这一规律会怎么样;得到了事物在一定条件下的变化规律,让学生思考事物在另外条件下甚至相反条件下的变化规律。假设的问题会改变学生看问题的角度,转到不熟悉甚至看起来不切题的领域,鼓励学生大胆想象,进行极富创造性的思考。对于不愿意冒险的学生或经常草率地、用习惯性的方式思考的学生来讲,假设的问题就能激起学生对想象力的挑战,使他们达到一个新的参与和理解水平。下面是高中物理中几个假设性问题的例子:在没有重力的空间,会观察到哪些不同于地面的现象?如果物体没有惯性,物体的运动会怎么样?如果感应电流的方向不遵循楞次定律,在电磁感应现象中能量的转化情况会怎么样?如果物体之间的作用不是相互的,A 物体对 B 物体有斥力,使 B 物体加速,A 自身会不会减速?

假设的问题不一定没有现实意义,例如在人类宇航员进入太空前,科学家必须正确地、全面地想象在没有重力的空间会出现的各种与地面上不同的现象。即使假设的问题是不现实的,但它使我们从另一个角度甚至是相反的角度看问题,会使我们加深对问题的理解。例如,对"如果感应电流的方向不遵循楞次定律,在电磁感应现象中能量的转化情况会怎么样"的思考,会使我们认识到,楞次定律是普遍的能量转化和守恒定律在电磁感应现象中的必然要求。

5.定向性提问

当学生的发言偏离了或者迷失了实现教学目标的方向时,当学生提出了较多的观点,需要确定接着应该重点讨论的观点时,当学生搞懂了一个问题满足于当时的成功时,都需要教师提出定向性问题,以明确进一步前进的方向,并聚学生精力于关键问题,确保课堂探究的必要张力和有效性。

定向性提问可以改变问题的难度和角度,改变和明确进一步探究的方向,而且能够帮助你避免使用尴尬的、往往是惩罚性的回应,诸如:"没有一个同学能想得出来?""你这个想法是错误的。""你说的与我们讨论的问题无关。""你没有抓住问题的关键。"使用定向性提问改变探究的方向,使之进入更有效的领域,这样可以使思维的必要转换不那么突然,而且更为积极,从而避免让学生不敢探寻新的回答。定向性提问能够使讨论转向新的方向,并为后续的问题设定新的情境,又不否定以前的回答。

　　定向性提问的一种常见情况是,当班级或小组处于一定的探究状态而又没有明确需要进一步探究的问题时,教师应明确提出探究问题,以集中全体学生的思维方向。这种提问尤其需要防止把教师的意志强加于学生的情况,所提的问题应该符合学生的思维实际,应该是学生想提而没有提出来的问题。

　　上述的提问分类是相对的,有时拓展性提问同时具有定向的功能,有时定向性提问就是拓展性提问,有时询问性提问能引起学生的反思而成了挑战性提问。之所以对提问进行分类,是希望教师在课堂上的提问不是随意的,提问前应思考自己的提问目的。

例　关于导线中自由电子定向运动速度的讨论

　　初三学生在"电流和电路"一章的学习中,有几个学生向教师提出这样的问题:在电路中,一闭合开关,电灯立刻就亮,不论电灯离电源有多远。可见导线中自由电子做定向运动是极快的,事实是不是这样的? 教师认为这个问题很有代表性,在课堂上向全班学生提出了这个问题。

　　学生议论。教师提问学生1。

　　生1:我也认为导线中电子的定向运动是很快的。离我们最近的台州发电厂到这里总有50多千米吧,几乎在我们闭合开关的同时,灯就亮了。

　　教师再问了几个学生,几乎都是相同的观点。

　　师:灯亮了,确实说明有定向运动的电子通过电灯。你们认为这些电子是哪里运动过来的? (询问性提问)

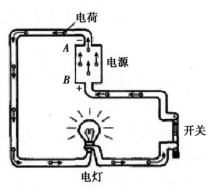

图 6-11

　　生齐声:电源的负极。

　　教师作出图 6-11 后说:你们的意思是电子从电源的负极出发,沿导线运动到电灯,再运动到电源正极。

　　学生认同。

　　师:也就是说,在闭合开关前,电源正、负极到电灯之间的导线中是没有自由电子的。

　　生:有自由电子的。

师：那么闭合开关后这些自由电子是否做定向运动？

学生议论。

师：如果原来导线中的自由电子不做定向运动，等于说导线中的自由电子是不起作用的。那么在电源与电灯之间用绝缘物体连接，灯也应该会亮，情况显然不是这样的。（挑战性提问）

生2：电子从电源负极流出后，推着前面的电子运动。

师：如果是这样，电源负极是怎么"知道"远处的开关合上了，应该释放出电子了？（挑战性提问）

学生处于紧张的思考中。

师：我们可以做一个形象的类比。如图6-12所示，很多人排成一个队列，进行走操训练，发令者在O点。当发令者喊口令："齐步走，一二一，一二一……"队列中的不同人就几乎同时走动。类似地，图6-11电路中则是开关"命令"电子开始运动的。

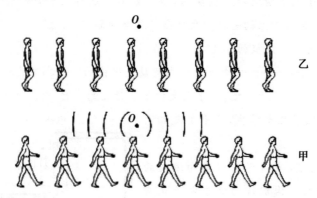

图 6-12

生2：按你这么说，那应该是开关附近的电子先运动？

师：是这样的。发令者喊"齐步走"，在他附近的人马上开始走，而离他340 m的人要1 s后才开始走，因为声波的传播速度是340 m/s。电路中开关的"命令"是通过电磁波传播的，电磁波的速度是3×10^8 m/s。所以，离开关几千千米的地方，电子也仅迟0.01 s开始运动，所以我们感觉一闭合开关，各处的灯几乎是同时亮的。

师：现在请思考一下，在人的走操训练中，人的走动速度由什么决定？是否就是340 m/s？（学生对走操训练中人走动的速度还没有明确的概念，而这是理解导线中电子定向运动速度的关键,所以教师提出这一定向性问题。)

生:是每个人自己走的速度。

师:回忆自己上体育课的情况,走操训练时,人走动的速度大约是多少?(学生的理解是正确的,但也是较模糊的,为了使学生的理解更准确到位,教师提出这一拓展性问题。)

生:大约一点几米每秒。

师:那么导线中电子定向运动的速度,是不是像大家原来想象的这样,一闭合开关,立刻就从电源的负极运动到电灯处?(定向性提问)

生:不是。

师:正像走操训练中人走动的速度只有一点几米每秒,不是 340 m/s 一样,导线中各处的电子也以自己的速度定向运动,远没有 $3×10^8$ m/s 这么大,实际速度大约只有 0.1 mm/s。

教师的提问表述清晰、准确、简洁也十分重要,不然学生不知道问题确切的意思,就无法进行思考,更无法展开讨论。要让全班学生听懂问题的真意,这一点说起来容易做起来难。你的表达不一定能完全反映你想表达的意思,别人听了你的表达产生的理解可能与你本意不同,因为不同的学生可能会产生不同的理解。更有甚者,老师以为自己说清了问题,但学生根本不知道你想表达什么。例如,一位老师在课堂上向学生提了这样的一个问题:"电荷仅在电场力作用下从 a 点运动到 b 点,试补充条件使下列结论成立:(1)a 点电势高于 b 点电势;(2)电荷的电势能升高。"结果学生反应冷淡。这实际上是由于问题表达不清晰引起的。首先,问题到底是要求两个结论同时成立还是分别成立?如果是后者,那么由于教师同时提出了两个问题,不同学生思考不同问题,就无法开展讨论。其次,即使明确只讨论使结论(1)成立,也由于这种倒装的提问方式过于晦涩,学生不容易理解教师问的到底是什么。如果把问题表述为:"电荷仅在电场力作用下从电势较高的 a 点运动到电势较低的 b 点,据此你能否判断出电荷的带电性质?能否判断出电荷的初速度等于零?"学生就能很快进入思考。

第五节　教师调节技能之三——回应

在课堂合作探究中,教师作为一个特殊的参与者,通过倾听和观察时刻感知着班级中的讨论,并应根据具体情况,采取恰当的教学行为进行调节,使探究始终充满活力,朝着教学目标的方向前进。

在探究中,当学生提出问题或新观点时,当班级讨论受阻或偏离主题时,需要教师及时给予回应。一般的回应方法有:提问、肯定、否定、质疑、答疑、提供信息、提出观点、启发、要求学生进一步思考、指定学生回答、征求观点、呈现自己无知、沉默等。

教师的回应对于互动的继续有两个导向:导向教师与学生的互动,或是导向学生与学生的互动。学生是学习的主体,所以更应该提倡学生与学生的互动。在课堂讨论的各个节点,教师首先要考虑能否依靠学生的力量实现解决问题的目标。只有断定班级在当前的知识和能力水平下无法依靠自身的力量达到更高的认识层次,教师才直接与学生互动以推进教学。

提问作为一种回应方法在本章第四节已进行过阐述,下面对其他回应方法做必要说明。

1. 肯定学生的观点

肯定学生的观点,使其他学生确信发言者的观点是正确的,同时鼓励发言者。即使学生认为发言者的观点是正确的,他们也需要作为权威的教师的确认,才能以此为基础进一步思考。在讨论互动中,学生提出问题、自愿回答、提出新观点或大胆批判时,都是在向自我挑战、在冒险。特别是当他们不知道老师的看法如何或当他们作为讨论者的经验不足时就更是如此,所以需要教师不断地肯定和鼓励。表扬要有新意,要有实际内容,不能总是说些空泛的"太好了""你真是太棒了""你真是太聪明了"之类的话。以下两个表扬是结合教学的具体情况进行的:"你把力沿水平方向和竖直方向分解,而不是按通常的沿斜面和垂直斜面方向分解,使得每个方程只含一个未知量,这样求解就大大简化了。""你认为电流产生的磁场垂直于电流,从而磁场也只对垂直于它的电流有作用力,这种想法虽然不完全正确,但反映了你具有事物之间的作用是对称的的思想,反映了你有敏锐的物理直觉。"有实际内容的肯定,能使学生理解新观点的意义,也能使发言者产生充实的自信和自豪感。

2.否定学生的观点

前面说到,可以用定向性提问间接地否定学生的观点,以避免学生尴尬,但这并不是说教师不能直接否定学生的观点。在班级学生都在紧张思考的情况下,当有学生提出了一个错误的观点时,这时该学生和其他学生都急于知道该观点的正误。教师以平等的态度而不是居高临下的态度、从问题探讨角度而不是教训人的角度指出这一想法是错误的,并不会使该学生受到打击,相反会使全班同学都立即投入新的思考中去。

3.回答学生的问题

对学生提出的很简单的问题,或者与本节课的主题无关的问题,或者对随后的学习是必要的但不是关键的问题,教师可以直接用简明的语言做出回答。在课堂讨论中,教师应该尽量把回答问题的机会留给学生。但是,教师作为讨论的平等参与者,在平等讨论的氛围下,在了解到班级大部分成员的认识达到了相应的水平,对教师给出的回答认为是较为自然的时候,教师也可以直接回答讨论中的问题。

4.提供必要信息

探究性学习并不要求所有知识都由学生探究获得,在课堂探究中,仍需要教师为学生提供必要的非关键性信息。服务于探究目的的一些支持性知识可以由教师直接提供。例如,对"卡文迪许是历史上第一个称出地球质量的人,他是如何根据自己测出的引力常量 G 计算出地球质量的?"这个问题,当学生回答出可以根据 $g=\dfrac{GM}{R^2}$,由 g 和 R 的值计算出地球质量 M 时,教师可以给出 g 和 R 的值,让学生进一步计算出地球质量 M。在通过探究突破了问题的内核后,教师可以直接给出由此建构起的相关概念的定义和定律的表达式。例如,通过探究得到 $Flcos\theta=\frac{1}{2}mv_2^2-\frac{1}{2}mv_1^2$ 后,教师可以在此基础上给出功的概念和动能定理(见第三章第一节)。教师可以通过实验演示为学生提供必要的感性经验,验证学生的某些猜想和结论。

5. 提出观点

在教学中,如果教师一开始就亮出自己的观点,再让学生讨论,那么教师的权威性将扼杀学生思考的积极性。但在学生对问题进行了充分的讨论,班级(教师和所有学生)成了一个探究共同体之后,教师作为共同体中平等的一员提出自己的观点,学生将把教师的观点作为一种竞争观点,或者作为一种探索性的观点,而不是作为一种权威观点加以分析比较,并在认识其合理性的基础上加以接受。

当学生对问题的思考只局限于某一方面或某一观点时,教师可以提出一种观点(正确的或错误的)作为课堂中的竞争观点以打开学生的思路,把探究引向深入。

6. 启发学生

当学生对问题经过了一定时间的思考,思维处于"愤""悱"状态时,教师可以为学生提供合适的线索、点拨,使学生自己得到问题的答案。

7. 要求学生进一步思考

当有学生提出一个观点时,教师不进行评价,而要求其他学生分析这一观点的正误,或询问其他学生有没有不同的观点。当有学生提出问题,教师不直接回答,而是向全班提出:"看谁能回答这位同学的问题?"当大多数学生思考问题受阻时,教师给予一定的提示要求学生继续思考。

8. 指定学生回答

在讨论中,很多时候我们会发现,有些学生在神情上表现出对问题有了看法,但他们由于性格内向而不愿发表。这时教师可以指定他们回答,但尤其要注意不能让他们难堪,要小心地呵护他们的自尊心,并对他们回答中的合理之处给予肯定。当讨论遇到困难陷入集体沉默时,教师应指定某些学生发言,因为他们往往也能回答出一些有用的东西,有助于我们找到前进的方向。

9. 征求观点

在班级讨论中,除了已经发表的观点外,一般来说,学生中还会有一些不同的观点。学生可能觉得自己的观点还不够成熟或者感觉到自己的观点没有价值而不想发表,但是这些观点可能对班级的讨论是重要的。即使当前的探究已获得了进展,新的观点也会使刚得到的结论更加牢固和精确化。如果我们的探究已陷入困境,新的观点可能会打开我们的思路。所以,无论如何,征求观点都是可供教师选择的回应方法之一。尤其在教师不知道怎么办时,征求学生观点能为教师赢得思考的时间。

例 一个支持力做功问题的讨论

如图 6-13 甲所示,细线的一端固定在光滑斜面上的 O 点,另一端系一小球。小球在斜面上绕 O 点做圆周运动,试分析斜面对小球的支持力的做功情况。

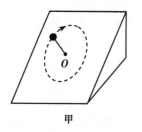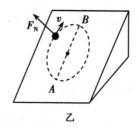

甲 乙

图 6-13

这是一次考试中一道选择题的一个考点,一些学生选择了"斜面对小球的支持力要做功"这一选项。下面是林老师在课堂中与学生的讨论。

林老师:孙静,你来说一下,你为什么认为支持力要对小球做功?(改作业时知道孙静做错了,给学生发表观点的机会。)

孙静:支持力是斜向上的,小球在斜面上运动,也有向上或向下的位移。

林老师:大家认为她的说法怎么样?

对老师而言,这显然是一个意外的观点。教师需要时间思考,所以先把球踢给学生。

唐黎艳：小球在斜面上向上运动时支持力做正功，向下运动时支持力做负功，所以总的来说支持力是不做功的。

唐黎艳的观点更加"离奇"，她在错误观点的基础上得出了正确的结论。老师一时不知道如何分析学生的观点，更不知道如何引导学生通过反思自己观点的合理性而得出正确的理解，于是决定抛出自己的"正确观点"作为竞争观点，并征求学生的评判。

林老师：孙静和唐黎艳的观点似乎都有道理，我也一下子说不出错误之处。但对这个问题，我自己是这么认为的：如图 6-13 乙所示，小球受到的支持力垂直于斜面，小球的速度方向一直在斜面内，它们始终垂直，所以在任何一小段时间内支持力都不做功。这样在任何一段较长的时间内，支持力也应该不做功，那么问题到底出在哪里？

两种对立的观点引起了师生紧张的思考。约有 1 分钟，周宏斌同学有了想法。老师要他向全班说说自己的想法。

周宏斌：假如小球在斜面上向上运动时，支持力和位移都有向上分量，力和位移的向上分量是做正功的。但支持力的水平分力向前，位移的水平分量向后，对于水平分量，支持力是做负功的。（批判性地分析了孙静的观点。）

这时，班级中很多同学发出了表示理解的"对啊""是啊"的声音，学生的认识在更高的水平上达到了统一。

10. 承认自己的无知

事实表明，在课堂上，如果学生提出的问题教师一时无法回答，教师坦诚地承认这一点，学生的思维就会极大地被激发，往往很快就会有人想出解决问题的方法。教师都不会的问题，如果我能解决，这是多么荣耀的事啊！

例　一个带电粒子在磁场中运动问题的解决

一次在课堂上，老师向学生分析下面的题目：如图 6-14 所示，$\angle CDE = \beta$，$\angle CDE$ 内有垂直于纸面向里、磁感应强度为 B 的匀强磁场。射线 DC 上有一点 P，$DP = a$。质量为 m、电荷量为 q 的带正电粒子从 P 点沿垂直于磁场的方向射入磁场，粒子要从 DE 边射出，速度必须大于多少？不计粒子受到的重力。

通过讨论明确了:粒子沿不同方向从 P 点射入磁场,要从 DE 边射出磁场需要的速度大小不同。应求出粒子刚要从 DE 边射出的速度大小与入射速度方向之间的函数关系,然后再求极小值得到答案。

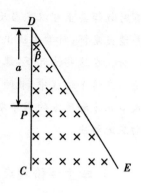

图 6-14

然后老师在黑板上作出图 6-15,但一下想不出如何列出半径 R 与 θ、β 和 a 之间的几何关系,就要求学生一起思考这个问题。很快,一个学生就想出了这样的方法:如图 6-16,过 P 点作 DE 的垂线 PF,过圆心 O 作 PF 的垂线 OG,即可列出下式

$$a\sin\beta = R + R\cos(90° - \beta - \theta)$$

得到

$$R = \frac{a\sin\beta}{1 + \sin(\beta + \theta)}$$

可知当 $\theta = 90° - \beta$ 时,半径 R 最小,对应的入射速度也最小。

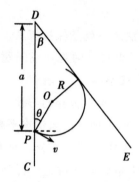

图 6-15

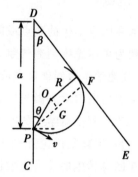

图 6-16

这时,一个学生提出,解决这个问题没有必要这么麻烦,只要过 P 点作 DE 的垂线 PF,当粒子的轨迹是以 PF 为直径的圆时,对应的入射速度就最小。这一思路也许是这一学生直接想到的,也许是受上一同学解法的启发得到的。我们没必要去计较这一点,关键是这两个解法都是在教师的思路受阻时学生想到的。

即使自己能解决的问题,教师也可以装作不会,说"这是一个很复杂的问题,我需要认真思考一下",同样能激起学生解答的欲望。当某个学生观点较复杂时,教师回应"我需要思考一下你的观点的合理性",其他学生就会积极思考这个学生观点的意义,发言者也会思考怎样用其他更明白的方式说服他人。

有时教师甚至可以充当反面角色,对于互动中学生提出的错误观点,加以认同并适当发挥;对学生认识模糊的问题或易错的问题,在课堂上有意做出错误的分析。在这些情况下,课堂反应一般是学生先窃窃私语,马上发展为激烈的争论。在这个过程中,教师不应该立即亮出正确的观点以"洗刷"自己,而应该让较多正方和反方的同学发表自己的看法,并通过充分的讨论使问题得到较为彻底地解决。

11. 学生评价观点

当有学生提出观点时,教师不能习惯性地直接、快速地给出"正确"或"错误"的评判。可以要求该学生解释自己的观点,提供足够的论据,或者要求其他学生对这一观点进行分析论证和评判。这是学生间互动的一种重要形式,但是这种互动形式容易被教师忽视。

12. 沉默

老师在回应学生的观点或问题时的最好方法之一就是保持沉默。适当时长的沉默为集体思维创造气氛,在给予发言者反思自己的观点或问题的时机时,给予其他学生对同伴观点或问题回应的机会或空间。

对学生的发言立刻做出回应是一个让很多老师难以舍弃的习惯。教师很容易受虚荣心驱使对学生的问题做出迅速回应,以表现自己知识水平高、思维敏捷。但是,沉默是讨论互动中不可缺少、有积极作用的一部分。研究表明,当老师在回应学生的发言之前沉默 5~10 秒,学生就能从讨论中得到更多的东西。教学中,教师还应该根据需要留出几分钟让学生反思刚刚学习、讨论的较为复杂的问题。沉默使学生有机会利用必要的时间思考、理解新知识,并将它融入自己的认知结构中。教师至少偶尔要阻止学生由于受到某种刺激而进行的疯狂交流,并减缓讨论进度以便给出时间来考虑。

第六节　努力使调节适切

回应的方法本身并不能保证能恰当地使用这些方法。如何通过回应使得探究在有较强的思维张力下沿着正确的方向不断推进,是教师所要学习的最难的、最需要在具体情境中磨炼的技能。适切的回应依赖于对多个因素的了解，包括当前讨论的内容在突破内核问题的探究中的地位、学生的真实思想状况、在当前情境中学生的认识趋势等。

1. 确定不同教学内容的自主探究等级

在探究式教学中，不可能所有的知识都是通过探究学习的，学生的探究也不可能是完全自主的。围绕着内核问题的突破，我们把若干内容的教学组织成了一个系统。在这个系统中，不同内容的接受式学习与探究式学习相结合，教师指导与学生自主探究相结合。为了使教师在课堂上能对学生探究进行恰当的调节，我们把一节课中各个教学内容按需要学生自主探究的程度分成三个等级，即Ⅰ级内容、Ⅱ级内容和Ⅲ级内容。Ⅰ级内容是要学习的知识系统中的内核知识，它要求学生通过最大程度的自主探究去建构。只有这样，学生才能对所学知识获得本质的、整体性的理解。Ⅲ级内容包括建构内核知识所需的基础知识、辅助性知识，突破内核之后的定义性知识以及新学知识的巩固应用，这些知识可以通过授受的方式以较快的速度进行教学。基础知识是指学生原有的、作为探究内核问题的起点的知识经验，这些知识经验只要通过教师的讲述就能唤起学生的记忆，或能使学生理解接受。辅助性知识是探究过程要用到的有关知识，如探究曲线运动的速度方向，学习者需要具有曲线切线的知识。对于辅助性知识，教师可以在教学中适当介绍，使学生知道其意义、能用于探究即可。巩固性、示例性的内容，目的在于巩固和熟悉新学的知识。巩固性、示例性问题以辨析新知识的不同表述或新知识的简单应用为主，并不需要学生多大的思维努力就能解决。Ⅱ级内容，是在要学习的知识系统中，介于基础知识与内核知识之间、作为探究内核问题建立内核知识的中间步骤的知识，内核知识的重要推论以及内核知识的应用。这一层次知识的教学，应以学生主动的探究式学习为主，不过在探究过程中，如果学生有困难，教师可以给予较多的指导。

把教学内容分成这样三个等级，目的在于使教师树立努力为学生创造自主探究空间的意识，为教师在课堂探究中进行有效调节提供一个框架性的指导。

例　"力的合成"教学中学生自主探究的等级

教学内容见本章第二节中的案例"'力的合成'教学中的探究点"。其中力合成的平行四边形定则是内核知识,属于Ⅰ级内容,需要学生通过充分的自主探究去发现。力作用的等效替代现象、合力和分力概念、共点力概念,探究分力与合力关系的实验方法,平行四边形定则的巩固性应用,属于Ⅲ级教学内容,可以用授受的方式教学。力作用的等效替代现象是所有学生共有的生活经验,教师只要做简单的解说和演示,就能被学生接受。而且在此基础上提出合力、分力概念和力的合成概念,是顺理成章的事情;设计实验方案不是本节的探究重点,通过教师的讲解能让学生理解即可;共点力是一个十分直观的概念,教师只要稍作解说学生就能理解;平行四边形定则的巩固性应用,目的只是让学生熟悉平行四边形定则的内容和作图规范,不需要进行专门的探讨。通过实验准确地作出合力与分力的图示,则是Ⅱ级教学内容。因为如果合力和分力的图示不准确,就不能由它寻找力合成的规律,所以教学中应该对此进行充分的讨论。但是,通过实验尽可能准确地作出合力与分力的图示毕竟只是探究力合成规律的条件,而不是最终目的。所以,在讨论中如果学生遇到困难找不到思路,教师应该及时给予帮助。

例 "光的反射定律"教学中学生自主探究的等级

这一节的主要教学内容有:光的反射现象,显示光路的方法,法线、入射光线、反射光线、入射角、反射角等概念,光的反射定律,镜面反射和漫反射,光的反射定律的简单应用。光的反射现象是常见的,教学中只要通过演示或让学生实际操作平面镜把一束光(如演示用平行光源发出的光)反射到教室墙壁的某一处,使学生形成光的反射的清晰表象即可,所以属于Ⅲ级内容。显示光路的方法属于Ⅲ级内容。如果是真正的科学研究,当然要先找到确定光路的方法,才能进一步研究光的传播规律。但教学中对反射现象的探究,目的是通过探究更好地理解反射定律,并发展探究能力,所以显示光路的方法可以直接由教师介绍。反射定律是本节的内核知识,属于Ⅰ级内容。光的反射定律包含从定性到定量的三个层次的内容:①入射光线、法线和反射光线在同一平面内;②入射光线与反射光线分居在法线两侧;③反射角(反射光线与法线的夹角)等于入射角(入射光线与法线的夹角)。可见,在反射定律中,法线概念处于关键位置。探究光在反射中的传播规律,尤其要让学生通过充分的探究,发现法线的意义。正是这一教学要点,被很多初中物理教师所忽视。他们总是在介绍了法线概念之后,让学生探究反射光线与入射光线的关系。对发现了光在反射中的传播规律之后的概念化过程,即定义入射光线、反射光线、法线、入射角和反射角,并给出反射定律的规范表述,则可以由教师或教科书直接给出。这些概念的文字意义,当然属于Ⅲ级内容。镜面反射和漫反射的自主性等级,可以由学生的学习能力决定。如果学生的学习能力较差,可以确定为Ⅲ级内容,通过教师讲解让学生理解接受;如果学生的学习能力较好,可以确定为Ⅱ内容,让学生讨论在漫反射中反射定律是否成立。简单应用以巩固反射定律为主,属于Ⅲ级内容。如果要总结出用反射定律解决问题的一些具有普遍性的方法,而将其确定为Ⅱ内容,那应该是后续课时的任务。

2.预设学生自主空间和教师调节方法

预设不同自主探究等级的教学内容的自主空间,以及教师的指导方案是为课堂互动、教师进行有效调节做方向性的规划和方法上的储备,是预设可能性原则的具体体现。对于Ⅲ级内容,教师要设计好能激发学生兴趣的、易于理解接受的传授方案。对于Ⅱ级内容,要设定学生自主探究的最大空间,预设学生遇到困难时教师的指导方案。教学中,先让学生面对自主探究的最大空间,当学生遇到困难时,教师根据情况给以指导,并逐渐缩小探究空间,降低探究难度。对于Ⅰ级内容,要设定学生自主探究的最大空间,预设学生遇到困难时教师的启发方法;教学中让学生面对自主探究的最大空间,保证学生有足够的探究时间。在遇到困难时,教师给予一定的启发、点拨,这种点拨不能明显地缩小探究空间,而是要在探究思路上给予启示。

例 "力的合成"教学中学生自主探究空间和教师调节方法的预设

对于通过实验作出合力与分力的图示这一Ⅱ级内容(见本节"'力的合成'教学中学生自主探究的等级"案例),学生自主探究的最大空间是让学生直接思考在操作、读数、记录和作图中,要分别注意些什么,才能提高实验结果的准确度? 预设的教师指导方案是:如果学生没有思路,教师可以举出一个减小实验误差的示例。例如,两个弹簧秤的拉力应适当大一些,以提高读数的准确性。如果这个学生举出这个注意点,另一个学生举出另一个注意点,很不系统,那么教师可以引导学生逐个讨论操作、读数、记录和作图的注意点。

对于寻找力合成的规律这一Ⅰ级内容,学生自主探究的最大空间是教师不作任何提示,要求学生观察从实验得到的合力与分力的图示,猜测力的合成遵循什么规律。如果较长时间后学生还提不出猜测，教师可以投影不同小组在实验中得到的力的图示，力图使学生通过多次观察得到感悟。如果学生还无所感，教师可以画出图 6-17 做如下启发：已知两个分力 F_1，F_2，合力 F 的大小和方向就确定了，它既不会大一些，也不会小一些，既不会更靠近 F_1（图中 F'），也不会更靠近 F_2（图中 F''），那么有向线段 F 与 F_1 和 F_2 可能是什么关系？

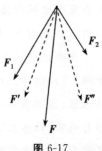

图 6-17

例　"光的反射定律"教学中学生自主探究空间和教师调节方法的预设

对于光的反射定律这一 Ⅰ 级内容（见本节"'光的反射定律'教学中学生自主探究的等级"案例），学生的自主探究可以分为两个阶段。第一阶段是在充分观察的基础上初步猜测光在反射中的传播规律，这种猜测应该是高度自主、高度开放的。第二阶段是通过对猜测进行验证、提出新的猜测，如此使探究不断深入，从猜测走向确证，从定性走向定量。在这个过程中，尤其

图 6-18

要让学生通过自己的思考提出法线的概念。可以用激光笔做实验，观察光在反射中的传播情况（实验前要强调不能把激光照射到人的眼睛）。这里提供两种参考的观察方法：激光在烟雾室中经反射传播，能直接看到光的传播路径，如图 6-18 所示，这种方法适于演示；移动纸片、书本、手掌等物体接收反射光以确定反射光线的方向，这种方法适于学生分组实验。学生观察后，让他们自主提出光在反射中的规律的各种猜测。由于还没有建立法线的概念，教师尤其要注意识别学生各种不规范表达的真正意义，借此展开讨论并建立起法线的概念。学生可能会提出反射光线与入射光线在同一平面内，教师可以通过图 6-19 所示的模拟（两根小棒插泡沫板上），说明无论如何反射，反射光线与入射光线都是在同一平面内的。学生反思自己的认识会提出，反射光线与入射光线所在的平面与反射面垂直。教师可以问，如何由入射光线确定一个平面，这个平面是否垂直于反射面？学生会想到，过入射光线上的一点作一条直线垂直于反射面，由入射光线和这条直线组成的平面垂直于反射面。教师用图 6-20 所示模拟学生的想法，指出反射光线与入射光线和垂线在同一平面

内。再引导学生思考,这条垂线应该作在哪里,使其与入射光线和反射光线的联系都较紧密,学生会想到垂线应该画在反射点。教师进行如图 6-21 所示的模拟,提出法线概念。得到法线概念后,接着就可以进一步设法验证反射光线、法线、入射光线在同一平面内和反射角等于入射角的结论,至于反射光线与入射光线分居在法线两侧则是显然的。

如果把镜面反射和漫反射确定为Ⅱ级内容,预设的自主空间是"在漫反射中反射定律是否成立",预设的调节方法是,任一条光线的反射只与反射面上入射点附近的一小块表面有关,而这一小块表面可以看作是一个小平面镜。所以在漫反射中,对于任一条光线,都是按反射定律进行反射的。

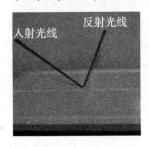

图 6-19

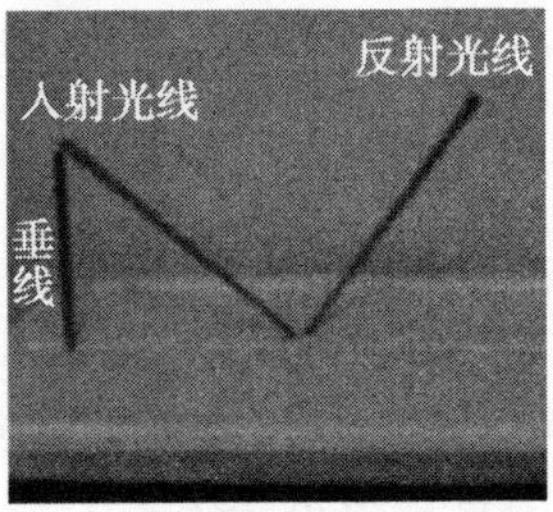

图 6-20

图 6-21

3.努力使调节适切

探究课堂上教师的调节是课堂互动的重要部分,是在课堂对话中实时进行的。它需要教师实时感知探究的进程和状态,迅速做出决策,及时进行回应。课堂教学不允许教师停止探究进程,或者退出课堂慢慢想好对策再重新进行教学,这对教师的教学机制提出了很高的要求。但这并不是说探究课堂中教师的调节是毫无规律可循的,如果这样,大多数教师都将不能胜任探究教学。课堂调节的决策存在着一些基本维度,了解这些基本维度,在一定程度上能使课堂调节有所依循。

(1)教学内容的自主探究等级和自主空间

探究教学并不要求所有的知识内容都要学生去探究。一节课的不同教学内容围绕着内核问题的突破被组织起来,不同的教学内容在探究教学中有不同的地位,需要学生付出不同的努力去探究。明确不同教学内容的自主探究等级以及具体的自主空间,课堂调节就有了大的方向。在课堂讨论中,当学生需要教师的帮助和指导时,教师必须想起当前讨论内容应该给予学生的自主空间,以免不知不觉地为学生提供了过多的信息,替代、控制或限制了学生的思维。在教学内容应有的自主空间内,教师的调节要导向学生思考,导向参与者发表不同的观点,导向学生分析、评判观点。

(2)学生的真实想法

了解学生没清晰表达的真实想法以及学生观点背后的假设,是教师做出合适调节的基础。教师要养成在耐心听清学生的观点之后再做出回应的应对习惯,当不能确定学生的真实意图时,应该利用澄清性提问让学生再次表达自己的观点。高度的学科敏感是教师与学生对话需要的重要素质,但了解学生观点最直接、最可靠的方法还是让学生说出自己的想法。在弄清了学生的真实想法之后,教师的调节要促使学生在当前观点的基础上进一步探索,或反思当前观点的假设及合理性,或分析当前观点与相关知识逻辑的一致性,或与他人的观点进行比较,或考察观点在新情境中的适用性等。教师的调节要使学生通过自己的努力实现观点的完善和转变,而不能撇开学生当前的想法开辟一条新的"捷径",使学生很容易地得出结论。

(3)学生在困难情境中的认识趋势

人由于具有探究的天性,面对困惑或未知情境时,就会主动地寻找联系、建构经验以摆脱这种不确定的境况。尽管不同人面对同一未知情境会提出不同问题,产生不同的探究,但是我们又必须注意到,大部分心智正常的人必然会提出某一或某些基本问题。只有解决这些基本问题,只有经历这些探究,未知情境才能转化为已知情境。对某一问题,不同的人会有不同的探究方向,但是人们都必然会考虑一些基本的方面,只有经过对这些基本方面的考虑,才能找到解决问题的道路。面对未知情境,人们必然会提出一些基本问题;面对问题情境,人们必然会考虑一些基本方面,这就是人们在困难情境中的认识趋势。

教师的调节只有了解、激发并依循人的认识趋势,才能激发并保证学生的自主探究,才能促进学生之间的交流与合作。教师由于知晓了问题的答案,往往会根据已知的探究结果安排、调节探究过程,使得课堂讨论违背了学生的认识趋势,致使学生无法投入自主思考,只能不断地根据教师的提示不由自主地走向答案。

为了进行教学,教师必须要熟知教学内容。但同时,这也容易成为教师调节课堂探究的局限。教师往往会不自觉地根据要学习的结果来调节探究过程,使得课堂探究失去了真实性。教师要使自己的调节能激发学生的自主探究,必须要训练这样的一种技能,即将自己置身于初学者的立场,体会面对未知情境和问题情境时的思维状态,了解学生的认识趋势。

例　"落体快慢"教学中的教师对学生认识趋势的了解

在"自由落体"的教学中,物体下落快慢与重量的关系是一个重要的探究点。试看一个教师在这一教学中对学生认识趋势的了解及教师的调节对学生探究的影响。

师:在日常生活中,重的物体和轻的物体谁下落得更快一些?

生:重的物体下落得快一些。

师:我们通过几个小实验一起验证一下同学们的结论是否正确。

小实验1:纸片和相同大小但更重的铁片从同一高度同时下落。学生观察到重的铁片下落得快。

小实验2:将纸片揉成一团,再和铁片从相同的高度同时下落。学生观察到两者几乎同时落地。

小实验3:将铁片放在纸片(水平放置)上面组成一体,和另一相同的揉成一团的纸片从相同的高度同时下落。学生观察到重的铁片和纸片的结合体比轻的纸片下落得慢。

师:我们看到,重的物体可能下落得快,也可能下落得慢,还可能轻重物体下落得一样快,造成不同结果的原因是什么?

生:空气阻力的作用。

师:如果没有空气阻力作用,轻重不同的物体下落快慢会不同吗?

生:不会。

这里,教师的调节是按照结果进行的,并不符合学生在当下的认识趋势。教师的提问"如果没有空气阻力作用,轻重不同的物体下落快慢会不同吗?"暗含着没有阻力作用时轻重不同的物体下落快慢相同的结论,毫无根据地排除了其他可能。事实上,上述三个实验现象只是表明有时重的物体下落快,有时轻的物体下落快,有时轻重物体下落一样快,是空气阻力作用的结果,并不能必然地得出没有空气阻力时轻重物体下落一样快的结论。学生在观察了上述三个实验现象之后,必然会提出的问题是(认识趋势):没有空气阻力时情况会怎么样？一些学生还会根据自己的潜意识立即回答:没有空气阻力时一定是重的物体下落快。所以,在通过实验得到轻重物体下落快慢的变化是空气阻力作用的结论后,根据学生的认识趋势,教师应该这样提出问题:"那么,如果没有空气阻力,是重的物体下落快? 还是轻的物体下落快? 或是两者下落一样快? 还是可能出现其他情况?"

教学内容的自主探究等级和自主空间、学生的真实想法、初学者面对困难情境的认识趋势,是教师调节必须考虑的三个基本方面。教师只有综合考虑这三方面的信息,才能做出适切的调节。

例 "电流表的内电阻"教学中的教师调节

把小量程电流表改装成量程较大的电流表和电压表,必须知道它的内电阻。初中学习中一直认为电流表没有内电阻,所以让学生认识电流表的内电阻,是高中"电流表改装"这一节教学的一个重要探究点。

表 6-2

教学内容	自主探究等级
电流表指针的示数及意义	Ⅲ级
电流表有内电阻	Ⅰ级
测量电流表的内电阻	Ⅱ级
电流表的结构与内电阻	Ⅲ级

围绕这一探究点组织的教学内容及自主探究等级如表 6-2 所示。对于"电流表有内电阻"这一Ⅰ级探究内容,要求学生自己对实验现象的分析得出结论。实验现象是:电流表直接接在一个电源两端,指针指在小于满刻度的某一位置。学生一般会认为这是由于电源的电压太小,要学生反思自己的推理依据(欧姆定律),让学生思考如果像初中时认为的电流表的电阻等于零那样,把很小的电压加于其上,情况会怎么样? 最后得到电流表的电阻不等于零的结论。对于"测量电流表的内电阻"这一Ⅱ级探究内容,要求学生用电压恒定的电源、电阻箱和电流表,设计出一种方法测量电流表的电阻。如果学生有困难,可提示学生思考,把电流表与电阻箱串联接在电源两端,电流表的示数如何变化?

下面是一次教学实录。

教师出示一个小量程电流表 G，根据它的表盘刻度，指出它的量程是 1 mA。

教师出示一个盒子(盒子内部有如图 6-22 所示的电路，一节干电池与一个 10 Ω 的变阻器组成分压电路，能从 A，B 两端输出很小的电压)，把盒子中伸出的两极 A，B 分别与小量程电流表 G 的两极试触一下，会看到电流表的指针偏转一下。然后问：你们认为盒子中是什么东西？

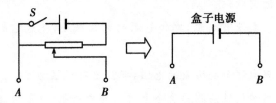

图 6-22

生：是电源。

师：确实是电源，能对外供电的装置都是电源。那么能不能把小量程电流表 G 直接连接在这个电源两端？

大部分学生高声回答"不能"，有些学生认为老师这么问，可能有"机关"，没有回答。

师：在初中我们学过，电流表的电阻很小，可以看作是零，是不能直接接在电源两端的。

教师把小量程电流表 G 直接连接在"盒子电源"两端，发现指针指在某一个刻度，并没有被打坏。学生惊讶，头脑中产生疑问。

师：电流表竟然可以直接接在电源两端！这是怎么回事？

学生深思。一会儿后一个学生回答：说明这个电源的电压很小。

（对学生真实思想的推测：学生由欧姆定律进行推理，认为电压小，产生的电流也小，所以电流表指针没有被打坏。学生的认识状态：学生的观点还是笼统的、模糊的，并没有明确意识到自己推理的依据。使自己的观点明晰化，并与相关知识和现象建立起确切的联系，是学生当下的认识趋势。综合这些分析，教师的调节应该让学生反思自己观点背后的假设。）

师：说说你的理由？（拓展性提问）

生：只有加在电流表两端的电压不是很大，流过它的电流才不会很大。

师：你推理时依据的是什么物理规律？（定向性提问）

生:(犹豫了一下)欧姆定律。

教师写下欧姆定律的表达式 $I=\dfrac{U}{R}$,随后问:初中认为电流表的电阻为零,一个很小的电压加在电阻是零的电流表两端,情况会怎么样?(拓展性提问)而我们的实验现象又说明了什么呢?

学生沉思。一会儿后,一个学生说,这个电流表的电阻不等于零。大部分学生认同。(内核突破)

师:如果电流表没有电阻,哪怕电源的电压很小,流过它的电流也会是很大的。

师:如果能测出这个电流表的电阻,那就更有说服力了。这里还有一个电阻箱(出示),请同学们设法测出这个电流表的内电阻。(定向性提问)

生:从指针位置读出通过电流表的电流,电源两端的电压除以电流,就是电流表的电阻。

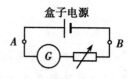

图 6-23

师:这就需要知道电源的电压。但我也不知道这个电源的电压是多少。

思考一段时间后,一些学生得到了这样的方法:电阻箱与电流表串联接在电源两端,读出两组电阻箱的电阻与对应电流表的读数,就能解出电流表的电阻和电源的电压。

师:还有一种简单的测量方法,电阻箱与电流表串联接在电源两端(如图 6-23 所示),调节电阻箱的电阻使电流表的读数减半,电阻箱的电阻就是电流表的内电阻。

教师用这种方法测出电流表的电阻 $R_g=99\ \Omega$。

教师投影电流表的结构如图 6-24 所示,说明其中线圈的电阻就是电流表的内电阻。

图 6-24

第七章　内核探究教学案例

　　要把内核探究教学理论应用于实际教学,首先需要对教学进行整体分析和设计。在综合分析教学目标、教学内容的逻辑关系、学生情况以及外部教学资源的基础上,把一个整体的教学内容划分为有机联系的单元,再把单元划分为课时。每一课时的教学既要建构起有自己核心意义的知识系统,又作为单元的有机部分,使得在完成一个单元的教学之后,能建构起单元大小的有自己核心意义的知识系统。而完成所有单元的教学之后,将建构起一个较大的有自己核心意义的知识整体(第四章第一、第二节)。

　　对于课时的教学设计,首先要深入分析知识之间的内在联系,确定内核知识。然后根据教学目标、学生情况和教学资源,遵循内核探究教学的预设原则(第四章第四节)和一般的课堂模式(第四章第五节),设计内核问题和教学方案。为了能有效应对课堂探究中的学生生成,还必须预设教学内容的自主探究等级和教师调节方法(第六章第二节、第六节)。

　　内核探究的教学过程,不是完全由课前的预设决定,而是由课堂互动即时生成。这需要教师实时地了解学生的观点、学生的思维状态和认识发展趋势,然后结合学生原有的知识经验、可利用的教学资源(如实验设备、直观教具等)以及本节课的教学目标、单元教学目标乃至物理学科的教学目标和育人目标,即时地确定调节方法,使课堂沿着有效的方向发展(第五章、第六章)。

　　本章以高中物理必修 2 第五章"曲线运动"的教学和初中物理八年级上册第四章第三节"平面镜成像"的教学为例,示范内核探究教学的整体设计、课时设计和课堂教学的实施。

第一节　"曲线运动"教学的整体设计

　　"曲线运动"是高中物理课程共同必修物理 2 模块的一章。《普通高中物理课程标准》对本章的要求是:会用运动合成与分解的方法分析抛体运动;会描述匀速圆周运动,知道向心加速度;能用牛顿第二定律分析匀速圆周运动的向心力,分析生活和生产中的离心现象;关注抛体运动和圆周运动的规律与日常生活的联系。课程标准对具体教学内容的要求是笼统的,是全体学生应该达到的基本要求。教师应该根据课程标准的要求,结合学生的实际情况,确定具体的教学目标。

1. 教学内容分析

(1) 教科书知识内容体系

人教版《普通高中课程标准试验教科书物理 2 必修》第五章"曲线运动"编排的教学内容和知识体系如下。

第一节"曲线运动"。曲线运动的位移,位移在直角坐标系中的分量表示。曲线运动的速度沿曲线的切线方向及速度在直角坐标系中的分量表示。运动描述的示例:蜡块沿玻璃管匀速上升,同时玻璃管向右匀速运动,描述蜡块在空间的运动情况。物体做曲线运动的条件。

第二节"平抛运动"。平抛物体在水平方向不受力的作用做匀速运动,在竖直方向只受重力作用做自由落体运动,平抛运动的速度和位移随时间的变化规律。介绍一般的抛体运动。

第三节"实验:研究平抛运动"。通过实验判断平抛运动的轨迹是抛物线,测量平抛运动的初速度。

第四节"圆周运动"。介绍描述圆周运动的线速度、角速度(还有转速、周期、频率),线速度与角速度的关系。

第五节"向心加速度"。通过两个实例,得到做匀速圆周运动的物体所受的合外力指向圆心,由牛顿第二定律得到物体的加速度也指向圆心,直接给出匀速圆周运动的向心加速度大小为 $a = \dfrac{v^2}{r} = \omega^2 r$。"做一做"栏目给出从速度矢量变化快慢的角度推导向心加速度表达式的思路。

第六节"向心力"。由牛顿第二定律得到做匀速圆周的物体所受的合外力指向圆心,把它定义为向心力。向心力的表达式为 $F = m\dfrac{v^2}{r} = m\omega^2 r$,然后用圆锥摆的运动验证向心力公式。还介绍了变速圆周运动和一般的曲线运动。

第七节"生活中的圆周运动"。从向心力角度分析铁路弯道的设计原理,分析汽车过拱形桥和凹形桥时受力与运动的关系,介绍航天器中的失重现象。

(2)教学内容整体分析

高中物理中曲线运动的内容主要包括曲线运动的一般知识和两种具体的曲线运动,即平抛运动和匀速圆周运动。

平抛运动是匀变速曲线运动,研究和描述它的最简单也是最有效的方法是运动的合成和分解。但教科书中没有明确地介绍运动的合成和分解的知识,只是在第一节"曲线运动"中指出可以把曲线运动的位移、速度分解为 x 方向的分矢量和 y 方向的分矢量。但这只是位移和速度矢量性的必然推论。教科书没有把速度的分量与位移分量的变化快慢相联系,即没有论证 $v_x = \frac{\Delta x}{\Delta t}$ 和 $v_y = \frac{\Delta y}{\Delta t}$,这样就不能使学生形成曲线运动在 x 方向的分运动和 y 方向的分运动的概念,更不能使学生形成分运动与合运动关系的清晰表象。没有运动的合成与分解的清晰的、牢固的知识,学习平抛运动就缺少了必要的基础。另外,运动的合成与分解的规律反映了空间与时间的基本性质,是力的独立作用原理的基础,也是研究任何曲线运动的常用方法,所以在高中有必要把它当作一个专门的内容来教学。

位移、速度、加速度概念和牛顿第二定律,既适用于直线运动,又适用于曲线运动。本章的学习要把这些概念和规律从直线运动拓展到曲线运动。对于位移和速度,教科书结合曲线运动的特点建构起了它们在曲线运动中的意义。而对于加速度和牛顿第二定律,教科书较大程度上是直接把它们从直线运动搬迁到曲线运动。对于平抛运动,教科书只在两个分运动上运用了牛顿第二定律,而没有涉及作为合运动的平抛运动本身的加速度的意义和是否遵循牛顿第二定律的问题。对于圆周运动,教科书直接用牛顿第二定律进行分析讨论,只是在"做一做"栏目给出从速度矢量变化的角度推导加速度的思路,让学有余力的学生选学,但并不作为基本教学内容。加速度与人的感性经验联系较间接,是十分抽象的概念。在直线运动的学习中,学生形成的加速度概念很可能是片面的,他们往往只把加速度的大小与速度大小的变化快慢相联系,把加速度的方向与加速和减速相联系,并没有真正把加速度与作为矢量的速度变化快慢相联系。教科书的处理使得学生在经过曲线运动的学习之后,仍然无法建立加速度的本质意义,无法真正理解作用力与加速度的关系。

教科书认为曲线运动中的加速度概念和牛顿第二定律较抽象,学生较难接受。为了降低教学难度,在对平抛运动和圆周运动的学习中,都只是直接告诉学生结论。但这样做,在很大程度上使得本章的各个内容只是在曲线运动名称下的一种堆积,并没有形成一个有机的整体,从而使得学生的学习变得更为困难。总体上说,前人创造的成为人类文化有机部分的认识成果,必然能被后人所接受和继承。教学实践也表明,高中学生能理解曲线运动中加速度概念和牛顿第二定律。所以本章的教学,我们应该设法引导学生探究曲线运动中物体受力与速度变化的关系,并自主建构起曲线运动中的加速度概念和牛顿第二定律,不但使本章的各部分内容统一于加速度和牛顿第二定律这一共同基础之上,还使整个力学知识(包括直线运动和曲线运动的知识)统一于这一共同基础之上。当然,如果学生基础较差,我们可以适当降低数学推导的要求,但是让学生形成正确的观念是必要的。

2. 学生情况分析

　　"曲线运动"是物理2模块中的内容,在物理1模块中,我们已经学习了描述运动的基本概念(位移、速度、加速度等)和匀变速直线运动规律,学习了力的基本知识和牛顿运动定律。虽然这些知识在物理1中都是在直线运动的情况下学习的,我们不能把它直接搬迁到曲线运动中,但它们确实是学习曲线运动知识的基础。

　　通过物理1的学习,学生的思维能力得到了很大的提高。学生已经能够从抽象的、理论的角度思考和分析问题。并且已经掌握了物理研究的一些常用方法。例如,在直线运动瞬时速度概念的学习中,了解了极限分析的思想和方法;在"伽利略对自由落体运动的研究"的学习中,了解了假设、推理、实验验证的研究方法,这都是研究曲线运动要用到的方法。

　　在初中数学中,学生已经学习过平面几何知识;在本章学习之前,高中数学已经学习了向量(即物理中的矢量)的有关知识,尤其是其中的向量和、向量差的知识。这些数学知识是"曲线运动"学习的必要基础。

3. 外部教学资源分析

　　一般的中学物理实验室,都能为本章的学习提供必要的实验设备支持。

我们能用各种方法演示曲线运动的速度方向；能演示不同方向运动的合成；能演示平抛运动水平方向和竖直方向的运动情况，能通过实验描出做平抛运动物体的运动轨迹，能拍摄平抛运动的录像以观察分析它的运动情况；能用实验研究圆周运动物体的受力与运动的关系等。

4. 教学整体设计

本章的教学应该以曲线运动中牛顿第二定律的建构为核心，整体设计思路为：假设——推理——验证。具体做法是，通过对曲线运动的速度变化和受力情况的分析，拓展直线运动中的加速度概念，提出牛顿第二定律适用于曲线运动的设想；然后在平抛运动和匀速圆周运动中，根据作为假设的加速度概念和牛顿第二定律做出推理；接着通过实验验证这些推理，从而证实最初的设想。通过对全章内容的学习，使学生建立起统一适用于直线运动和曲线运动的加速度概念和牛顿第二定律。本章的单元设计如图 7-1 所示。

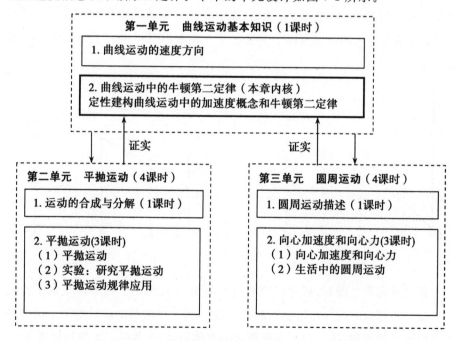

图 7-1

第一单元的教学，首先通过实验观察和理论探讨，得到曲线运动的瞬时速度方向是沿切线方向的，曲线运动是变速运动。接着，通过对曲线运动物体的受力分析得到,在曲线运动中正是物体受到的侧向作用力迫使速度向着力的方向改变。如果我们考虑速度矢量的改变,容易看出作用力 $\vec{F}$ 与速度的变化 $\overrightarrow{\Delta v}$ 之间存在着必然的联系,如图7-2所示。所以,可以猜想,对于曲线运动如果仍然定义 $\vec{a}=\dfrac{\overrightarrow{\Delta v}}{\Delta t}$,$\overrightarrow{\Delta v}$ 是把大小和方向作为一

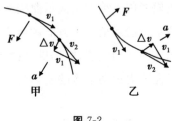

图 7-2

个整体的速度变化量,牛顿第二定律 $\vec{F}=m\vec{a}$ 仍然成立。这个猜想是否成立,需要在后续的学习中去证明。

第二单元第一课时的教学,要在实验演示的基础上使学生明确分运动与合运动的概念。然后分析出如图 7-3 所示的两个匀速直线运动如何合成为另一个匀速直线运动,并分析出如图 7-4 所示的匀速直线运动与匀加速直线运动如何合成为一个曲线运动,使学生形成合运动与分运动关系的清晰表象。在此基础上得到合运动的位移、速度、加速度与分运动的位移、速度、加速度的关系。分析图 7-4 的情况有助于学生在下一课时的学习中对平抛运动性质形成猜想。

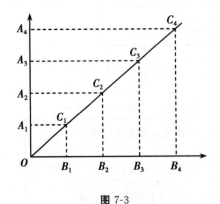

图 7-3

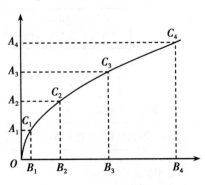

图 7-4

第二单元第二课时,通过理论探讨和实验研究证明平抛运动是水平方向匀速运动与竖直方向自由落体运动的合成。然后利用平抛运动水平方向与竖直方向的运动规律,推出对于平抛物体的整体运动,牛顿第二定律同样成立。

第三课时,设计实验描绘出平抛运动的轨迹,通过测量验证平抛运动的轨迹是抛物线,并计算出初速度。第四课时运用平抛运动规律分析解决有关

问题。

第三单元第一课时,介绍描述圆周运动快慢的线速度、角速度、周期和转速等概念及它们之间的关系。

第二课时,利用几何知识和极限方法,推导出匀速圆周运动的加速度方向指向圆心,大小为 $a=\dfrac{v^2}{r}=\omega^2 r$。假设牛顿第二定律成立,则做匀速圆周运动物体所受的合外力指向圆心(所以叫向心力),大小为 $F=ma=\dfrac{mv^2}{r}=m\omega^2 r$。然后用向心力演示器验证向心力公式,证明牛顿运动定律对匀速圆周运动适用。

第三、第四课时"生活中的圆周运动",用向心加速度和向心力知识分析、解决一些生产和生活中常见的圆周运动问题,同时也作为对牛顿运动定律适用于圆周运动的证实。

通过这样整体性的教学,把本章的全部知识置于一个共同的基础(即牛顿第二定律)之上,使得本章的知识结构更加紧密,知识意义更加清晰。

第二节　"曲线运动基本知识"教学

1. 知识系统与内核知识分析

对于曲线运动,仍然要用位移、速度和加速度描述运动情况,仍然需要研究物体的受力与运动的关系。只是这些基本概念和基本规律需要在曲线运动的情况下重新建构,因为它们在直线运动中的形式应该作为一种特殊情况包含在其中,而不是机械地将它们从直线运动搬迁到曲线运动之中。

在曲线运动和直线运动中,位移的意义都是容易理解的。曲线运动的瞬时速度概念则要比直线运动中的瞬时速度概念复杂得多。尽管它们统一定义为质点位移与所用时间的比值在时间趋向于零时的极限,但由于在直线运动中,位移的方向是一定的,所以对速度方向的理解较为容易。而对于曲线运动,速度的方向不是显而易见的,是需要通过现象的观察、数学上的推理以及牛顿第一定律的创造性运用,才能理解运动质点在任一点的速度沿曲线在这一点的切线方向。由于惯性,做曲线运动的物体在任何时刻之后如果不受力的作用,它都将沿这个时刻的瞬时速度方向做匀速直线运动,所以物体做曲线运动必定受到与运动方向不在一条直线上的外力作用。外力的方向与速度方向的变化存在着必然的联系,定义速度的变化 $\triangle v$ 等于末速度矢量 v_2 减去初速度矢量 v_1。我们将看到,在曲线运动中,$\triangle v$ 的方向与外力 F 的方向相同。由此可以猜想,如果定义曲线运动中的加速度也为 $a=\triangle v/\triangle t$,加速度的方向与 $\triangle v$ 的方向相同,那么对于曲线运动,牛顿第二定律 $F=ma$ 仍然成立。

可见,这里有两个相互联系的知识小系统:曲线运动的瞬时速度;曲线运动中速度的变化与受力的关系。第二个知识小系统包括物体做曲线运动的条件和曲线运动中的牛顿第二定律。曲线运动的瞬时速度的核心知识是质点在任意位置的运动状态就是这一点附近的匀速直线运动。曲线运动中速度的变化与受力的关系的核心知识是,速度的变化情况与作用力 F 有直接的因果关系,尤其是 $\triangle v$ 的方向与 F 的方向相同。

2. 内核问题设计与教学方案

(1) 曲线运动的速度方向

学生对于曲线运动及其速度方向有足够的感性认识,中学物理的实验条件,也能够可控制地演示一些曲线运动。对一种可演示、可控制的曲线运动,要学生思考:沿着这一曲线运动的质点在突然不受外力作用之后怎样运动?为什么?以此为内核问题,通过预测、实验验证、理论探究,最终发现质点在任一点的速度沿曲线在这一点的切线方向。

(2) 曲线运动中速度的变化与受力的关系

学生已经掌握了惯性的概念,知道做曲线运动的物体在任一点都有沿切线方向运动出去的趋势,从而容易从理论上得到物体做曲线运动的条件,即受力的方向与速度的方向不在一条直线上。接着通过一些实例和实验佐证这一结论。

由物体做曲线运动的条件,学生认识到曲线运动中物体速度的变化与受力存在着必然的联系。那么,做曲线运动的质点,所受的合外力与速度变化有怎样的必然联系?学生在数学中已经学过了矢量差的知识,对这一内核问题的充分探究,学生有可能发现作为矢量差的速度变化 $\triangle v$ 与作用力 F 有直接的因果关系。以此为基础,可以让学生理解曲线运动中加速度概念和牛顿第二定律。当然,需要向学生说明,这里提出的牛顿第二定律只是一种假设,我们要在后续的学习中再去证实。

3. 教学内容的学生自主探究等级和教师的调节方法预设

（1）曲线运动的速度方向

教学内容及自主探究等级如表 7-1 所示。关于曲线运动的概念,教师只要提出学生就能接受,不必专门探讨。对于曲线运动速度方向的探讨,让学生猜测解除轨道的约束之后质点的运动情况,然后通过演示实验来检验。接着要学生反思自己做出判断的思考过程,明确质点在轨迹上某一点附近的一小段上可以看作是匀速直线运动,质点在这一点的瞬时速度方向就是这一小段上的速度方向,也即是该点的切线方向。学生探究的自主空间在于,一是可以自由地做出猜测,二是有足够的时间进行反思并说出自己做出判断的依据。教师的调节作用在于,通过追问使学生朦胧的思维过程清晰化。在上述探究过程中,学生实际上已经把瞬时速度的概念从直线运动推广到了曲线运动。在此情况下,对曲线运动瞬时速度的定义,就可以直接由教师给出。认识了曲线运动速度的方向之后,教师可以演示几个现象明显的实验,或举几个常见的日常现象,巩固得到的结论。

表 7-1

教学内容	自主探究等级
曲线运动概念	Ⅲ 级
曲线运动速度的方向	Ⅰ 级
曲线运动速度的定义	Ⅲ 级
曲线运动速度方向举例	Ⅲ 级

（2）曲线运动中受力与速度变化的关系

教学内容及自主探究等级如表 7-2。物体做曲线运动的条件,既是曲线运动中力与速度变化关系的定性部分,也是进一步寻找力与速度变化的定量关系的基础,所以将其确定为Ⅱ级探究点。先让学生直接思考"要使物体做曲线运动,它的受力是否应该满足一定的条件"这样一个宽泛的问题。当学生有困难时,再让学生分析物体不受力、受力与速度方向相同、受力与速度方向相反、受到侧向力等各种情况的运动情况,总结出物体做曲线运动的条件。对于曲线运动的受力与速度变化的关系,目的在于让学生通过自己的探究发现作为矢量的速度的变化$\triangle v$是有意义的,力F与$\triangle v$方向相同。学生都会知道在曲线运动中也是力迫使速度的方向发生变化,但不一定能一下子发现F与$\triangle v$的方向关系,这时教师可以用直线运动中F与$\triangle v$方向一定相同去启发学生。在曲线运动中,如果仍然定义加速度$\vec{a}=\dfrac{\vec{\triangle v}}{\triangle t}$,那么力$\vec{F}$与加速度$\vec{a}$应该满足牛顿第二定律$\vec{F}=m\vec{a}$。对于这一结论,在这里只由教师进行定性论述使学生接受,在本章后续的平抛运动和匀速圆周运动的学习中,再用实验加以证实。

表 7-2

教学内容	自主探究等级
物体做曲线运动的条件	Ⅱ级
曲线运动的受力条件举例	Ⅲ级
曲线运动的受力与速度变化的关系	Ⅰ级
曲线运动的加速度与牛顿第二定律	Ⅲ级

4. 内核突破过程实录

(1)课题引入

关于机械运动,前面学习了直线运动的有关知识。事实上,曲线运动比直线运动更加普遍。例如,汽车在弯曲的公路上行驶、树叶的飘落、导弹的运动、月球绕地球的运动等都是曲线运动。这一章我们学习曲线运动的简单知识,这节课学习曲线运动的基本知识。

(2)曲线运动的速度

①猜想

如图 7-5 所示,有一个用木板做的曲线轨道ABC,由AB和BC两部分拼接而成。轨道放在水平白纸上。

师:让一个小球从斜槽的顶端静止开始滚下,沿轨道ABC运动,它离开C点后如何运动?请一个同学到黑板上画出轨迹。

学生 1 作出的轨迹如图 7-6 中Ⅰ所示,引起全班同学的议论。

图 7-5

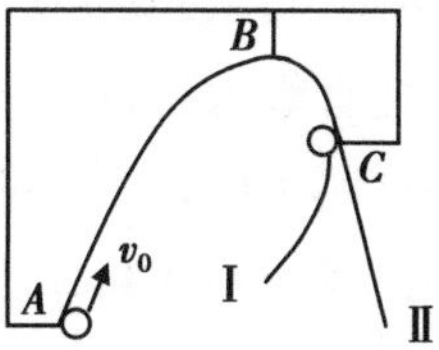

图 7-6

师:说说你的理由。

生 1:运动轨迹原来就是弯的。

师:还有不同的看法吗?

学生 2 作出轨迹如图 7-6 中Ⅱ所示。

师:这条直线沿什么方向?

生 2:沿 C 点的切线方向。

师:让我们实际做一下,看运动轨迹到底是Ⅰ还是Ⅱ,或是其他情况。

②实验检验

演示:将小球染上红墨水,在斜槽顶端静止开始滚下,在白纸上留下图 7-7 所示的轨迹。证明了小球离开 C 点之后,沿轨道过 C 点的切线做直线运动。

图 7-7

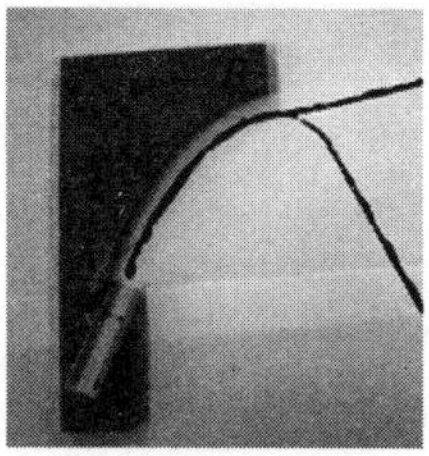

图 7-8

接下来要学生思考拿走轨道的 BC 部分,让小球从 B 点离开轨道,它的运动轨迹是怎样的。然后实际演示,在白纸上留下图 7-8 所示的轨迹。

③理论探讨

师:我们看到,沿轨道做曲线运动的小球在离开轨道后,正如很多同学猜想的,沿该处轨道的切线方向做直线运动。那么你们提出刚才的猜想时,是怎么思考的?

生 2:小球从 C 点离开轨道后,不受轨道对它的作用力。而重力与支持力相平衡,由于惯性,小球将做匀速直线运动。

师:这个推断中包含着两个判断:一个是小球离开轨道后,由于惯性,以原来的速度做匀速直线运动;另一个是,小球原来的速度沿轨迹的切线方向。前一判断是以前证明了的,后一判断对我们来说是新的,需要进一步研究。大家都能感觉到做曲线运动的物体在某一点的速度沿曲线在这一点的切线方向,反思一下自己的直观感觉,你是如何提出这一判断的?具体地说,假如物体沿曲线 ABC 运动(图7-9所示),你是怎么确定物体通过 B 点的速度沿轨迹在 B 点的切线方向的?

生3:在 B 点之前很近处取一点 B',B 点的速度方向从 B' 指向 B 点。(内核突破)

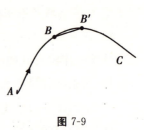

图 7-9

(学生3提出在 B 点之前而不是之后取一点 B',这与教师的设想不同。课后反思,可能是这个学生认为质点在 B 点离开原轨迹之后的运动情况与"原来的运动情况"即 B 点之前很短一段时间的运动情况相同。如果真是这样,这个想法是值得挖掘并提升的。)

师:能说明一下理由吗?

生3:一小段曲线 $B'B$ 可以看作直线。

生4:速度沿着 B 点之后一小段直线的方向。

师:这两个同学的回答都是正确的,并且是一致的。对于平滑曲线,B 点在中间的一小段足够短的曲线,可以看作直线段。B 点之前一小段和 B 点之后一小段,是 B 点在中间的一小段直线段的一部分,所以它们方向相同。把这一小段的直线段延长就是曲线在 B 点的切线。

必须指出,在这里同学们的思维发生了质的提升,大家已经不知不觉地把瞬时速度的概念从直线运动扩展到了曲线运动。大家认为,在曲线运动中,瞬时速度也应该定义为在很短时间内的位移与所用时间的比值。让我们来讨论一下这个定义的确切意义。

先讨论瞬时速度的大小。在很短的 $\triangle t$ 时间内,物体从 B 点运动到 B' 点(图7-9所示),按前述的定义,物体在 B 点的瞬时速度大小等于

$$v = \frac{\text{弦 } BB'}{\triangle t}$$

让时间 $\triangle t$ 不断减小趋向于0,弦 BB' 的长度趋向于弧 BB' 的长度,这样

也有

$$v=\frac{弧\ BB'}{\Delta t}$$

弧 BB' 就是路程,所以,瞬时速度的大小也等于很短时间内的路程与所用时间的比值。

再讨论瞬时速度的方向。瞬时速度的方向与很短时间内的位移方向相同。如图 7-10 所示,在一段时间内,物体沿曲线从 B 点运动到 B_1 点,位移为从 B 指向 B_1 的有向线段,这段时间的平均速度沿射线 BB_1 方向。取一较短的时间,物体从 B 点运动到 B_2 点,平均速度沿射线 BB_2 方向……随

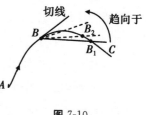

图 7-10

着所取时间的不断变小,平均速度的方向趋向于 B 点切线的方向。这就是瞬时速度的方向。

我们平时观察到的很多现象,都能说明做曲线运动的物体速度沿轨迹的切线方向。铁片与砂轮摩擦,产生的火星沿切线方向飞出(实际演示);雨天旋转雨伞,水滴也沿伞的边缘切线方向飞出。

曲线上不同位置的切线方向不同,所以曲线运动是变速运动。当你骑自行车在弯曲的小路上行驶时,你必须不断地改变车前进的方向。当你快速跑过弯道时,能感受到脚必须与跑道发生侧向作用,以使自己的运动方向不断改变。

(3)曲线运动中受力与速度变化的关系

①物体做曲线运动的条件

师:通过前面的分析知道,小球沿轨道做曲线运动。在任何地方解除轨道对小球的约束,小球都会沿该处的切线方向做匀速直线运动。可见,小球之所以沿轨道做曲线运动,是因为轨道对它有作用力。那么,轨道对小球的作用力方向有什么特点呢?

生 5:轨道与小球之间有挤压,压力方向与轨道垂直。

师:对,正是这个压力迫使小球的速度方向不断地发生偏转。当然,如果轨道不是光滑的,轨道对小球还有摩擦力的作用,这时轨道对小球总的作用力不再垂直于轨道,但仍然指向轨道的弯曲方向。

师:那么,在没有轨道的情况下,要使物体做曲线运动,物体的受力是否也

必须满足一定的条件?

生6:物体应该受到与速度方向不同的力。

师:请说说原因。

生6:如果受力与速度方向相同,物体就做匀加速直线运动。

师:这个同学指出了要使物体做曲线运动,外力方向应该与速度方向不相同,否则物体做匀加速直线运动。还有不同看法吗?

生3:如果外力与速度方向相反,物体做减速直线运动。

师:对! 那么物体做曲线运动的条件可以说成什么?

生3:物体所受的外力与速度不在一条直线上。

教师抛出一个粉笔头做演示,并且作图分析粉笔头在不同位置的速度和受力方向。

教师演示小钢球通过强磁铁附近做曲线运动(图7-11所示),分析受力情况。

师:如果质点沿图7-12所示的曲线运动,对于它通过 A 点时受到的合外力方向,你能做出怎样的判断?

图 7-11

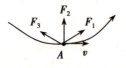

图 7-12

一个学生到黑板上画出 F_2。

教师追问:还可能是其他方向吗?

另一个学生到黑板上画出 F_1 和 F_3 的图示。

师:总之,做曲线运动的物体一定受到与速度不在同一直线的外力作用,正是这个外力迫使物体的速度向力的方向偏转。

总结:做曲线运动的物体,合外力与速度不在同一直线上,指向轨迹弯曲的一侧。

②曲线运动中的加速度和牛顿第二定律

师:上面的研究使我们知道,当外力与速度不在同一直线上时,外力迫使物体的速度方向发生改变从而做曲线运动。那么,这时作用力与物体速度的改变有什么必然的联系吗?

学生的回答有:速度向着作用力的方向改变;速度不断偏向作用力方向。

师:大家表达的意思都相同,用图形表示就是图 7-13 甲所示的情况。这确实是一种必然联系,我们有没有可能找到作用力与速度变化更直接的联系呢?

学生思考一段时间后仍得不到结论。教师提示,在直线运动的情况下,力 F 作用一段时间,使物体的速度发生改变,速度的变化 $\triangle v$ 的方向与 F 相同(图 7-14 所示),单位时间内速度的变化 $\dfrac{\triangle v}{\triangle t}$ 与 F 成正比。那么在曲线运动中有无这种直接的关系呢?

生 7:在曲线运动中,速度的变化同样应该与作用力的方向相同。(内核突破)

师:你说的"速度的变化"是什么意思?

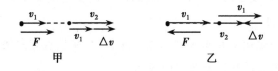

图 7-14

生 7:是速度矢量差。

师:同学们回忆一下,当两个矢量方向不同时,它们的差是怎样的。

在学生回忆、比画后,教师作出图 7-13 乙。很多学生呈现豁然开朗状。

师:我们可以定性地理解,在曲线运动中,作用力与速度的变化仍然有必然的联系:速度的变化 $\triangle v$ 应该与作用力 F 的方向相同,如果我们定义加速度 a 的方向与速度变化 $\triangle v$ 的方向相同,加速度的大小 $a=\dfrac{\triangle v}{\triangle t}$,那么牛顿第二定律应该仍然成立。当然,这一结论现在只是在一定的基础上作为假设提出的,在以后的各节中,我们将在一些具体情况下用实验加以定量证实。

(4)小结

教师引导学生对本节内容做简单小结。

第三节 "平抛运动"教学

1. 知识系统与内核知识分析

抛体运动是一种常见的运动,作为一种理想化的运动模型,它定义为把物体以某一初速度抛出,物体只受重力作用的运动。初速度水平的抛体运动,叫作平抛运动。平抛运动的规律是,物体在水平方向做匀速直线运动,在竖直方向做自由落体运动。根据这一规律,就能知道做平抛运动的物体在任意时刻的位置和速度,也能推出物体的运动轨迹。知道了平抛运动在水平方向和竖直方向的运动规律后,还能据此推知,平抛运动作为一个整体的曲线运动,牛顿第二定律对它是成立的,从而为一般的曲线运动也满足牛顿运动定律的论点提供了一个佐证。

可以看出,平抛运动在水平方向做匀速运动、在竖直方向做自由落体运动这一规律,是平抛运动知识系统的内核知识。

2. 内核问题设计与教学方案

一方面,匀速直线运动规律、匀变速直线运动规律、牛顿运动定律和运动合成的知识,已经为研究平抛运动提供了必要的知识基础。另一方面,要研究远比匀速直线运动和匀变速直线运动复杂的曲线运动——平抛运动,既是对学生能力的挑战,又能激起学生极大的研究兴趣。所以,直接向学生呈现如下的学科性问题情境:能否找到平抛运动规律,使我们能确定平抛物体在任意时刻的位置和速度? 就能吸引学生投入到对平抛运动规律的研究中去。

整个教学过程可以按猜想——验证——应用的思路设计。在介绍了平抛运动概念后,要学生探究平抛运动规律。通过充分的独立思考、相互研讨、教师启发,学生提出平抛运动规律的猜想;然后通过实验观察证实猜想;之后,作为规律的应用,让学生以解决问题的方式,得到平抛物体的位置和速度随时间的变化公式,得到平抛运动作为一个整体的曲线运动符合牛顿第二定律的结论。

3.教学内容的学生自主探究等级和教师的调节方法预设

具体教学内容和学生的自主探究等级如表 7-3 所示。对于平抛运动的定义这一Ⅲ级内容,由于学生有直观的认识,教师只需在演示之后直接给出即可。对于平抛运动规律这个Ⅰ级内容,先让学生定性描述其运动情况,接着让学生寻找定量的规律,以便能确定物体在任一时刻的位置和速度。如果学生有困难,教师可以提示,简单的直线运动可以合成为复杂的曲线运动,那么复杂的曲线运动是否可以分解为简单的直线运动。回忆上一节学习过的匀速直线运动与初速度为零的匀加速直线运动的合成,合运动的轨迹是抛物线的结论,学生一般能提出平抛运动是水平匀速直线运动与竖直自由落体运动的猜想。对于平抛运动规律的实验验证这个Ⅲ级内容,教师只要引导学生对一定条件下的实验现象做出推测,并通过演示让学生观察到这种现象,以此证实平抛运动规律即可。平抛物体的位置和速度的数学公式,是平抛运动规律的具体化,是用平抛运动规律解决问题的工具,应该也可以让学生通过自主探究得到。有了平抛运动水平方向和竖直方向的运动规律,在逻辑上就能证明平抛运动作为一个整体的曲线运动符合牛顿第二定律。让学生完成这个证明,既锻炼了能力,又为本章的内核知识——曲线运动中的牛顿第二定律提供了证据。在这两个Ⅱ级探究点中,教师的指导作用体现在设计适合学生能力水平的问题形式。

表 7-3

教学内容	自主探究等级
平抛运动的定义	Ⅲ级
平抛运动规律	Ⅰ级
平抛运动规律的实验验证	Ⅲ级
平抛运动物体的位置和速度的数学公式	Ⅱ级
平抛运动中的牛顿第二定律	Ⅱ级

4.内核突破过程实录

(1)引入新课

这节课我们来学习一种新的运动,这种运动是同学们有生以来学习的最复杂的运动(引起兴趣)。

演示1:用手斜向上抛出粉笔头,让学生观察粉笔头的运动轨迹。

师:把物体以一定的初速度抛出,在空气阻力可以忽略、物体只受重力作用的情况下,它的运动叫抛体运动。如果初速度沿水平方向,这个运动叫平抛运动。

本节课主要研究平抛运动,所用的方法适用于一般的抛体运动。

演示2:在雪碧瓶的下部侧壁扎一小孔,瓶中装满水。雪碧瓶放在凳子边缘,水从小孔中射出,在空中形成一股稳定的射流。(为了让学生在头脑中形成清晰稳定的平抛运动轨迹的表象,为猜测平抛运动规律创造条件。)

可见,平抛物体的运动轨迹是如图7-15所示的曲线,它是一条真正的抛物线。

图7-15

(2)平抛运动规律探究

①理论探究

师:请你们猜测一下平抛运动有什么规律?并说出猜测依据。

金鑫:越向下物体运动速度越大。

王丹红:物体越向下运动,越接近于自由落体;物体的初速度越大,轨迹的开始阶段越平。

师:这两个同学的说法都正确。尤其是王丹红同学,已经考虑了影响平抛运动的两个因素,一个是水平的初速度,一个是竖直的重力。

师:刚才同学们对平抛运动的描述都是定性的,那么,我们能不能进一步找到平抛物体运动精确的定量规律呢?也就是说,我们能不能找到这样的规律,根据它,就能知道物体在任一时刻运动的位置和速度。

学生沉思。(这里给学生足够的时间思考是必要的,即使一下子想不出结果,但是投入的思考造成的思维紧张,是随后教师启发发生作用的条件。)

一段时间后教师提示,直接对这一曲线运动进行研究是很复杂的。在上节课运动的合成和分解中我们学过,简单的直线运动有可能合成为复杂的曲线运动。相反,复杂的曲线运动也可能分解为简单的直线运动,那么,这里的抛体运动有没有可能分解为简单的直线运动呢?

师:何钟磊,你好像有话要说。

何钟磊:抛体运动可能是匀速运动和匀加速运动的合成。上节课学过,相互垂直的匀速运动与初速度为零的匀加速度运动的合成,轨迹是抛物线。而抛体运动的轨迹也是这种弯曲的曲线,所以它也可能是匀速运动和匀加速运动的合成。

师:如果真的是这样,那么抛体运动应该是哪个方向的匀速运动与哪个方向的匀加速运动的合成呢?

何钟磊:根据运动轨迹的弯曲情况,应该是水平方向的匀速运动与竖直方向的匀加速运动的合成。

师:物体为什么在水平方向做匀速运动,在竖直方向做匀加速运动呢?

很多学生:物体在水平方向不受力的作用,由于惯性做匀速运动,在竖直方向受重力作用,做自由落体运动。(内核突破)

师:这样分析很有道理,但是还需要我们进一步弄清一些东西。例如,说物体在水平方向做匀速直线运动到底是什么意思?难道竖直方向的重力对物体的水平运动就没有影响?物体会不会最后丧失水平运动只有竖直下落运动?物体在竖直方向做自由落体运动又是什么意思?物体在水平方向的运动对竖直下落就没有影响?(这些是学生头脑中的真实问题,如前面王丹红同学提出的对平抛运动的定性认识,就可能隐含着竖直与水平运动相互影响的错误观点。)

②竖直方向运动的实验研究

大家的猜测是否正确呢?我们用实验来检验。

推理:A 球以某一速度做平抛运动,B 球在等高的地方同时自由下落。如果平抛运动在竖直方向做自由落体运动,那么 A,B 两球在任一时刻都将处于同一高度,如图 7-16 所示。特别地,它们将同时落地。(可以通过提问展开)

仪器装置:如图 7-17 所示装置,敲击弹簧片,A 做平抛运动的同时,B 做自由落体运动。

观察方法:在看的同时,听 A,B 两球落到桌面上发出的声音是一声还是两声。

演示 1:小球下落高度较低,重复演示几次。可以观察到 A,B 两球同时落地。改变小锤下落的高度,使 A 球做平抛运动的初速度不同,可以观察到两球仍然同时落地,表明水平运动对竖直运动没有影响。

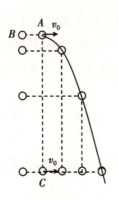

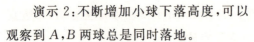

图 7-16

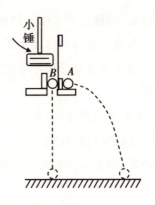

图 7-17

演示 2：不断增加小球下落高度，可以观察到 A，B 两球总是同时落地。

结论：平抛物体在竖直方向做自由落体运动。

③水平方向运动的实验研究

推理：设 A 球以速度 v_0 做平抛运动的同时，C 球在 A 球的正下方以相同的速度在水平面上做匀速直线运动。如果 A 球在水平方向做匀速运动，那么在任何相等的时间，它们的水平位移都相同。在同一时刻，它们处于同一竖直线上。特别地，它们将在同一时刻运动到水平面上的同一点发生碰撞，如图 7-16 所示。（可以通过提问展开）

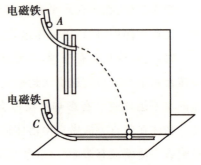

图 7-18

仪器装置：如图 7-18 所示，相同的两个弧形轨道上端各安装一个电磁铁，电磁铁由同一电源供电。切断电路后，被两个电磁铁吸住的小钢球同时滚下，小钢球 A 离开轨道后做平抛运动，小钢球 C 同时进入水平轨道做匀速运动。

演示：让上轨道处于某一高度，断开电源后，A，C 开始运动，并在水平轨道上的某一点相碰。改变上轨道的高度，A，C 总是能碰撞。

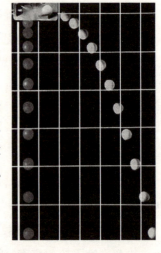

图 7-19

结论：平抛物体在水平方向做匀速运动。

④整体运动实验研究

把图 7-17 装置置于有方格背景的竖直小黑板前，让 A 球在做平抛运动的同时，B 球做自由落体运动，用摄像机拍下 A、B 两球的运动过程。利用摄像机的"步进"放映功能，在屏幕上放映小球的运动过程，如图 7-19 所示。可以看到每一幅画面，A、B 总是处于同一高度，表明平抛物体竖直方向做自由落体运动。通过画面，可以看出相同时间内 A 球在水平方向移过的格数总是相同，表明平抛物体水平方向做匀速运动。

(3)平抛物体的位置和速度公式

题 1　把物体以初速度 $v_0 = 20$ m/s 水平抛出，g 取 10 m/s^2，建立一坐标系 xOy（如图 7-20 所示）：以抛出点为原点，x 轴与 v_0 同方向，y 轴竖直向下。

①计算物体在不同时刻的位置坐标，填入下表，并以 1 cm 代表 10 m，作出运动轨迹。

t/s	1	2	3	4	5	6
x/m						
y/m						

②求抛出 2 秒末，物体速度的大小和方向。

学生独立完成本题，教师对有困难的学生给予帮助。然后，教师与学生一起总结出平抛运动的位置和速度公式如下：

$$位置 \begin{cases} x = v_0 t \\ y = \dfrac{1}{2}gt^2 \end{cases}$$

$$速度 \begin{cases} v_x = v_0 \\ v_y = gt \end{cases} 或 \begin{cases} v = \sqrt{v_0^2 + (gt)^2} \\ \tan\theta = \dfrac{gt}{v_0} \end{cases}$$

(4)知识运用

题 2　将一个物体以 10 m/s 的速度从距水平地面 10 m 的高度水平抛出，落地时它的速度方向与地面的夹角 θ 是多少？（不计空气阻力，取 $g = 10$ m/s^2）

题 3　质量为 m 的质点做平抛运动，在 t 时刻和 $t + \triangle t$ 时刻的速度矢量

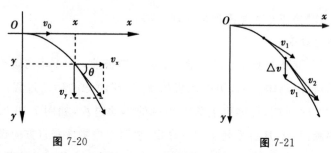

图 7-20   图 7-21

分别是 v_1 和 v_2，在 $\triangle t$ 时刻内的速度变化量为 $\triangle v$，如图 7-21 所示。

①证明速度变化量的大小 $\triangle v = g\triangle t$，方向竖直向下。

②曲线运动的加速度 a 仍然定义为 $a = \dfrac{\Delta v}{\Delta t}$，$a$ 的方向与 $\triangle v$ 的方向相同。

求做平抛运动的物体在任一时刻加速度的大小和方向。

③质点所受外力的大小是多少？方向如何？

④联系质点的受力和加速度，牛顿第二定律对平抛运动成立吗？

第四节 "向心加速度和向心力"教学

1.知识系统与内核知识分析

本节内容主要包括匀速圆周运动的加速度、所受的合外力以及两者的关系。在动力学中，加速度与作用力是两个在相互联系中获得意义的一对概念，因为加速度是由物体之间的相互作用力引起的，而力的大小和方向可以用加速度来反映，所以物理中才有加速度概念和牛顿第二定律。要在匀速圆周运动中构建起加速度概念和牛顿第二定律，需要在匀速圆周运动的具体条件下推导出加速度 $\vec{a} = \dfrac{\vec{\Delta v}}{\Delta t}$ 的大小和方向，其中 $\vec{\Delta v} = \vec{v_2} - \vec{v_1}$ 是速度的矢量差，并验证这时 $\vec{F} = m\vec{a}$ 仍然成立。作用力还可以用其他方法来量度和测量（例如用施力物体形变的大小和方向来量度），我们只要推导出匀速圆周运动中的加速度矢量，就容易验证 $\vec{F} = m\vec{a}$ 是否成立。所以，在这里，匀速圆周运动的加速度是内核知识。

另外,匀速圆周运动是一般曲线运动的一个特例。匀速圆周运动中加速度和牛顿运动定律的建立,将有力地证明对于一般的曲线运动加速度概念和牛顿运动定律也是成立的。

2.内核问题设计与教学方案

学生具备推导匀速圆周运动加速度的几何知识,需要的极限思想在瞬时速度的学习中也已经接触过,但是由于曲线运动的加速度概念十分抽象,要学生自己完成推导几乎是不可能的。我们采取这样的折中方法:教师详细推导匀速圆周运动的加速度,然后让学生提出自己的疑难问题。教师综合分析学生存在的问题,确定学生理解上的关键疑难问题,并将其作为内核问题,与学生一起进行充分的探讨。

整节课的教学方案如下:给出一个学生有感性经验的匀速圆周运动,提出求解做匀速圆周运动物体受力的任务。先假设如果把匀速圆周运动的加速度也定义为 $\vec{a}=\dfrac{\overrightarrow{\Delta v}}{\Delta t}$,牛顿第二定律仍然成立;接着推导出匀速圆周运动加速度的大小和方向;随后用实验验证牛顿第二定律确实成立;再回过头解决上课开头提出的做匀速圆周运动物体的受力问题。最后做几个简单练习,巩固本节课新学的知识。

3.教学内容的学生自主探究等级和教师的调节方法预设

教学内容及自主探究等级如表 7-4 所示。对于汽车转弯时,坐在车厢侧壁的人的受力情况,学生有感性经验。教学中教师引导学生从惯性的角度对人与车厢壁的作用力做出定性分析,并提出如何计算这个作用力的问题,从而引入本节的学习。对于推导匀速圆周运动加速度这个Ⅰ级内容,学生中可能存在着各种各样问题,需要教师预设好引导的方案。虽然学生在数学中已经学过了矢量差,但他们并不熟悉在物理中的运用。因此在推导中教师应该规范地作好速度差的矢量三角形,为学生提供形象支撑。学生最可能的疑难之处是在 $\triangle t$ 趋向零时,$\triangle v$ 也趋向零,$\dfrac{\Delta v}{\Delta t}$ 是否会趋向于一个确定的值。对此,教师可以采用直线运动中瞬时速度概念教学的方法,直接计算 $\triangle t$ 不断减小时,对

应的 $\triangle v$ 值和 $\dfrac{\triangle v}{\triangle t}$ 值,让学生看到 $\dfrac{\triangle v}{\triangle t}$ 是趋向一个定值的。为此,课前应该设想好有关的数据。对于做匀速圆周运动物体所受的合力大小,教师由牛顿第二定律直接得出 $F=ma=m\dfrac{v^2}{r}=m\omega^2 r$,再用"向心力演示器"加以验证。巩固练习用以熟悉向心加速度、向心力的公式和概念。

表 7-4

教学内容	自主探究等级
汽车转弯时坐在车厢侧壁的人的受力	Ⅲ级
匀速圆周运动的加速度	Ⅰ级
向心力公式及其验证	Ⅲ级
巩固练习	Ⅲ级

4. 内核突破过程实录

(1)匀速圆周运动物体的受力问题

师:汽车在水平公路上转弯,坐在车厢侧壁的人(如图 7-22 所示,利用粉笔盒模拟车厢做直观讲解)会出现什么现象?

生:人会压向车厢侧壁。

师:如何解释这一现象呢?

生:人由于有惯性,想保持原来的速度沿直线方向飞出,而车厢要转弯,从而就相互挤压。

教师肯定学生的回答,并作出图 7-22 进行说明。

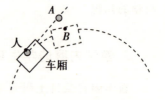

图 7-22

师:那么车厢侧壁对人的作用力为多大? 什么方向? 本章第一节定性地得到这样的结论:对于曲线运动,仍然定义加速度 $\vec{a}=\dfrac{\overrightarrow{\triangle v}}{\triangle t}$,牛顿第二定律同样成立。我们还定量地证明了,对于平抛运动,牛顿第二定律也是成立的。现在,我们同样假设,对于匀速圆周运动,牛顿第二定律也成立,然后用数学知识推导出加速度,用牛顿第二定律求出作用力,最后用实验验证。这样,我们不但能解决这里的问题,也能在更大的范围内证明了牛顿第二定律对曲线运动是成立的。

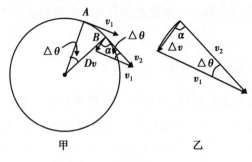

图 7-23

（2）匀速圆周运动的加速度

教师向学生讲解匀速圆周运动加速度的推导过程。

设一质点以速度 v 沿半径为 r 的圆周匀速运动。某时刻质点在 A 点，速度用 v_1 表示，过 $\triangle t$ 时间，半径转过 $\triangle\theta$ 角度，质点运动到 B 点，速度用 v_2 表示，$v_2=v_1=v$。作出速度的变化量 $\triangle v$ 如图 7-23 所示。平均加速度 $\bar{a}=\dfrac{\triangle v}{\triangle t}$，瞬时加速度为很短时间内的平均加速度，或者说瞬时加速度为 $\triangle t\to 0$ 时，是平均加速度的极限。

①加速度的方向

加速度 a 的方向为速度变化 $\triangle v$ 的方向。图 7-23 中 $\alpha=90°-\dfrac{1}{2}\triangle\theta$。令 $\triangle t\to 0$，则 $\triangle\theta\to 0$，$\alpha\to 90°$，$\triangle v$ 趋向于沿半径指向圆心的方向。所以加速度的方向沿半径指向圆心。

上述推导对于其他点同样适用。所以物体在圆周上的任一点，加速度都沿半径指向圆心，如图 7-24 所示。由于这个特点，匀速圆周运动的加速度又叫向心加速度。

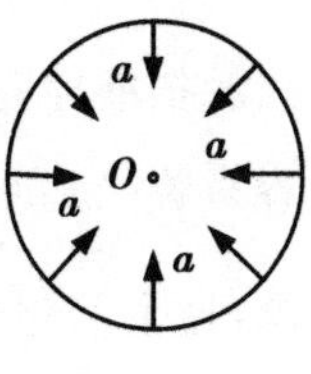

②加速度的大小

如图 7-23 乙所示，当 $\triangle\theta$ 很小时，弦长与弧长趋向于相等，所以有 $\triangle v=v\triangle\theta$，加速度为

图 7-24

$$a=\frac{\triangle v}{\triangle t}=v\cdot\frac{\triangle\theta}{\triangle t}$$

上式中 $\dfrac{\triangle\theta}{\triangle t}$ 为角速度 ω，于是有

$$a = v\omega$$

利用 $v = \omega r$，又可得到向心加速度的另两个常用的表达式

$$a = \omega^2 r$$

或
$$a = \frac{v^2}{r}$$

让学生反思上面推导过程，提出自己的疑难问题。教师先让学生充分发表自己的疑难问题，并将其写于黑板上。经整理后统一组织讨论，而不是学生每提一个问题讨论一个问题。学生主要提出了下面 6 个问题。

Ⅰ.加速度的方向就是 $\triangle v$ 的方向，而当 $\triangle t$ 趋向零时，$\triangle v$ 也趋向于零。一个大小为零的量是没有方向的，怎么能说加速度的方向是指向圆心的呢？（这是教师课前没有想到的疑问。）

Ⅱ.推导中得到，当 $\triangle \theta$ 很小时，有关系式 $\triangle v = v\triangle \theta$。也正由于 $\triangle \theta$ 很小，这时 $\triangle v$ 可以看作为 0。如果这样，那么加速度 a 也应该为 0。

Ⅲ.关系式 $\triangle v = v\triangle \theta$ 是近似的，所以向心加速度 $a = v\omega = \omega^2 r$ 也是近似的吗？

Ⅳ.上述结论对所有圆周运动都适用吗？

Ⅴ.对于一般的曲线运动如何求加速度？

Ⅵ.加速度方向指向圆心，为什么物体不向圆心运动？

上述问题Ⅰ、Ⅱ、Ⅲ是同一个问题的不同方面，反映了学生对做匀速圆周运动瞬时加速度是否存在的怀疑。问题Ⅰ、Ⅱ、Ⅲ可以概括为这样的一个问题，即 $\triangle t \to 0 \cdot \frac{\overrightarrow{\triangle v}}{\triangle t}$ 确实趋向于一个确定的矢量吗？问题Ⅳ和Ⅴ是向心加速度概念的拓展性问题，学生只要真正理解了向心加速度的概念，这两个问题也就很容易解决。问题Ⅵ是关于加速度与速度关系的问题，理解了向心加速度的概念，这个问题也能得到解释。所以，我们应该以"$\triangle t \to 0, \frac{\overrightarrow{\triangle v}}{\triangle t}$ 确实趋向于一个确定的矢量吗？"为内核问题进行探究，弄清了这个问题，其他问题可以由教师很快地给予解释。

设质点以 $v = 1$ m/s 的速度做匀速圆周运动，半径在 0.01 s 内转过 1°。我们来计算 $\triangle \theta$ 从 $30° \to 20° \to 10° \to 5° \cdots\cdots$ 质点平均加速度的大小和方向的变化情况。

当 $\triangle\theta_1=30°$，$\triangle v_1=2v\sin15°=0.5176$ m/s，$\triangle t_1=0.3$ s，$\overline{a_1}=\dfrac{\triangle v_1}{\triangle t_1}=$ 1.725 m/s²，平均加速度与速度方向的夹角 $\alpha_1=90°-15°=75°$。

学生同理求出 $\triangle\theta$ 不断减小的其他各组数值。当 $\triangle\theta_2=20°$，$\triangle v_2=2v\sin10°=0.3473$ m/s，$\triangle t_2=0.2$ s，$\overline{a_2}=\dfrac{\triangle v_2}{\triangle t_2}=1.736$ m/s²，平均加速度与速度方向的夹角 $\alpha_2=90°-10°=80°$。当 $\triangle\theta_3=10°$，$\triangle v_3=2v\sin5°=0.1743$ m/s，$\triangle t_3=0.1$ s，$\overline{a_3}=\dfrac{\triangle v_3}{\triangle t_3}=1.743$ m/s²，平均加速度与速度方向的夹角 $\alpha_3=90°-5°=85°$。当 $\triangle\theta_4=5°$，$\triangle v_4=2v\sin2.5°=0.08724$ m/s，$\triangle t_4=0.05$ s，$\overline{a_4}=\dfrac{\triangle v_4}{\triangle t_4}=1.745$ m/s²，平均加速度与速度方向的夹角 $\alpha_4=90°-2.5°=87.5°$……

师：通过对这些具体数值的研究，你们认为当 $\triangle t$ 趋于零时，平均加速度 $\overline{a}=\dfrac{\triangle v}{\triangle t}$ 是趋向于零，还是趋向于某个确定的值，或是无规则变化的数值？它的方向如何变化？是没有方向还是趋向于一个确定的方向？

生：平均加速度 $\overline{a}=\dfrac{\triangle v}{\triangle t}$ 是趋向于一个确定的值，它的方向趋向于沿半径指向圆心。（内核突破）

师：$\triangle v$ 趋向于零，同时 $\triangle t$ 也趋于零，所以比值 $\dfrac{\triangle v}{\triangle t}$ 并不一定趋向于零，也不是无规律变化的一个数，而是趋向于一个定值。这一点，与我们在直线运动中学习瞬时速度概念的情形是相同的。那时，当 $\triangle t$ 趋于零时，$\dfrac{\triangle x}{\triangle t}$ 是趋向于一个定值的。

师：小李（提出问题Ⅰ的学生），你认为 $\triangle t$ 趋向零时，$\triangle v$ 也趋向于零。一个大小为零的量是没有方向的，所以不好理解加速度的方向。对这个问题，现在你是怎么理解的？

小李：匀速圆周运动加速度的方向是 $\triangle v$ 方向的极限方向，而不是 $\triangle v=0$ 时 $\triangle v$ 的方向。

师：（在上述进行数值计算的过程中产生的想法）更严格地说，平均加速度的方向是 $\dfrac{\overrightarrow{\triangle v}}{\triangle t}$ 的方向。随着 $\triangle t$ 趋于零，$\dfrac{\triangle v}{\triangle t}$ 的大小并不趋向于零，瞬时加速度的

方向是 $\dfrac{\overrightarrow{\Delta v}}{\Delta t}$ 的极限方向,就容易理解它是趋向于一个确定方向的,而并非是没有方向的。

学生理解了匀速圆周运动瞬时加速度的意义之后,教师直接解释学生提出的其他各个问题。

对于第Ⅲ个问题,教师解释:确实 $\triangle v = v\triangle\theta$ 是近似的,但是 $\triangle\theta$ 越小,由它求得的加速度就越精确,作为 $\triangle\theta$ 趋向于 0 的极限值,$a = v\omega$ 是精确的。

对第Ⅳ个问题,教师解释:圆周运动的加速度指向圆心、大小 $a = v\omega$ 的结论只适用于匀速圆周运动。否则,图 7-23 乙中的三角形就不是一个等腰三角形,因此上述结论不成立。

对第Ⅴ个问题,教师解释:可以把一小段曲线看作半径等于某个值的圆弧,然后用圆周运动的结论去计算它的加速度。

对第Ⅵ个问题,教师这么解释:加速的方向是速度变化 $\triangle v$ 的方向,并不是运动方向——即速度 v 的方向。在直线运动中,加速度 a 与速度 v 在同一直线上,这是使人误以为加速度的方向就是运动方向的根源。在匀速圆周运动中,加速度指向圆心,表示速度变化 $\triangle v$ 指向圆心,而物体的运动方向却是切线方向。

(3)做匀速圆周运动物体所受的合外力

教师讲授下列内容。

我们推出了做匀速圆周运动的加速度始终指向圆心,而大量的事实也表明,做匀速圆周运动的物体受到的合外力也是指向圆心的。如图 7-25 所示,用一根线拉着物体在光滑水平面上做匀速圆周运动,物体所受的外力有重力、支持力和线拉力,合

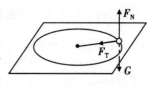

图 7-25

力就是线拉力,方向指向圆心。月球绕地球近似做匀速圆周运动,地球对月球的吸引力指向圆心,与月球的向心加速度方向相同。这些都从一个侧面证实了对于匀速圆周运动牛顿运动定律是成立的结论。

做匀速圆周运动物体所受的合外力始终指向圆心,物理中把它叫作向心力。由牛顿第二定律 $F = ma$,可得做匀速圆周运动物体所受的合外力(向心力)的表达式为

$$F = m\omega v = m\omega^2 r = \frac{mv^2}{r}$$

用图 7-26 所示的向心力演示器粗略验证上述向心力公式。

对于本节开头的问题,设乘客的质量为 m,随车作圆周运动,轨道半径为 r,速率为 v,座椅对人的摩擦力不计。人受到重力与座椅对人的支持力抵消,车厢侧壁对人的压力 F 产

图 7-26

生人的向心加速度,由牛顿第二定律 $F = ma$,$a = \dfrac{v^2}{r}$,得到 $F = \dfrac{mv^2}{r}$。

(4)巩固练习

题 1　质量为 $m = 60$ kg 的人,以速度 $v = 8$ m/s 跑过半径为 $r = 10$ m 的半圆形弯道。

①根据你的经验,人跑过弯道时有什么感受?

②人跑过弯道时受到的合外力大小等于多少?

题 2　甲、乙两物体都在做匀速圆周运动,以下各种情况下哪个物体的向心加速度比较大?

A.它们的线速度相等,乙的半径小。

B.它们的周期相等,甲的半径大。

C.它们的角速度相等,乙的线速度小。

D.它们的线速度相等,在相同时间内甲与圆心的连线扫过的角度比乙大。

题 3　A,B 两个快艇在湖面上做匀速圆周运动,在相同的时间内,它们通过的路程之比是 4:3,运动方向改变的角度之比是 3:2,它们的向心加速度之比是多少?

第五节　"平面镜成像"教学

1.知识系统与内核知识分析

初中物理"平面镜成像"这一节的知识内容主要包括:平面反射面的成像

现象、平面镜概念、平面镜成像的若干明显特点、平面镜成像规律、平面镜成像的原理、平面镜成像规律的应用。平面镜成像的所有特点(如等大,左右互换等)都可以归结为两条基本规律或者用它解释。这两条规律是,像与物体相对于平面镜对称,所成的像是虚像。这两条成像规律可以从理论上由光的反射定律加以证明。所以平面镜的这两条成像规律,是本节知识系统的内核知识。

2. 内核问题设计与教学方案

平面反射面的成像现象是十分常见的,有些也是十分有趣的。以一个有趣的平面反射面成像的实际情境引起学生对平面镜成像现象的兴趣,提出探究平面镜成像规律这一内核问题,然后引导学生从定性到定量、从现象到本质,通过探究发现平面镜成像规律。探究规律的具体过程设计如下:让学生观察自己在平面镜中的像,定性探究平面镜成像的一些明显特点;由于这些特点都是从感觉直接得到的猜测,从而就有了进一步精确研究的需要。让学生通过专门设计的实验研究,得到平面镜成的像是虚像、像与物体相对于平面镜对称的规律;随后,用实验证实这两条规律,分析、解释平面镜成像的明显特点,确立这两条规律的核心地位;最后,用光的反射定律简单地解释平面镜的成像规律,使学生对其有更深刻的理解。

3. 教学内容的学生自主探究等级和教师的调节方法预设

教学内容及自主探究等级如表7-5所示。对于平面镜成像现象和平面镜概念这一Ⅲ级内容,只要让学生观察典型的平面反射面成像现象,引导学生回忆这种常见的现象即可,不必将其付诸明确的语言表述。平面镜成像的主要特点既是平面镜成像知识的重要部分,也是平面镜成像规律的具体体现,所以将其确定为Ⅱ级探究点。教学中,应让学生在观察的基础上充分表达自己的观点,从不同的角度提出平面镜成像的特点。不管学生的观点是否正确,教师均应将其整理成板书,作为进一步研究的资源。对于有些重要的特点,如果学生没有提出,教师可以进行补充,当然应取得学生的理解。为了判断经过初步观察提出的平面镜成像的各个特点的正误,寻找像与物体的确切关系,需要进行定量的实验研究。但由于学生较难独立地在短时间内找到确定虚像位置的方法,并且教学的目的主要在于寻找成像规律,所以实验方法可以由教师直接介绍。定量的实验研究,是使学生对平面镜成像规律的认识从定性走向定量、从感觉走向确证的关键,是发现平面镜成像规律的重要途径,所以将其确定为Ⅱ级探究点。在明确了实验方法之后,要给学生足够的时间动手操作。教师还应巡回指导,确保全体学生能找到虚像的位置和大小,并进行测量。对平面镜成像规律这个Ⅰ级内容,应给学生充分的探究时间和足够大的探究自主性。通过实验得到像与物体对于镜面对称的结论之后,引导学生用它研究像与物体是不是严格等大以及其他的一些对应关系,使学生感悟到像与物体对称是平面镜成像的一条基本规律。对于平面镜成虚像这一规律,一方面让学生在实验中观察,如果眼睛不透过平面镜而直接观看镜的后面,将看不到像,在镜的后面放光屏也接收不到像。另一方面,作出由发光点 P 发出的经过平面镜反射的几条光线(图 7-27甲所示),要学生思考:"在 A 处观察的人,会感觉到发光点在哪里?"如果学生思考后不能回答,再作出图 7-27 乙启发学生:"人是根据进入眼睛的光束判断发光点的位置的,对于图 7-27 甲、乙两种情况,由于进入眼睛的光束相同,人感觉到的发光点位置也是相同的"。最后得到虚像是进入眼睛的光束的反向延长线的交点的结论。在课程的最后几分钟,让学生做几个简单的练习,以巩固和加深对平面镜成像规律的理解。

表 7-5

教学内容	自主探究等级
平面镜成像现象　平面镜概念	Ⅲ级
平面镜成像的主要特点	Ⅱ级
探求成像规律的实验方法	Ⅲ级
实验探究成像规律	Ⅱ级
平面镜成像规律	Ⅰ级
巩固练习	Ⅲ级

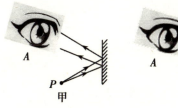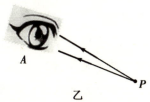

甲　　　　　　　乙

图 7-27

4.内核突破过程实录

(1)创设情境,提出问题

师:上课的开始,我想送给大家一个故事,大家想不想听?

生:想!

师:从前有一只老虎,欺负山上大大小小的动物。有一只小猴子想整治一下这只老虎,于是来到老虎家,跟老虎说:"啊呀,大王,大事不好了,山下又来了一只老虎,说要跟你一决高低。我看它挺厉害的,你还是快跑吧。"老虎说:"我是大王,谁敢来争我的地盘? 走,看看去。"于是,小猴子把老虎带到水塘边。老虎一看,真的,还敢跟我吹胡子瞪眼睛,不禁大怒,扑通一声跳下水,找它决斗去了(如图 7-28)。

图 7-28

师:真的来了一只老虎吗?

生:不是。

师:那是怎么回事?

学生有说是影子,有说是像,有说是倒影。

师:是影子吗? 影子是什么?

生:不是影子。影子是光线照不到的地方。

师:你们说的倒影,实际上就是像。老虎在水中的倒影,是老虎身上发出的光线经水面反射形成的。那么像水面一样,能够形成像的物体还有哪些呢?

学生的回答有:水面、镜子、玻璃表面、表面光滑的地板等。

教师投影几幅物体通过一些表面成像的图片。

师：可以看出，能够成像的物体的表面有什么特点？

生：光滑、平整。

师：我们把平面反射面叫平面镜。这节课我们就来研究平面镜的成像规律。（提出内核问题）

（2）定性观察，提出特点

师：大家每天都要照镜子，不知道大家想过没有，你在镜里的像有什么样的特点呢？现在大家就拿起镜子，找找你在镜子里的像有什么特点？

学生照镜子找特点。

学生说出自己发现的平面镜成像的特点，教师将其板书如下：

①像与物体大小相等；

②正立；

③虚像；

④像在镜子里面（即像在镜子后面）；

⑤我伸出左手，像伸出右手；

⑥我往一边走，像也向同一边走；

⑦人走近平面镜像变大，退远了像变小；

⑧人与像到镜子的距离相等。

教师与学生一起对上述特点做简要分析：特点①与⑦是矛盾的，需要我们进一步去判定正误，并且特点①也只是一种感觉，需要检验。老虎看到自己在水面下成的像是倒立的，可见第②个特点需要斟酌。关于第④点，我们都感觉到像在镜子里面，但我们到镜子后面去找，又是找不到的，这就是第③点虚像的意思，平面镜成像为什么是这样的呢？需要我们做出进一步的解释。第⑧点人与像到镜子的距离相等，同样只是一种感觉。第⑤⑥两点看似简单，但为什么这样，也需要弄清原因。（显然，平面镜成的像是虚像这个特点是学生通过看教科书或其他资料得到的，但这同样应该当作课堂教学的资源。）

师：可以看出，大家提出的平面镜成像的这些特点，有的是凭感觉得到的猜测，需要加以验证；有的需要进一步明确条件；有的需要做出进一步的解释。下面，我们从实验和理论两个方面深入研究平面镜成像的规律，并对大家提出的这些特点做出分析和判断。

(3)学生实验,得出结论

师:实验研究首先必须要能确定物体在平面镜中所成的像的位置和大小,才能进行测量,才能找到规律。那怎么确定像的位置和大小呢?

师:如图7-29所示那样,在水平桌面上铺放有方格子的白纸,玻璃板竖放在白纸的中心线上当作平面镜。一支蜡烛竖放在玻璃板前,经玻璃板的前表面反射在玻璃板的后面空间成像。大家观察一下,如果眼睛不看向玻璃板的前表面,直接看向玻璃板后面的空间,能否看到蜡烛的像?用一张白纸在玻璃板后面的空间移动,能否在某一位置接收到蜡烛的像?

学生观察后回答:不能。

师:确实不能,因为它是虚像。但我们可以用如下的方法确定这个虚像的位置和大小。

教师介绍实验方法:在玻璃板前面的白纸上竖放蜡烛 A,在玻璃板后面白纸上竖放另一支相同的蜡烛 B。眼睛对着玻璃板前表面观看,既能看到蜡烛 A 的像,又能透过玻璃板看到蜡烛 B。移动蜡烛 B 的位置,使得无论左右、前后移动观察位置,看到蜡烛 A 的像与蜡烛 B 始终重合。我们还可以把蜡烛 A 点亮,使看到的像更清晰,现象更明显。这时还能看到一个奇妙的现象,透过玻璃板看,好像蜡烛 B 点亮了似的。这时,蜡烛 B 的位置,

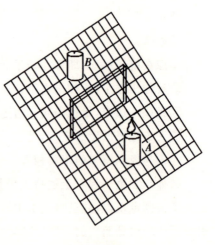

图 7-29

就是蜡烛 A 的像的位置。由于这两者完全重合,也就确定了像与物体的大小相同。

布置实验任务:把蜡烛 A 放在离平面镜一定距离处,用上述方法确定像的位置,观察像与物体的大小是否相同,并测量像与物体到平面镜的距离。改变蜡烛 A 的位置,再做一次实验。

学生动手实验。

学生汇报实验结果。小组1:第一次物体到平面镜的距离为 9 cm,像到平面镜的距离为 9.2 cm;第二次物体与像到平面镜的距离都是 6 cm,这两次实

验,像的大小都与物体相同。小组 2:第一次物体到平面镜的距离是 7 cm,像到平面镜的距离也是 7 cm,像与物体的大小相同;第二次物体到平面镜的距离是 5 cm,像到平面镜的距离是 4.9 cm,像与物体的大小相同。其他小组的实验结果类似。

师:大家的实验结果是像与物体大小相同,像与物体到平面镜的距离近似相等,有一点小差异。由于差异不大,并且有的偏大,有的偏小,我们可以认为这是测量误差引起的。这样,我们就可以得到结论,物体通过平面镜成的像,像的大小与物体的大小相同,像与物体到镜面的距离相等。

师:你们能说说产生测量误差的可能原因吗?

学生的回答有:测量不准确;镜后的蜡烛与像没有完全重合;蜡烛放歪了等。

有一个学生的回答十分独到:与玻璃的厚度有关。

师:与玻璃板的厚度有什么关系?

生:因为玻璃板的前后两面都能成像,这两个像几乎重叠,使像变得模糊了。

师:太好了! 你的观察很仔细! 玻璃板的前后表面都能反射成像,就产生了这个同学所说的情况。

师:这样,通过实际的测量,考虑了误差因素,我们可以得到结论:像与物体到镜面的距离是相等的。

师:你们在实验中还有其他发现吗?

过了一会儿,一个学生说:物体与像在同一条竖线上。

师:其他小组在实验中观察到这个现象了吗?

生:观察到了。

师:这也就是说,像与物体的连线垂直于镜面。

师:像与物体到镜面的距离相等,它们的连线垂直于镜面,像与物体这样的关系可以说成什么?

生 1:对于镜面对称。(教师板书:像与物体对于平面镜对称)

(4)理论探讨,寻找规律

师:在实验中我们观察到,不管物体离平面镜是远一些还是近一些,像的大小与物体的大小都相同,可见你们提出的成像特点①是正确的。但我们也确实观察到,自己退离平面镜,在平面镜中的像就会变小,这是怎么回事?

生2:这只是人的一种感觉,相同的物体放远一些,看起来就小一些。

师:对,这确实只是人的一种感觉,我们看远处的物体就显得小一些。现在大家再深入思考一下,像与物体对于平面镜对称,像与物体大小相等,这两者之间有没有必然的联系?

生3:像与物体对称,它们的大小一定相等;如果大小不相等,那么也就不对称了。

师:完全正确!但是我想把这个问题弄得更确切一些。如图7-30所示,假如一支蜡烛放在平面镜前,你能根据对称性证明像与蜡烛一定等大吗?

学生思考。

生1:蜡烛顶端的像与蜡烛顶端对于平面镜对称,蜡烛底端的像与蜡烛底端对于平面镜也对称,可见像的长短与物体一定相同。(教师在图中配上 P,P',Q,Q' 的标记)

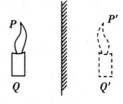

图 7-30

师:长度一定相同,那会不会变"瘦"了?

学生七嘴八舌,由像与物体的对称规律说明像与物体胖瘦相同。

接着用像与物体对称的规律,分析上课开始时学生提出的平面镜成像的特点②⑤⑥。分析发现,在平行于平面镜的方向,像相对于物体正立;在垂直于平面镜的方向,像相对于物体倒立。也正是因为这个原因,人在平面镜中的像,左手变成了右手了。

师:这样,我们就对上课开始提出的平面镜成像的特点①②⑤⑥⑦⑧做出了分析和判断。通过分析我们知道,平面镜成像的这些特点,都可以归结为一个规律,这是一个什么规律呢?

生:像与物体对于平面镜对称。(内核突破)

师:现在再来讨论大家提出的成像特点③④。我们知道,平面镜成像是物体发出的光线经过镜面反射形成的。假如在平面镜前有一个发光点 P,请在草稿纸上画出从这一点发出的两条光线的反射光线。然后思考一下,眼睛处于什么位置能看到像?

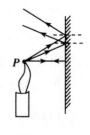

图 7-31

学生作好图后,教师投影图7-31。问学生,眼睛处于镜前还是镜后才能看到蜡烛的像?

生:在平面镜前,因为镜后没有反射光线。

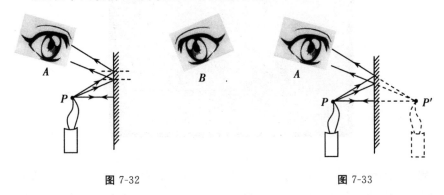

图 7-32　　　　　　　　　　　图 7-33

教师投影图 7-32 中的"眼睛"A 和"眼睛"B,指出因为有反射光线进入"眼睛"A,它才能看到蜡烛的像。

师:眼睛在 A 位置看到的像在哪里?

生:在镜后。

师:为什么?

生 4:实验中看到的。

师:我们还能从理论上思考一下这个问题吗?

学生沉思。

学生 5:因为我们认为光是沿直线传来的,所以感觉发光点在镜后。(内核突破)

师:对! 我们是根据进入眼睛的光线确定物体位置的,我们自然认为光是沿直线传来的,这样就看到了蜡烛在镜后的像。(同时投影图 7-33 由反射定律和几何知识还可以证明 P' 与 P 对于镜面对称。有兴趣的同学,可以课外自己去证明。)

师:现在我们可以理解虚像的意义了。虚像是反射光线的反向延长线形成的,并没有实际的光线通过它。(教师板书:虚像)

师:现在总结一下,平面镜成像的基本规律是什么?

生 3:像与物体对于平面镜对称;像是虚像。

(5)课内练习,巩固规律

题 1　图 7-34 所示是反映小红站在镜前照镜子的一幅画,请你指出画中的错误之处。

图 7-34

题2 如图 7-35 所示,大熊猫在平面镜中看到自己的像是_____像(填"虚"或"实");若大熊猫到平面镜的距离是 0.5 m,那么,它的像到镜面的距离是_____ m。

图 7-35

题3 上题中,如果大熊猫后退到离镜面 1 m 的位置,它和像之间的距离是_____ m;此时,它的像的大小将_____(填"变大""变小"或"不变")

题4 如果房间狭小,有什么办法使它在感觉上大一些?

主要参考文献

[1] 郭思乐.教育走向生本[M].北京:人民教育出版社,2001.

[2] 郭思乐.教育激扬生命[M].北京:人民教育出版社,2007.

[3] 吴亚萍,王芳.备课的变革[M].北京:教育科学出版社,2007.

[4] 刘家访.上课的变革[M].北京:教育科学出版社,2007.

[5] 林辉庆.新课程高中互动教学设计·物理[M].杭州:浙江教育出版社,2009.

[6] 任长松.探究式学习[M].北京:教育科学出版社,2005.

[7] [美]Stephen D. Brookfield, Stepher Preskill.讨论式教学法:实现民主课堂的方法与技巧[M].罗静,褚保堂译.北京:中国轻工业出版社,2002.

[8] 余文森.有效教学十讲[M].上海:华东师范大学出版社,2009.

[9] 官文栎.走进高中物理教学现场[M].北京:首都师范大学出版社,2008.

[10] [美]约翰·D.布兰思福特等.人是如何学习的:大脑、心理、经验及学校[M].程可拉等译.上海:华东师范大学出版社,2002.

[11] [美] Jacqueline Grennon Brooks, Martin G. Brooks.建构主义课堂教学案例[M].范玮译.北京:中国轻工业出版社,2005.

[12] [美]加里·D.鲍里奇.有效教学方法[M].易东平译.南京:江苏教育出版社,2002.

[13] 蔡铁权.物理教学丛论:基础教育课程改革视野下的中学物理教学[M].北京:科学出版社,2005.

[14] 施良方.学习论[M].北京:人民教育出版社,2001.

[15] 顾明远,孟繁华.国际教育新理念[M].海口:海南出版社,2001.

[16] [加]马克斯·范梅南.教学机智:教育智慧的意蕴[M].李树英译.北京:教育科学出版社,2001.

[17] [美]小威廉姆 E.多尔.后现代课程观[M].王红宇译.北京:教育科学出版社,2000.

[18] [巴西]保罗·弗莱雷.被压迫者教育学[M].顾建新等译.上海:华东师范
大学出版社,2001.

[19] 崔允漷.有效教学[M].上海:华东师范大学出版社,2009.

[20] 皮连生,杨心德,吴红耘.学与教的心理学(第五版)[M].上海:华东师范
大学出版社,2009.

[21] [美]国家研究理事会科学、数学及技术教育中心《国家科学教育标准》科
学探究附属读物编委会.科学探究与国家科学教育标准——教与学的指
南[M].罗星凯等译.北京:科学普及出版社,2004.

[22] [美]R.P.费曼.发现的乐趣[M].张郁平译.长沙:湖南科学技术出版
社,2005.

西南师范大学出版社
《名师工程》系列丛书目录

系列	序号	书　　　名	作者	定价
鲁派名师探索者系列·教育	1	《追问历史教学之道》	钟红军	36.00
	2	《灵动英语课——高效外语教学氛围创设艺术》	邵淑红	30.00
	3	《校园，幸福教育的栖居》	武际金	30.00
	4	《复调语文——尊重生命自我成长的语文教学》	孙云霄	30.00
	5	《智趣数学课——在情感深处激发学生的数学智能》	王冬梅	30.00
	6	《高品位"悦读"——让情感与心灵更愉悦的阅读教学》	马彩清	30.00
	7	《品诵教学——感悟母语神韵的阅读教学》	侯忠彦	30.00
	8	《智趣化学课——在快乐中提升学生的科学素养》	张利平	30.00
名师解码系列	9	《教育需要播种温暖——谢文东与儒雅教育》	余　香　陈柔羽　王林发	28.00
	10	《为了未来设计教育——梁哲与探究教育》	冼柳欣　肖东阳　王林发	28.00
	11	《真心是教育的底色——谭永焕与真心教育》	谭永焕　温静瑶　王林发	28.00
	12	《做超越自我的教师——刘海涛与创新教育》	王林发　陈晓凤　欧诗停	28.00
	13	《打造灵动的教育场——张旭与情感教育》	范雪贞　邹小丽　王林发	28.00
高效课堂系列	14	《让数学课堂更高效——教研员眼中的教学得失》	朱志明	30.00
	15	《从教会到教慧——小学生数学学习能力的培养艺术》	滕　云	30.00
	16	《用什么提高课堂效率——有效数学课必须关注的10大要素》	赵红婷	30.00
	17	《让作文更轻松——小学作文高效教学36锦囊》	李素环	30.00
	18	《让研究性学习更高效——研究性学习施教指导策略》	欧阳仁宣	30.00
	19	《让母语融入学生心灵——提升学生语文素养的高效施教艺术》	黄桂林	30.00
创新课堂系列	20	《小学语文"三环节"阅读教学法——自学、读讲、实践》	薛发武	30.00
	21	《个性化课堂教学艺术：小学语文》	商德远	30.00
	22	《如何实现三维目标——让学生与文本共鸣的诵读教学》	张连元	30.00
	23	《想说　会说　有话可说——突破作文瓶颈的三维教学法》	杨和平	30.00
	24	《综合课的整合创新教学》	周辉兵	30.00
	25	《如何打造学生喜欢的音乐课堂》	张　娟	30.00
	26	《理想课堂的构建与实施——一个教研员眼中的理想课堂》	张玉彬	30.00
	27	《小学语文：决定教学质量的关键策略》	李　楠	30.00
	28	《用〈论语〉思想提升数学教育智慧》	胡爱民	30.00
	29	《童化作文——浸润儿童心灵的作文教学》	吴　勇	30.00
	30	《亲爱的语文》	鲍周生	30.00
名校系列	31	《人本与生本：管理与德育的双重根基》	广州市广外附设外语学校	30.00
	32	《生本与生成：高效教学的两轮驱动》	广州市广外附设外语学校	30.00
	33	《世界视野与现代意识：校本课程开发的二元思维》	广州市广外附设外语学校	30.00
	34	《让每个生命都精彩——生命教育校本实践策略》	王鹏飞	30.00
	35	《好学校，从关注每个学生开始——石梅小学优质教育多元感悟》	顾　泳　张文质	30.00

系列	序号	书　　　名	作者	定价
思想者系列	36	《回归教育的本色》	马恩来	30.00
	37	《守护教育的本真》	陈道龙	30.00
	38	《教育，倾听心灵的声音》	李荣灿	30.00
	39	《心根课堂——让教育随学生心灵起舞》	刘云生	30.00
	40	《做一个纯粹的教师》	许丽芬	26.00
	41	《率性教书》	夏　昆	26.00
	42	《为爱教书》	马一舜	26.00
	43	《课堂，诗意还在》	赵赵（赵克芳）	26.00
	44	《今日教育之民间立场》	子虚（扈永进）	30.00
	45	《教育，细节的深度反思》	许传利	30.00
	46	《追寻教育的真谛——许锡良教育思考录》	许锡良	30.00
	47	《做爱思考的教师》	杨守菊	30.00
鲁派名校系列·教育探索者系列	48	《博弈中的追求——一位中学校长的"零"作业抉择》	李志欣	30.00
	49	《大教育视野下的特色课程构建——海洋教育的开发实施》	白刚勋	30.00
名师教学手记系列	50	《唤醒生命的对话——孙建锋语文教学手记》	孙建锋	30.00
	51	《让作文教学更高效——王学东写作教学手记》	王学东	30.00
名校长核心思想系列	52	《智圆行方——智慧校长的50项管理策略》	胡美山　李绵军	30.0
	53	《做一个智慧的校长》	孙世杰	30.00
	54	《成为有思想的校长》	赵艳然	30.00
创新班主任系列	55	《班主任专业化成长策略》	杨连山	30.00
	56	《班级活动创新与问题应对》	杨连山　杨照　张国良	30.00
	57	《班集体建设与创新人才培养》	李国汉	30.00
	58	《神奇的教育场——打造特色班级文化创新艺术》	李德善	30.00
教研提升系列	59	《校本教研的7个关键点》	孙瑞欣	30.00
	60	《教师怎样做小课题研究——高效助力教师专业化成长》	徐世贵　刘恒贺	30.00
	61	《今天我们应怎样评课》	张文质　陈海滨	30.00
	62	《今天我们应怎样进行教学反思》	张文质　刘永席	30.00
	63	《一节好课需要的教育智慧》	张文质　姚春杰	30.00
优化教学系列	64	《高效教学组织的优化策略》	赵雪霞	30.00
	65	《高效教学方法的优化策略》	任　辉	30.00
	66	《高效教学过程的优化策略》	韩　锋	30.00
	67	《让教学更生动——激发兴趣让学生快乐认知》	朱良才	30.00
	68	《让教学更高效——策略创新让教学事半功倍》	孙朝仁	30.00
	69	《让教学更开放——拓展延伸让学生触类旁通》	焦祖卿　吕　勤	30.00
	70	《让教学更生活——体验运用让学生内化知识》	强光峰	30.00
	71	《让知识更系统——整合与概括让学生建构体系》	杨向谊	30.00
	72	《让思维更创新——思辨与发散让学生思维活跃》	朱良才	30.00

系列	序号	书　　　名	作者	定价
创新语文教学系列	73	《曹洪彪新概念快速作文》	曹洪彪	30.00
	74	《小学语文：享受对话教学》	孙建锋	30.00
	75	《小学语文：名师教学目标落实艺术》	刘海涛　王林发	30.00
	76	《小学语文：名师魅力教学设计艺术》	刘海涛　王林发	30.00
	77	《小学语文：名师魅力课堂激趣艺术》	刘海涛　豆海湛	30.00
	78	《小学语文：单元整体教学构建艺术》	李怀源	30.00
	79	《小学作文：名师情趣课堂创设艺术》	张化万	30.00
名师名课系列	80	《名师如何炼就名课》（美术卷）	李力加	35.00
教师成长系列	81	《做会研究的教师》	姚小明	30.00
	82	《学学名师那些事》	孙志毅	30.00
	83	《给新教师的建议》	李镇西	30.00
	84	《教师心灵读本：成为有思想的教师》	肖　川	30.00
	85	《教师心灵读本：教师，做反思的实践者》	肖　川	30.00
幼师提升系列	86	《全国优秀幼儿健康教育活动课例评析》	教育部教育管理信息中心	30.00
	87	《全国优秀幼儿艺术教育活动课例评析》	教育部教育管理信息中心	30.00
	88	《全国优秀幼儿社会教育活动课例评析》	教育部教育管理信息中心	30.00
	89	《全国优秀幼儿语言教育活动课例评析》	教育部教育管理信息中心	30.00
	90	《全国优秀幼儿科学教育活动课例评析》	教育部教育管理信息中心	30.00
教师修炼系列	91	《班主任工作行为八项修炼》	杨连山	30.00
	92	《教师心理健康六项修炼》	李慧生	30.00
	93	《教师专业化五项修炼》	杨连山　田福安	30.00
	94	《课堂教学素养五项修炼》	刘金生　霍克林	30.00
	95	《高效教学技能十项修炼》	欧阳芬　诸葛彪	30.00
	96	《教师新师德六项修炼》	王毓珣　王　颖	30.00
创新数学教学系列	97	《小学数学：名师教学目标落实艺术》	余文森	30.00
	98	《小学数学：名师高效教学设计艺术》	余文森	30.00
	99	《小学数学：名师易错问题针对教学》	余文森	30.00
	100	《小学数学：名师魅力课堂激趣艺术》	余文森	30.00
	101	《小学数学：名师同课异教》	林高明　陈燕香	30.00
	102	《小学数学：名师抽象问题艺术教学》	余文森	30.00
教育心理系列	103	《做最好的心理导师——中学生心理健康咨询手册》	杨　东	30.00
	104	《每天学点教育心理学》	石国兴　白晋荣	30.00
	105	《学生心理拓展训练与指导》	徐岳敏	30.00
	106	《好心态成就好学生——学生心理问题剖析与对症教育》	李韦遵	30.00
教育通识系列	107	《用心做教师——青年教师快速成长的十大定律》	王福强	30.00
	108	《做最受学生欢迎的老师》	赵馨　许俊仪	30.00
	109	《做有策略的校长——经典寓言与学校管理智慧》	宋运来	30.00
	110	《做有策略的教师——经典故事中的教育启示》	孙志毅	30.00
	111	《从学生那里学教书》	严育洪	30.00
	112	《突破平庸——提升教育质量的31个跳板》	严育洪	30.00
	113	《教育，诗意地栖居》	朱华忠	30.00
	114	《好班规打造好班级》	赵　凯	30.00
	115	《做学生成长的引领者——学生终身成长的素质培养》	田祥珍	30.00
	116	《如何管出好班级——突破班级管理的四大瓶颈》	刘令军	30.00
	117	《青春期性教育教师实用手册》	闫乐夫	30.00

系列	序号	书名	作者	定价
课程系列 高中新	118	《高中新课程：教师角色转变细节》	缪水娟	30.00
	119	《高中新课程：班主任新兵法细节》	李国汉　杨连山	30.00
	120	《高中新课程：教学管理创新细节》	陈 文	30.00
	121	《高中新课程：更有效的评价细节》	李淑华	30.00
教学新突破系列	122	《把教学目标落实到位——名师优质课堂的效率管理》	冯增俊	30.00
	123	《拿什么调动学生——名师生态课堂的情绪管理》	胡 涛	30.00
	124	《零距离施教——名师和谐师生关系的构建艺术》	贺 斌	30.00
	125	《一个都不能落——名师提升学困生的针对教学》	侯一波	30.00
	126	《让学习变得更轻松——名师最能吸引学生的情境设计》	施建平	30.00
	127	《让知识变得更易学——名师改造难学知识的优化艺术》	周维强	30.00
名师讲述系列	128	《施教先施爱——名师讲述班主任的核心教导力》	杨连山　魏永田	30.00
	129	《在欢乐中成长——名师讲述最具活力的课堂愉快教学》	王斌兴	30.00
	130	《让学生做自己的老师——名师讲述如何提升学生自主学习能力》	徐学福　房 慧	30.00
	131	《引领学生高效学习——名师讲述如何提高学生课堂学习效率》	刘世斌	30.00
	132	《教育从心灵开始——名师讲述最能感动学生的心灵教育》	张文质	30.00
教育细节系列	133	《名师最具渲染力的口才细节》	高万祥	30.00
	134	《名师最有效的沟通细节》	李 燕　徐 波	30.00
	135	《名师最有效的激励细节》	张 利　李 波	30.00
	136	《名师培养学生好习惯的高效细节》	李文娟　郭香萍	30.00
	137	《名师人格教育的经典细节》	齐 欣	30.00
	138	《名师营造课堂气氛的经典细节》	高 帆　李秀华	30.00
	139	《名师最有效的赏识教育细节》	李慧军	30.00
	140	《名师最有效的批评细节》	沈 旎	30.00
教育管理力系列	141	《名校激励管理促进力》	周 兵	30.00
	142	《名校安全管理执行力》	袁先激	30.00
	143	《名校师资团队建设力》	赵圣华	30.00
	144	《名校危机管理应对力》	李明汉	30.00
	145	《名校校本研究创新力》	李春华	30.00
	146	《学校文化力建设策略》	袁先激	30.00
	147	《名校长核心教育力》	陶继新	30.00
	148	《名校长高绩效领导力》	周辉兵	30.00
	149	《名校行政管理细节力》	杨少春	30.00
	150	《名校教学管理提升力》	张 韬　戴诗银	30.00
	151	《名校学生管理教导力》	田福安	30.00
	152	《名校校园文化构建力》	岳春峰	30.00
大师讲坛系列	153	《大师谈教育心理》	肖 川	30.00
	154	《大师谈教育激励》	肖 川	30.00
	155	《大师谈教育沟通》	王斌兴　吴杰明	30.00
	156	《大师谈启蒙教育》	周 宏	30.00
	157	《大师谈教育管理》	樊 雁	30.00
	158	《大师谈儿童人格塑造》	齐 欣	30.00
	159	《大师谈儿童习惯培养》	唐西胜	30.00
	160	《大师谈儿童能力培养》	张启福	30.00
	161	《大师谈早恋与性教育》	闵乐夫	30.00
	162	《大师谈儿童情感教育》	张光林　张 静	30.00

系列	序号	书　　　名	作者	定价
教学提升系列	163	《方法总比问题多——名师转变棘手学生的施教艺术》	杨志军	30.00
	164	《用特色吸引学生——名师最受欢迎的特色教学艺术》	卞金祥	30.00
	165	《让学生爱上课堂——名师高效课堂的引导艺术》	邓　涛	30.00
	166	《拿什么打开思路——名师最吸引学生的课堂切入点》	马友文	30.00
	167	《没有记不牢的知识——名师最能提升学生记忆效果的秘诀》	谢定兰	30.00
	168	《让学生的思维活起来——名师最激发潜能的课堂提问艺术》	严永金	30.00
国际视野系列	169	《行走在日本基础教育第一线》	李润华	26.00
	170	《润物细无声》	赵荣荣　张　静	30.00
	171	《不让一个学生掉队——国际视野下的教育均衡实践》	乔　鹤	28.00
	172	《从白桦林到克里姆林宫——俄罗斯中小学教育纪实》	赵　伟	30.00

《名师工程》系列丛书

征 稿 启 事

　　《名师工程》系列丛书是西南师范大学出版社策划、组织出版的大型系列教育丛书。丛书以新课程下的新教学为背景，以促进施教者的教育能力为落脚点，以提高教育质量、提升教师水平为宗旨。

　　丛书首批推出的"名师讲述""教学提升""教学新突破""高中新课程""教师成长""大师讲坛""教育细节""创新语文教学""教育管理力""教师修炼""创新数学教学""教育通识""教育心理""创新课堂""思想者""名师名课""幼师提升""优化教学""教研提升""名校长核心思想""名校工程""高效课堂""创新班主任""教育探索者""国际视野"等系列，共170多个品种，其余系列也将陆续出版。为了让广大教师有一个交流、借鉴的机会，同时也为了给广大教师提供更多、更好的图书，《名师工程》系列丛书编辑出版委员会特向全国教育工作者征集稿件。

　　稿件要求：

　　1.主题鲜明、新颖，有独创性。

　　2.主题以提升教育能力为主，也可适当外延。

　　3.主题要有一定规模、有典型案例支撑。

　　4.案例要贴近教育实际，操作性强。

　　5.文章、书稿结构清晰，语言精彩。

　　书稿作者在选题确定之后，请及时与我们做好沟通，具体事宜确定好之后再进行创作；也欢迎用已经完稿的稿件投稿。一线教师如希望参与图书案例的创作，可联系我社策划机构，由策划机构备案，在适合的图书中参与创作。

　　真诚欢迎各位教师踊跃投稿。

　　联系方式：

　　西南师范大学出版社高教分社

　　电话：023-68254356　　　E-mail：zcj@swu.cn

　　西南师范大学出版社高教分社北京策划部

　　电话：010-68403096

　　E-mail：guodejun1973@163.com